OCÉOLA

LE GRAND CHEF DES SÉMINOLES

2ᵉ SÉRIE IN-4°.

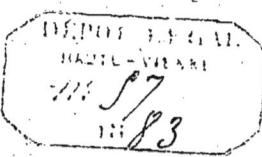

Propriété des Éditeurs.

OCÉOLA.

Jacques le Jaune, ivre de rage, tira son couteau
et en frappa son ennemi.   (P. 16.)

LE CAPITAINE MAYNE-REID

OCÉOLA
LE GRAND CHEF
DES SÉMINOLES

TRADUCTION NOUVELLE

SOIGNEUSEMENT REVUE.

LIMOGES
EUGÈNE ARDANT ET Cie, ÉDITEURS.

LE
GRAND CHEF
DES SÉMINOLES

I

LA TERRE DES FLEURS.

Linda Florida ! belle terre des fleurs.

Tel fut le salut de l'aventureux Espagnol qui, debout à la proue de son navire, aperçut le premier ton rivage.

C'était le dimanche des Rameaux, jour de la fête des fleurs, et le pieux Castillan regarda cette coïncidence comme de bon augure. Sous l'empire de cette idée, il te nomma Floride. Depuis, trois cents ans se sont passés, et, comme au premier jour, tu mérites encore ce doux nom. Tu es restée aussi fleurie que lorsque, il y a trois siècles, Léon posa, le premier, le pied sur tes bords; oui, tu es encore aussi brillante que lorsque Dieu te créa de son souffle.

Tes forêts sont toujours vierges, tes savanes toujours vertes, tes bosquets toujours odorants, embaumés par le myrthe, l'oranger et le magnolia. L'ixia azurée brille dans tes plaines ; la nymphea, à la couronne d'or, se baigne toujours dans tes eaux. De tes marais s'élèvent les hauts cyprès, les cèdres gigantesques ; les pins et le laurier ornent tes collines au sable argenté. Les produits des deux pôles entremêlent leur feuillage sous ton climat enchanté. Belle Floride ! qui peut te contempler sans émotion, sans se dire que tu es la terre de prédilection, sans être tenté de croire, avec les premiers aventuriers, que de ton sein jaillissent les fontaines qui rendent la jeunesse et donnent l'immortalité ? Cette renommée t'a attiré plus de visiteurs empressés de se plonger dans ces eaux merveilleuses que n'en ont eu le blanc métal du Mexique ou l'or du Pérou. Dans ce périlleux voyage, plus d'un, poursuivant de vaines illusions, a trouvé la vieillesse ou la mort. Mais qui peut s'étonner de ces folles croyances ? Une contrée où les feuilles ne tombent jamais, où les fleurs ne se fanent pas, où le chant des oiseaux se fait entendre sans cesse, pas d'hiver, rien qui vous rappelle la mort : tant de prodiges ne devaient-ils pas amener les hommes à croire qu'en respirant les parfums de cette terre privilégiée ils se rendaient immortels? La civilisation a fait évanouir cette naïve croyance, mais tu es restée la même, ô Floride ! Tes bosquets sont toujours verts, tes eaux limpides, ton ciel sans nuages. La scène n'a pas changé; mais les caractères ! Où est ce peuple au teint cuivré que tu avais nourri? Tes champs ne me font voir que des blancs ou des nègres, Européens ou Africains. Sont-ils donc tous partis, les Indiens à peau rouge ? Hélas! ils ne font plus résonner de leur voix les arceaux embaumés de tes forêts; leurs légers canaux ne sillonnent plus tes belles eaux. Ils sont loin, bien loin de toi ! Mais c'est le cœur brisé qu'ils se sont éloignés pour toujours de tes bords chéris.

Tes enfants rouges t'aimaient, belle Floride, et ils ont bravement combattu avant de céder au nombre. Leurs vainqueurs ont payé cher la victoire; mais, des troupes arrivant sans cesse, ils ont pu rejeter au fond de l'Ouest tes premiers enfants; eux sont partis en pleurant. Je comprends cette douleur, moi qui ai goûté les douceurs de tes bords enchantés, moi qui ai vu tes forêts majestueuses et qui me suis baigné dans tes fleuves aux ondes de cristal. Souvent je me suis étendu à l'ombre de tes palmiers, les yeux fixés sur ton ciel bleu et répétant dans mon cœur les paroles du poète de l'Orient :

>Oh! s'il y a un paradis sur terre
>C'est ici, c'est ici,..

II

LA PLANTATION D'INDIGO.

Mon père était planteur d'indigo. Il se nommait Randolph, et je porte tous ses noms, Georges Randolph. J'ai du sang indien dans les veines, car mon père était un des Randolph de Roanoke qui descendent de la princesse Pocahontas, et il était presque orgueilleux de son origine indienne. Un Européen trouvera peut-être cela étrange, mais cependant il est vrai que les blancs d'Amérique, qui comptent des Indiens parmi leurs aïeux, loin de paraître honteux d'être de sang-mêlé, s'en glorifient, et quel meilleur témoignage pourrait-on donner de la noblesse et de la grandeur de ces vieilles races? Des centaines de familles blanches prétendent descendre de la princesse Virginia. Je crois que mon père était réellement un de ses descendants.

Dans sa jeunesse, il avait possédé des centaines d'esclaves ; mais une hospitalité poussée jusqu'à la prodigalité avait mis à néant son riche patrimoine et, pour ne pas laisser voir à ses voisins la gêne où il était réduit, il avait rassemblé les débris de sa fortune et était allé s'établir dans le Sud. J'étais né avant ce changement, la Virginie est donc mon pays natal ; mais mes premières impressions datent des bords du beau fleuve Savance, en Floride. Là fut le théâtre de mon enfance, là j'ai ressenti les premières joies de la jeunesse. Je veux vous décrire la maison dans laquelle se sont écoulées mes premières années, et je me la rappelle bien, car on oublie difficilement, quand c'est un si beau site, les lieux témoins de son enfance.

Je vois une belle maison en chêne, peinte en blanc, à persiennes vertes ; une large galerie l'entoure, avec un toit soutenu par de gracieuses colonnes en bois sculpté. Une légère balustrade en fer sépare la maison d'un parterre rempli de belles fleurs qui se trouve en face ; à droite, l'orangerie ; un immense jardin occupe le côté opposé. Après le parterre s'étend une verte pelouse descendant en pente douce jusqu'à la rivière. En cet endroit, elle forme une nappe semblable à un grand lac, peuplé d'îlots qui semblent suspendus dans l'air. Au-delà on découvre une forêt pleine d'oiseaux de toutes sortes. Des cygnes animent le lac. Au milieu de la pelouse se dresse un bouquet de palmiers à longues feuilles, mêlés à cette espèce qui a, au contraire, des feuilles si larges et si rondes, qu'une feuille constitue un abri suffisant contre la pluie ou l'ardeur du soleil.

Là des magnolias, ici la radieuse couronne de la yucca gloriosa. Un autre arbre, indigène comme les précédents, attire les yeux : c'est un énorme chêne, aux branches horizontales, toujours couvertes de feuilles dures comme du cuir. Sous l'ombre épaisse qu'il projette sur le gazon, voyez-vous une jeune fille, en légère robe blanche, les cheveux relevés sous un mouchoir de mousseline blanche également? C'est ma sœur Virginia, ma sœur unique et ma cadette. Ses nattes blondes n'indiquent guère son origine indienne, mais elle tient cette particularité de notre mère. Voyez-la donnant à ses favoris, une belle biche et son petit, cette écorce d'orange douce qu'ils aiment tant. Un autre favori est aussi là, retenu par une longue chaîne : c'est un bel écureuil noir, qui effraie en balançant sa longue queue touffue le petit faon, et le petit animal se presse contre sa mère et contre ma sœur, semblant se mettre ainsi sous leur protection. Les loriots dorés, qui font leur nid dans les orangers, accompagnent cette scène de leur voix claire, merveilleusement imitée ensuite par l'oiseau moqueur, qui, de sa cage, suspendue à un buisson voisin, répète leur mélodie en y brodant de brillantes variations.

Un instant après, c'était le cardinal rouge et le geai bleu, perchés sur les magnolias, dont il reproduisait les cris avec une curieuse fidélité; puis il passait au bruit que faisaient les perroquets, occupés à manger les graines tombées des grands cyprès au bord de l'eau; un instant après, c'était le cri rauque des grands oiseaux aux ailes d'argent, planant au-dessus du lac ou qui habitent les îlots voisins. L'aboyement du chien, le miaulement du chat, le hennissement des chevaux, le son même de la voix humaine, rien n'échappait à cet habile et incomparable imitateur.

L'autre côté de l'habitation, sans avoir un aspect aussi riant, présente pourtant aussi de l'animation. Là, c'est une scène de la vie active, un tableau de l'exploitation d'une plantation d'indigo. Un large enclos entouré de planches rejoint la maison. Au milieu s'élève un grand toit, couvrant la moitié d'un arpent et soutenu par de fortes colonnes en bois. En dessous se trouvent de grandes cuves, creusées dans des troncs de cyprès énormes, et qui sont rangées trois par trois les unes au-dessus des autres. Des tuyaux les mettent en communication. Dans ces cuves macère cette précieuse plante qui produit la belle couleur bleue. Plus loin, on aperçoit de petites cases toutes de la même forme et de la même grandeur, à moitié cachées sous des orangers couverts de fleurs et de fruits. Ce sont les habitations des nègres. Çà et là de nobles palmiers élèvent leur cime au-dessus des maisonnettes ou s'inclinent gracieusement comme pour les protéger.

Adossées à la clôture sont d'autres maisons de structure plus grossière, qui servent d'écuries, de greniers et de cuisines; ces dernières tiennent à l'habitation par de longues galeries couvertes de tuiles, retenues par des bandes de cèdre odoriférant.

En deçà de l'enclos, on voit de grands champs, puis une sombre forêt de cyprès qui borne entièrement l'horizon. Quoique consacrés spécialement à la culture de la précieuse plante tinctoriale, ces champs contiennent aussi du maïs, des pommes de terre douces, du riz, de la canne à sucre, cette dernière seulement pour l'usage de la maison et non pour le commerce.

On sème l'indigo sur des lignes droites séparées entre elles par un petit intervalle. Parmi les plantes, vous en remarquez de différentes grandeurs. Les unes ne viennent que de paraître; elles ont des feuilles qui ressemblent à celles des jeunes trèfles.

Les autres sont tout à fait formées, ayant plus de deux pieds de hauteur et ressemblent à de la fougère.

Les feuilles sont dentelées et d'un vert clair, ce qui distingue presque toutes les légumineuses, l'indigo appartenant à cette classe. Quelques plantes ont des fleurs prêtes d'éclore, mais la main des faucheurs laisse rarement le temps de les voir dans leur entière floraison. Dans l'enclos et dans la plantation d'indigo, vous voyez cent formes humaines se mouvoir. A peu d'exceptions près, ce sont tous des Africains, quoique tous ne soient pas des nègres pur sang. Il y a là des mulâtres, des métis, des quarterons, mais enfin tous esclaves. La plupart sont d'une laideur repoussante, lèvres épaisses, front bas et fuyant, nez gros et aplati, dans d'autres cas ces défauts sont moins saillants.

Le costume de travail des hommes se compose d'un large caleçon de coton, d'une chemise de couleur en étoffe grossière et d'un panama. Quelques-uns cependant sont nus jusqu'à la ceinture et montrent leur peau noire reluisant au soleil comme de l'ébène bien polie. Les deux sexes trouvent également de l'emploi dans une plantation d'indigo. Les uns coupent les plantes avec une faucille et les lient en gerbes. D'autres portent ces gerbes jusqu'aux cuves, d'autres enfin les jettent dans la cuve supérieure et les y laissent macérer pour en extraire le suc. Chacun a sa besogne et s'en acquitte gaiement, car on les entend rire et chanter. Ils sont bien traités par mon père et rarement on voit le fouet se lever.

De tels tableaux ne peuvent s'oublier. Aussi sont-ils gravés d'une manière ineffaçable dans ma mémoire. Ils forment la mise en scène de mes jeunes années.

III

LES DEUX JACQUES.

Dans chaque plantation, il y a un mauvais sujet, souvent plus d'un, mais il en est toujours un qui surpasse les autres en méchanceté. Jacques le Jaune était le démon de notre plantation. C'était un jeune mulâtre, assez bien de sa personne, mais d'un caractère sombre et morose. En certaines occasions, il s'était montré capable de ressentiments féroces.

On rencontre plus souvent ces sortes de caractères chez les mulâtres que chez les nègres, car les premiers, fiers de leur couleur, de leur physique et de leurs facultés intellectuelles, par cela même, sentent plus fortement leur dégradante position. Il est rare, au contraire, que le nègre de pure race soit cruel et insensible. Quoique dans le drame de la vie humaine, il soit toujours la victime et non le bourreau, il n'a ni férocité, ni ressentiment.

Jacques le Jaune se montrait méchant sans provocation. La cruauté était innée chez lui. C'était son père qui l'avait vendu au mien.

Il y avait dans notre habitation un autre Jacques que l'on appelait Jacques le Noir, pour le distinguer du précédent. Tous deux étaient du même âge et de la même taille, mais là s'arrêtait la ressemblance, car leurs caractères différaient autant l'un de l'autre que la couleur de leur peau. Jacques le Jaune, le mulâtre, avait l'air toujours sombre, et s'il souriait, ce n'était qu'en pensant à quelque vengeance, tandis qu'un sourire perpétuel montrait les dents d'ivoire du nègre Jacques le Noir. Ce dernier était venu de Virginie avec mon père et avait pour nous un grand attachement. Il se regardait comme membre de la famille et était fier de porter notre nom. Etre né dans les anciennes terres lui constituait encore à ses yeux une supériorité, car le nègre virginien se regarde comme supérieur aux autres. J'ai connu des nègres de pure race africaine qui avaient des traits forts réguliers. Jacques le Noir était de ceux-là et pouvait à bon droit passer pour un Apollon éthiopien, car il n'avait pas les lèvres épaisses ni le nez épaté. Parmi nos esclaves, une quarteronne nommée Viola était fiancée à Jacques le Noir; Jacques le Jaune avait donc inutilement demandé sa main. Il conçut de là une haine violente contre Jacques le Noir.

Plus d'une fois les deux jeunes gens avaient mesuré leurs forces; Jacques le Noir avait toujours eu l'avantage.

Jacques le Jaune était notre bûcheron, l'autre nous servait de palefrenier et de cocher.

Si je raconte leur histoire, qui est, après tout, chose commune dans la vie des planteurs, ce n'est pas pour l'intérêt qu'elle peut avoir, mais elle coïncide avec des événements qui ont eu une grande influence sur ma vie. Jacques le Jaune, rencontrant un jour Viola dans les bois, l'insulta. L'arrivée inopinée de ma sœur l'empêcha de se porter à quelque violence. Il fut sévèrement châtié.

Quoiqu'il l'eût souvent mérité, c'était la première fois qu'il subissait une punition, car mon père, homme très-doux lui avait souvent pardonné de grandes fautes. Mais cette fois, il avait dépassé les bornes en insultant la servante favorite de ma sœur, et mon père, malgré sa répugnance, dut se décider à sévir. Le ressentiment de Jacques ne fit que s'accroître et nous en eûmes bientôt les preuves. Le joli faon de ma sœur fut un jour trouvé mort au bord du lac. Une heure avant, il était plein de vie et rien ne dénonçait la dent cruelle d'un crocodile ou d'un loup. Jacques le Noir, qui travaillait par hasard dans un bosquet d'orangers à quelques pas de là, avait vu Jacques le Jaune étrangler la pauvre bête, et sa déposition valut au mulâtre une seconde punition. Peu de jours après les deux esclaves eurent une querelle. Dans la dispute, Jacques le Jaune, ivre de rage, tira son couteau et en frappa son ennemi désarmé, pour assouvir sa haine. Il lui fit une blessure dangereuse.

Cette fois, la punition qu'on lui infligea fut terrible. Moi-même j'étais outré, car Jacques le Noir, quoique mon esclave, avait été le compagnon de mes plus jeunes années et plus tard mon domestique favori. Son caractère enjoué me rendait sa société agréable, malgré son manque d'éducation et il m'accompagnait souvent dans mes excursions. Enfin, après tant de punitions, Jacques le Jaune ne s'amenda pas. L'esprit malin semblait s'être incarné en lui.

IV

LE HAMMOCK.

Derrière l'orangerie existait une de ces singulières formations de la nature, qui sont, je crois, particulières à la Floride.

C'est un bassin circulaire, d'une grande profondeur et de plus de quarante mètres de circonférence, de la forme d'un pain de sucre renversé. Au fond du bassin se trouvent plusieurs cavités rondes ayant l'apparence de puits. Quelquefois les matériaux qui les séparent s'étant éboulés, on dirait d'une ruche à miel dont quelques alvéoles sont rompues. Tantôt ils sont secs, tantôt ils sont remplis d'eau, et le grand bassin aussi.

Ces réservoirs naturels sont environnés d'éminences et de rochers entre lesquels croissent le magnolia grandiflora, le laurier rose, le ranthoxylon, le chêne vert, le mûrier et plusieurs espèces de palmiers à éventail. Quelquefois ces bassins se trouvent sous les forêts de pins, ou bien on les voit au milieu des vertes savanes, comme des îlots sur l'océan. Les bassins de la Floride jouent un grand rôle dans l'histoire des guerres avec les Indiens.

C'est donc un de ces bassins qui était derrière notre orangerie, entouré d'un demi-cercle de rochers et de tous ces arbres que je viens de vous décrire. L'eau qu'il contenait, douce et limpide, était peuplée de beaux poissons : des brêmes, des perches et de plusieurs sortes de crustacés. En réalité, c'était un étang où nous aimions à prendre ces bains, qui, sous le soleil de la Floride, sont autant une nécessité qu'un plaisir. On arrivait par un sentier traversant l'orangerie à ce sanctuaire spécialement réservé aux membres de la famille.

En deçà du hammock (nom de ces bassins) s'étendaient des champs cultivés; plus loin, de hautes forêts de cyprès et de cèdres blancs, au milieu de marais impénétrables et d'une grande longueur. Après les plantations se trouvait la savane, prairie naturelle où les chevaux et les bestiaux paissaient en liberté, et on y voyait çà et là quelques troupeaux de cerfs et de dindons sauvages.

Tous les jeunes gens du Sud aiment la chasse; c'était aussi mon plaisir favori. Suivi de deux beaux lévriers que m'avait donnés mon père, je me cachais au fond du hammock, guettant l'approche des cerfs ou des dindons, et j'avais toujours un beau

2

résultat, car avec de bons chiens courants on est sûr du succès.

Un matin, j'étais à ma place ordinaire, debout sur une roche élevée d'où je pouvais découvrir toute la plaine, quoique quelques arbustes touffus m'empêchassent d'être aperçu, moi ou mes chiens.

Le soleil n'étant pas levé, les chevaux se trouvaient encore à l'écurie et le bétail dans les étables. A mon grand déplaisir, on n'apercevait pas un cerf dans la savane, j'en maugréais tout bas, car ma mère attendait des convives et je lui avais promis une belle chasse. Quelqu'un avait dû venir avant moi et effrayer le gibier, peut-être le jeune Kuyggold de la plantation voisine ou quelqu'un de ces chasseurs indiens qui ne dorment guère. La savane est ouverte à tout le monde.

Certainement quelqu'un était venu, Kinggold ou Hickman, le vieux chasseur de caïmans, dont la cabane était au bord de notre propriété, peut-être encore un Indien ; enfin, pas de gibier pour notre dîner. Je devais me contenter d'abattre quelques-uns de ces dindons qui faisaient là-bas, sous les arbres, leur tapage avant de descendre dans la savane. J'entendais leurs cris dans l'air tranquille du matin, mais j'en avais déjà tué la veille deux qui étaient dans le garde-manger, et j'aurais désiré de la venaison.

« Il faut que j'aille jusque chez le vieux Hickman, me dis-je, il pourra m'accompagner dans les bois ; ou, s'il a déjà été à l'affût ce matin, il aura peut-être une pièce de gibier à me céder pour tenir mes promesses. »

Le soleil était alors tout à fait au-dessus de l'horizon et dardait ses rayons sur la savane. Au moment où j'allais partir, j'aperçus une chose qui changea subitement ma résolution : un troupeau de cerfs sortait du bois de cyprès du côté où la palissade séparait les champs cultivés de la savane. « Ils ont été dans les jeunes maïs, » pensé-je. Mais, au même instant, de la position élevée que j'occupais, je m'aperçus que la barrière était bien fermée, et elle était trop haute pour qu'ils pussent la franchir d'un bond. Ils sortaient donc simplement du bois et couraient comme s'ils eussent été poursuivis.

Quelqu'un les chassait. Hickman ou Kinggold? Je ne voyais personne. Un lynx ou un ours les avait effrayés sans doute; dans ce cas, ils n'iraient pas loin, et, avec mes chiens, je pouvais compter sur une belle prise. Mais en ce moment, j'aperçus une forme humaine sortir du bois de cyprès, sans toutefois pouvoir reconnaître la figure. Peu à peu je distinguai un caleçon de coton bleu, une chemise rayée, un chapeau de Panama. C'était notre bûcheron, c'était Jacques le Jaune.

V

LE MULATRE ET SA SUITE.

Je demeurai étonné de voir notre mulâtre courir de si bonne heure dans les bois, car c'était un paresseux qu'il fallait toujours faire lever de force. De plus, quoique bien au courant des mœurs et des retraites des habitants des forêts, il n'était pas chasseur. « Que vient-il donc faire ici? » pensais-je en le voyant prendre une direction tout opposée à celle des cerfs. Il marchait lentement et courbé en deux. Je crus voir quelque chose s'agiter à ses pieds, probablement un petit chien ou une sarrigue, car sa couleur était presque blanche, et c'est ordinairement celle de ces petits animaux. Peut-être encore était-ce un oppossum, pris dans les taillis, et qu'il conduisait au bout d'une corde. Jacques était donc devenu chasseur? Mais, en réfléchissant au goût des nègres pour la chair d'oppossum, ma surprise diminua. Jacques le Jaune avait voulu un rôti; mais pourquoi traîner sa proie au bout d'une corde plutôt que de la porter, car l'animal devait regimber. De temps en temps, je le voyais se baisser, comme pour le caresser. Je ne le perdis pas de vue, jusqu'à ce qu'il fût arrivé à la barrière; je voulais voir s'il passerait par là, le champ de maïs étant le chemin le plus court pour rentrer à la maison. Il franchit, en effet, la palissade, puis, à ma grande stupéfaction, se mit à arracher les planches les unes après les autres, les jetant de côté de façon à laisser le passage libre. Puis il pénétra dans le champ, toujours penché, et les plantes de maïs le dérobèrent bientôt à mes yeux, ainsi que l'animal qu'il continuait à conduire d'une si singulière manière.

Je revins à mes cerfs, qui, oublieux de leurs terreurs, broutaient tranquillement au milieu de la savane.

Mais, malgré moi, mes yeux se portaient souvent sur les touffes de maïs au milieu desquelles j'avais vu disparaître le mulâtre. Soudain un nouvel objet se présenta à ma vue, augmentant encore ma surprise. Une masse brune qui me parut être un nègre ou un Indien, rampant sur les mains, sortait du bois et suivait dans la savane les traces de Jacques le Jaune. Nous étions en paix avec les Indiens, était-ce un nègre? Jacques le Noir, par exemple, qui, non content de la punition qu'avait reçue son lâche agresseur, aurait voulu se venger à son tour. Je ne pouvais m'arrêter à cette idée, incompatible avec les bons sentiments que je connaissais au noir.

Dans ce moment, le soleil se leva entièrement sur la savane, ses rayons illuminaient les arbres et le gazon. L'objet sombre, qui attirait mon attention, vint en pleine lumière et tourna sa tête vers le champ de maïs. Ce n'était pas le noir Jacques, ni un Indien, ni aucun être humain. Ce long corps rampant, qui brillait au soleil comme une armure d'acier, devint facile à reconnaître. C'était un hideux caïman.

VI

LE CAIMAN.

Pour celui qui a été élevé sur les bords d'une des rivières de la Floride, l'aspect d'un caïman n'a rien d'extraordinaire. Pourtant rien de plus terrible et de plus laid que le grand saurien; c'est l'animal le plus repoussant qui existe, et cependant ceux qui ont l'habitude de le voir ne le craignent pas, quoiqu'ils éprouvent toujours de la répulsion à son approche. L'étranger, évitant les abords de leurs repaires, les craint et les fuit, et les naturels du pays, blancs, rouges ou noirs, prennent toujours des précautions pour s'approcher de ce lézard gigantesque.

Quelques naturalistes, qui ne l'ont pas étudié de près, assurent qu'il n'attaque pas les hommes, mais ils reconnaissent qu'il dévore les chevaux et les bêtes à cornes. Ils affirment la même chose à l'égard du jaguar et du vampire, assertions démenties par mille témoignages contraires. Il est vrai que le caïman n'attaque pas l'homme toutes les fois qu'il en trouve l'occasion, mais le lion non plus, ni même le tigre.

Buffon, lui-même, n'a pas osé innocenter tout à fait le caïman. Cet animal fait autant de victimes que le tigre indien et le lion d'Afrique : Humboldt, pendant le peu de temps qu'il a passé en Amérique, a été à même de le constater. Je connais plusieurs personnes qui ont eu des membres emportés par le crocodile d'Amérique, et j'en ai vu encore un plus grand nombre ne pouvoir lui échapper. Ce qui explique cette divergence d'opinion entre les relations des différents voyageurs, c'est qu'on trouve plusieurs espèces de crocodiles et de caïmans ou alligators dans les eaux de l'Amérique tropicale, et que la même espèce, dans des rivières différentes, change de caractère. Comme les autres animaux, leurs dispositions se modifient sous l'influence du climat, de la colonisation, et, chose singulière, du voisinage de l'homme.

Avant que le brave Squatter, sa hache à la main, ne les eut effrayés, les caïmans, encouragés par l'apathie des Indiens, étaient des voisins audacieux et remuants. La Floride renferme des lacs et des cours d'eau où un nageur serait aussi immanquablement perdu que dans une mer remplie de requins. Les vieux caïmans sont les plus féroces, surtout à l'époque de la ponte.

Mais, blasé sur ce dangereux voisinage, l'habitant de la Floride ne s'en inquiète guère, et les nègres seuls qui mangent la queue du caïman, ou les chasseurs qui font de sa peau un objet de commerce, lui accordent quelque attention.

Je n'aurais pas prêté plus d'intérêt à celui que j'apercevais, si je n'eusse été frappé de l'exactitude avec laquelle il suivait la piste du mulâtre. L'abominable odeur de celui-ci lui servait donc seule de guide, car il avait disparu dans le champ de maïs, avant que le saurien ne fût sorti du bois. Mais ce fumet suffisait, paraît-il, pour guider l'animal. Il rampait sur le gazon en longeant le bord de la rivière, se dressait par instant à une hauteur de près d'un mètre, comme pour explorer l'horizon, et reprenait en se hâtant la marche, assez lente sur

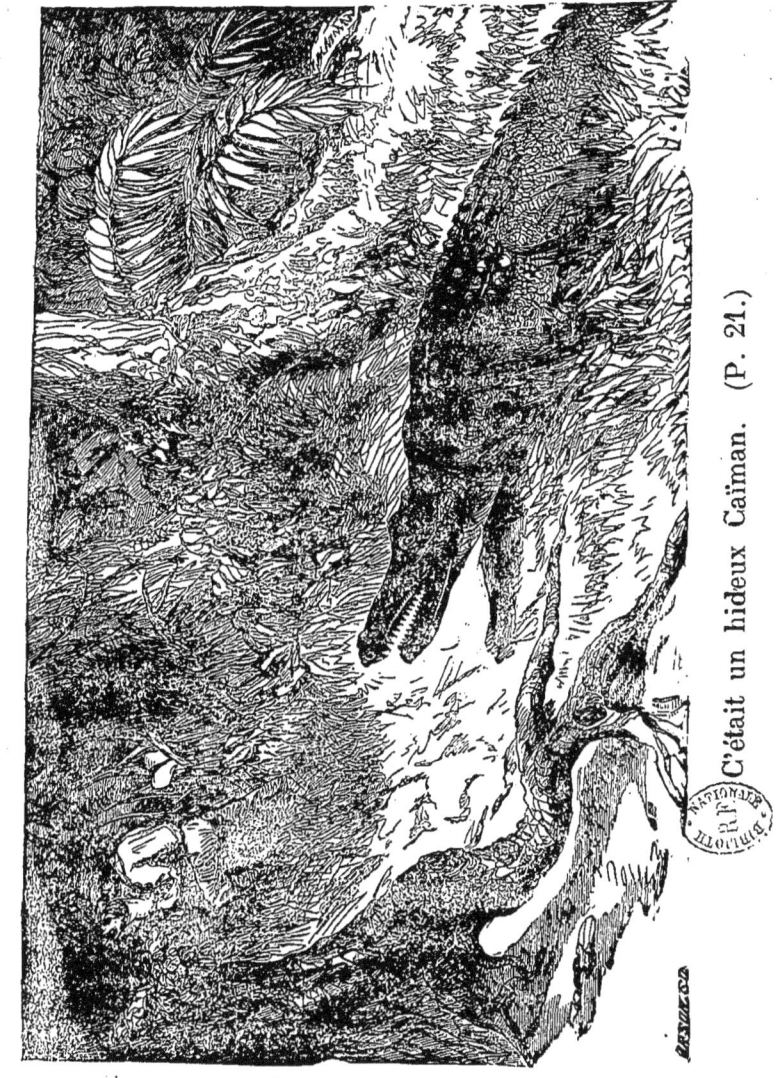

OCEOLA.

C'était un hideux Caïman. (P. 24.)

terre, car l'eau est le principal élément du monstrueux reptile.

Enfin le caïman approcha de la brèche et pénétra dans l'enclos par le même chemin qu'avait suivi le mulâtre. Puis il disparut sur ses traces et je ne le vis plus. J'avais maintenant la certitude que l'animal suivait l'homme, et que, de plus, l'homme savait être suivi, car je l'avais vu dans la savane se retourner fréquemment en arrière, et d'ailleurs pourquoi aurait-il brisé la palissade ?

Néanmoins cette conviction ne m'amenait pas à m'expliquer le mystère que j'avais devant les yeux. Il était évident pour moi que l'animal avançait sous l'empire d'une attraction quelconque. Avait-il donc été magnétisé, ou le mulâtre possédait-il quelque charme pour s'en faire suivre ?

A cette idée, je frissonnai malgré moi. Elevé dans les bras de plusieurs nourrices noires, j'avais sucé avec leur lait toutes leurs idées superstitieuses qui meublent le cerveau des naturels de Bonny et de Benin. Je savais bien que le marais fourmillait de caïmans, mais la vue de l'un d'eux, suivant pas à pas Jacques le Jaune si loin de son asile, était pour moi une chose surnaturelle et réveillait toutes mes idées de sorcellerie.

Longtemps, je restai là absorbé dans mes réflexions, oublieux des cerfs qui paissaient tranquillement, pour ne songer qu'aux mouvements mystérieux du mulâtre et de l'amphibie.

VII

LA MARCHE DE LA TORTUE.

Les plantes de maïs étaient si hautes avec leurs feuilles en forme de fers de lances, qu'un homme à cheval y aurait été caché. J'aurais pu en me mettant en face des séparations qui régnaient entre chaque carré de plantes, voir Jacques le Jaune quand il traversait, mais j'aurais moi-même été en vue, et je ne voulais pas qu'il sût un témoin à ses manœuvres.

A la suite du champ de maïs s'étendait la plantation d'indigo, dont les tiges n'ont guère que deux pieds de hauteur. Jacques le Jaune était forcé d'y passer pour gagner la maison, et là j'étais certain qu'il n'échapperait pas à ma vue.

Je pouvais, du reste, suivre sa marche dans le champ, grâce aux ondulations que son passage imprimait aux tiges, car au lieu de traverser dans les sentiers formés entre les plantes, il marchait dans le fourré. J'entendais de ma place les tiges s'entrechoquer : il était presque arrivé au bout du champ. Un aboiement lamentable, tel que les chiens en poussent quand ils se sentent en danger, arriva jusqu'à moi. C'était le cri d'un jeune chien et je crus d'abord que c'était le caïman qui le poussait, car ces hideuses bêtes, quand elles sont jeunes, font entendre de petits aboiements semblables à ceux des chiens. Mais le caïman n'était pas encore à portée de la voix. Je me rappelai alors l'objet blanc que traînait le mulâtre, et comme le chemin qu'il suivait devait le rapprocher de moi, j'en conclus que c'était le chien que j'entendais. Un instant après le mulâtre m'apparut tirant, en effet, un jeune chien au bout d'une corde.

Sur la lisière du maïs, il s'arrêta pour examiner le champ devant lui et sembla réfléchir comment il pourrait continuer sa route. Evidemment il tenait à n'être pas vu, mais je ne comprenais pas encore pourquoi.

L'indigo était de la race de Guatémala, qui est la plus grande, et avait près d'un mètre de haut. L'esclave se courba donc en deux et pénétra dans la plantation où il n'y avait pas de palissade qui pût l'arrêter, car les carrés n'étaient séparés les uns des autres que par de petits monticules de terre.

Du point élevé que j'occupais, aucun de ses mouvements ne pouvait m'échapper. Je m'aperçus alors qu'il faisait crier le chien en lui tirant les oreilles de temps en temps. A cinquante pas derrière lui venait le caïman. Il s'arrêta à peine dans la petite pièce de terre après le maïs et se jeta dans l'indigo. Les récits que j'avais entendus des vieux chasseurs me revinrent en mémoire, et je cessai d'attribuer au mulâtre une influence mystérieuse sur l'amphibie. Hickman m'avait souvent dit que les vieux crocodiles sont attirés par la voix des jeunes chiens, soit qu'ils croient trouver un de leurs propres petits, car ils les dévorent sans pitié, soit qu'ils ne comptent rencontrer en réalité qu'un chien, mets dont ils sont aussi friands. Les pauvres bassets, lorsque, harassés de fatigue après une longue chasse, ils se désaltèrent à la première source, sont souvent victimes de la voracité de ces monstres. Tout cela ne m'expliquait pourtant pas pourquoi le mulâtre jouait un pareil jeu. Je le voyais prendre, pour échapper aux regards du crocodile, autant de précautions qu'un vieux chasseur. Etait-ce une simple expérience qu'il avait voulu faire du pouvoir attractif des chiens, ou son intention était-elle d'amener le saurien jusque devant ses camarades pour leur donner le spectacle d'une lutte de l'animal avec les chiens, car c'était jour de fête à l'habitation? Je ne me serais pas arrêté plus longtemps à approfondir ce mystère, si je n'eusse été frappé de la persistance que l'esclave mettait à accomplir son projet. Lui, si paresseux, s'était levé avant le jour! Je le savais capable de toutes les méchancetés, mais à quoi le caïman, inoffensif sur terre, pouvait-il lui servir! Malgré toutes ces réflexions, je demeurai sous une impression pénible. Je fus bientôt fixé. Arrivé à l'orangerie, il ouvrit une petite porte pour passer et la laissa ouverte derrière lui. A de courts intervalles, il faisait crier le chien, et le caïman se rapprochait de plus en plus. Je voyais parfaitement le monstre. Quoique celui-ci mesurât bien 4 mètres de la tête à la queue, ce n'était pas un des plus grands de son espèce. Sa peau ridée était couverte d'une sueur visqueuse qui étincelait au soleil et marbrée çà et là de plaques de vase. Il paraissait très-excité, et quand il entendait le cri du chien, il avait des mouvements de rage, levait la tête, et, se dressant sur lui-même, battait la terre de sa queue. Il sortait de sa gorge un bruit qui ressemblait à un tonnerre lointain, et il répandait autour de lui une odeur fétide. On ne pouvait rien voir de plus hideux; le dragon de la fable lui-même ne devait pas être plus horrible. Il franchit la porte, et les arbres le cachèrent à mes yeux. Entre le bosquet et le grand étang, il y avait un espace découvert où se trouvait un bassin que l'on remplissait au moyen de pompes. Il servait de réservoir, et l'on y nourrissait des tortues pour les besoins de la table. Mon père, qui avait conservé ses habitudes hospitalières de Virginie, tenait à avoir des mets délicats pour les gastronomes, et en Floride les tortues sont excellentes.

Jacques le Jaune, tout en continuant à faire crier le chien, passa devant le bassin et suivit le chemin du hommock. Arrivé là, il regarda autour de lui avec inquiétude, et son visage s'épanouit en entendant le bruit de la marche du crocodile. Il saisit le chien, le jeta au fond du hommock et disparut derrière les orangers. La pauvre bête se mit à hurler, tout en cherchant à gagner le bord. Ses efforts ne durèrent pas longtemps. Le caïman, guidé par le bruit, arrivait à son tour. Il se précipita dans l'étang, nagea droit au chien, qu'il saisit dans ses terribles mâchoires et s'enfonça sous l'eau avec sa proie. Je pus le distinguer quelque temps au fond de l'eau limpide, mais son instinct le fit s'enfoncer dans un des puits, où il était impossible de le découvrir.

VIII

LE ROI DES VAUTOURS.

Voilà donc le but de tant de fatigues, disais-je à part moi ! Quelle bonne petite vengeance ! Le réservoir est rempli de beaux poissons, soignés par ma sœur et qui la connaissent. Elle seule les nourrit, et elle aime à les voir tourner à sa suite autour du bassin. Le caïman, ce grand destructeur de poissons, aura bientôt dépeuplé sa nouvelle demeure. De là un chagrin pour ma sœur, mais quelle joie pour Jacques le Jaune !

Je savais, en effet, que le mulâtre détestait ma sœur. Celle-ci l'avait fait punir sévèrement quand il avait insulté Viola. Dans cette circonstance, il montrait à quel point pouvait aller son ressentiment. Qui aurait pu l'accuser d'avoir amené là le caïman quand on sait que cet animal vient quelquefois de rivières éloignées, guidé par son instinct, vers un autre cour d'eau ?

J'étais trop jeune, trop innocent; j'avais l'âme trop bonne pour connaître toute la noirceur et la malice qu'on peut trouver dans le cœur humain, et je n'avais deviné que la moitié du plan de Jacques le Jaune.

Dans le premier moment, je voulais courir à la maison dénoncer le mulâtre et revenir avec du monde tuer le caïman avant qu'il eût fait du dégât parmi les poissons, mais les cerfs attirèrent de nouveau mon attention. Ils broutaient à deux cents mètres de là.

Cette vue était trop tentante. Je me fis cette réflexion : que le crocodile, après le copieux repas que le chien venait de lui fournir, ne chasserait pas aux poissons avant plusieurs heures. J'avais donc du temps devant moi, et je ne songeai plus qu'aux cerfs.

Ils étaient hors de la portée de mon fusil, et je savais qu'ils ne se rapprocheraient pas davantage. Ils se tiennent toujours à distance des îlots de la savane, car ils ont reconnu que c'est de là que part la flèche de l'Indien ou la balle du chasseur blanc.

Je me décidai donc à faire la chasse à courre, et, me laissant glisser en bas de mon observatoire, je lançai mes chiens sur le troupeau en poussant le cri de l'hallali. Ils ne me parurent pas mettre vingt secondes à traverser la savane. Je ne les perdais pas de vue, car l'herbe était courte et pas un buisson n'arrêtait les regards. Dans cette lutte de vitesse, les cerfs me parurent d'abord avoir l'avantage, et je craignis un moment pour ma venaison; mais je fus bientôt rassuré en voyant sur l'autre bord de la prairie mes chiens arrêter une biche et l'un d'eux la saisir à la gorge, tandis que les autres la tenaient en arrêt. Je pris ma course, et en dix minutes, j'étais près d'eux. Saisissant la biche, je lui plongeai mon couteau de chasse dans les flancs, et, après avoir caressé mes braves chiens, je chargeai la bête sur mes épaules et repris triomphalement le chemin de la maison.

Tout en marchant, je voyais deux ombres d'ailes se dessiner sur l'herbe de la savane. Je levai la tête. Deux grands oiseaux planaient au-dessus de moi, comme s'ils eussent voulu s'abattre sur mon gibier. Malgré le soleil qui m'aveuglait, je reconnus leur plumage beurre frais. C'étaient deux rois de vautours que les ornitologistes regardent comme les plus beaux des oiseaux. Ils sont particuliers à la Floride et aux îles de l'Orénoque; mais, comme ils ne quittent jamais les grandes plaines qui sont leur demeure, je fus très-étonné d'en voir si près des habitations. Les autres espèces de vautours sont aussi communes que les corneilles, mais ceux-ci étaient aussi rares qu'un aigle près des lieux habités. Ma sœur n'en avait vu qu'une fois, et de bien loin, elle avait souvent manifesté le désir de les examiner de plus près. Je tâchai donc de lui être agréable en lui apportant un de ces oiseaux. Un meilleur chasseur que moi les aurait tirés de la place où j'étais, car ils se trouvaient assez près, et je pouvais distinguer la couleur jaune foncé de leur gorge, le rouge corail de leur couronne et la barbe orange qui pendait de chaque côté de leur bec. Mais ils remuaient tant, que je craignis de les manquer; et comme j'avais remarqué que je n'étais qu'à cinquante mètres du bois, je déposai à terre le corps de la biche et je me retirai sous les arbres. A peine y étais-je caché que les oiseaux descendirent en tournoyant sur la proie qui les attirait, et, d'un coup de fusil, j'abattis le premier qui se posa. L'autre, effrayé, remonta vers le ciel et se perdit dans l'espace au-dessus du bois de cyprès. Je repris alors la biche sur mes épaules, et, empoignant le vautour par le cou, je me remis en route pour la maison.

Mon cœur battait plus vite en pensant au plaisir que j'allais faire aux deux êtres que j'aimais le plus au monde, ma mère et ma sœur. J'étais si heureux, que je ne sentais pas mon fardeau, et, dédaignant de chercher la porte de l'orangerie, je passai par-dessus la palissade, assez basse en cet endroit.

J'allais, ébranlant les orangers, sans me soucier de leurs fruits qui jonchaient la terre autour de moi. J'atteignis enfin le parterre; ma mère, debout au milieu, me regardait venir et poussa une exclamation de joie quand je jetai à ses pieds le produit de ma chasse. J'avais bien tenu ma promesse.

— Qu'est-ce que cela, dit ma mère, le bel oiseau?

— C'est un roi des vautours, répondis-je, un cadeau pour Virginie, mais n'est-elle pas encore levée, la paresseuse, par une si belle matinée?

— Tu te trompes, Georges, elle était là il n'y a qu'un instant.

— Où est-elle donc, dans le salon?

— Non, elle est allée avec Viola prendre un bain.

— Un bain? oh! mère! mère.

— Mais, Georges, qu'as-tu?

— O ciel! le caïman!

IX

LE CAÏMAN.

— Jacques le Jaune! le caïman! c'est tout ce que je peux dire à ma mère, glacée de terreur. Je m'élance, franchissant tous les obstacles, prêtant l'oreille au moindre bruit.

Derrière moi, j'entendais ma mère jeter des cris déchirants, les domestiques alarmés y joignent les leurs, les chiens effrayés aboient avec fureur. Je ne prêtais aucune attention à ce vacarme, toute mon anxiété se portait vers le bain.

J'entendais la voix argentine de ma sœur au milieu de l'eau. Elle rit !, gloire à Dieu, elle n'est pas en danger ! J'appelai : Virginie ! Virginie ! Le clapotement de l'eau empêcha sans doute ma voix d'arriver jusqu'à elle. Ne recevant pas de réponse.

— Virginie, ma chère sœur, es-tu là ? criai-je de nouveau.

— Qui m'appelle, répond-elle enfin, est-ce toi, Georges ?

— Oui, c'est moi, Virginie.

— Que me veux-tu, mon frère.

— Oh ! Virginie, ma sœur, quitte le bain... m'écriai-je.

— Pourquoi ? nos amis sont-ils arrivés ? Ils viennent de grand matin ! Va leur tenir compagnie, ils me laisseront bien encore un peu jouir de la fraîcheur de l'eau ; je vais faire encore le tour du bassin à la nage, n'est-ce pas, Viola.

J'entendais, en effet, le clapotement de l'eau, les rires des deux jeunes filles.

— Virginie, Virginie, ma sœur, écoute-moi, sors de l'eau, au nom du ciel.

Comme j'achevais cette phrase, un cri de terreur frappa mon oreille, les rires cessèrent.

— Regarde, Viola, disait ma sœur, quel monstre ! grand Dieu ! il vient vers moi ! miséricorde ! au secours, Georges, au secours, sauve-moi.

Je compris tout : ma sœur venait d'apercevoir le caïman, peut-être était-elle déjà sa proie. D'un bond, je fus au bord du bassin, suppliant Dieu, du fond de mon âme, de faire que je n'arrivasse pas trop tard. Là, je fus témoin d'un horrible spectacle. Au milieu du bassin, ma sœur, nageant de toutes ses forces, cherchait à atteindre le bord, d'où Viola éplorée lui tendait les bras. Derrière elle, on voyait sortir de l'eau, le dos écailleux du monstre qui la poursuivait. Sa queue frappait l'eau et en faisait jaillir une écume blanche. Ma sœur, gênée dans ses mouvements par la longue robe de laine verte, qui composait son costume de bain, perdait du terrain à chaque instant, quoique très-bonne nageuse. Le caïman aurait pu l'atteindre déjà, mais il en prenait à son aise et jouait avec elle comme le chat avec la souris. J'avais conservé mon fusil. Je mis en joue l'horrible bête, mais je manquai l'œil que je visais et ma balle glissa sur ses écailles comme sur un roc. Une légère trace blanche fut la seule marque de son passage, car le caïman est invulnérable partout ailleurs qu'à l'œil ou au défaut de l'épaule. La secousse ne fit que l'exciter, et redoublant de rage, il s'élança sur ma sœur, la gueule démésurément ouverte, sa queue frappant l'eau avec violence. Déjà la longue robe et la partie inférieure du corps étaient entre ses mâchoires. Je jetai loin de moi mon arme inutile, et m'élançant dans le bassin, je saisis Virginie dans mes bras. Il était temps, le caïman l'entraînait au fond. J'avais besoin de toute ma force pour lutter contre l'animal et je jetais des cris perçants dans l'espérance de l'effrayer et de lui faire lâcher prise. Efforts inutiles, il nous entraînait tous deux.

La chute d'un corps près de nous me fit tourner la tête, et je vis s'approcher rapidement un jeune homme à la peau brune, aux longs cheveux noirs flottants. Sa poitrine était couverte d'étoiles en métal, son costume enrichi de broderies et de perles. D'une main, il saisit le monstre et tomba à cheval sur son dos avec une aisance et une grâce merveilleuses. Je le vis plonger jusqu'au manche, dans l'œil du reptile, un couteau qu'il tenait à la main. L'animal jette des cris effroyables, une écume sanglante nous fouette la figure. Je sens son étreinte se relâcher, je dégage ma sœur et m'efforce de gagner le bord, non sans voir notre sauveur disparaître sous les eaux avec son hideux antagoniste. J'avais déposé sur le rivage ma sœur évanouie et j'interrogeais avec anxiété la surface du bassin, quand je vis le brave jeune homme revenir à la surface, tandis que le saurien roulait agonisant sur la berge opposée.

Grâce à sa longue robe, ma sœur n'avait reçu que quelques égratignures. Je la ranimai par mes caresses et tout en lui parlant de ma voix la plus douce, je la portai loin des lieux où elle venait d'échapper à un si grand péril.

X

LE SANG-MÊLÉ.

Le caïman fut achevé à coup de massue par les nègres et tiré à terre à leur grande joie. Personne ne s'expliquait sa présence dans le hommock, à moins qu'on admît que, comme tant d'autres, il avait entrepris un voyage de découvertes et était venu soit des lacs, soit de la rivière voisine. Jacques le Jaune, mêlé aux esclaves, appuyait chaudement cette supposition sans se douter que ces menées avaient eu un témoin. Encore n'étais-je pas le seul qui eût assisté à ses machinations. Les noirs avaient traîné la carcasse jusque devant la maison en poussant des cris de triomphe. Moi, j'étais resté près de notre sauveur, auquel mon père et ma mère exprimaient chaleureusement leur reconnaissance. Ma sœur, revenue à elle, lui avait adressé quelques gracieuses paroles, auxquelles il n'avait répondu que par un sourire et une inclination de tête. Il était fort jeune et montrait pourtant la dignité d'un homme. Il paraissait de mon âge, et avait la même taille que moi. Il était bien fait et d'une figure agréable. Quoique son costume fût celui des Indiens, son teint n'était pas aussi foncé que le leur, sa peau était plutôt brune que bronzée, en un mot c'était un sang-mêlé. Son nez aquilin lui donnait ce profil d'aigle particulier à quelques tribus de l'Amérique du Nord. Ses yeux, dont le regard devait être doux, étincelaient sous l'empire de l'émotion. Le mélange du sang caucasien, sans changer ses traits, leur avait donné une régularité parfaite, et ses longs cheveux noirs étaient plus soyeux que ceux des Indiens pur sang. Son ensemble était celui d'un bel et noble enfant dont deux étés devaient faire un homme magnifique, et il paraissait si sympathique qu'une fois qu'on l'avait vu, il était impossible de l'oublier. Il portait des sandales de peau de cerf tannée, avec des guêtres de drap écarlate et une tunique en toile de coton brodée de perles. Une ceinture serrait ses reins, et ses cheveux étaient renfermés dans un filet, au-dessus duquel flottaient les plumes de la queue d'un roi des vautours, l'aigle des Indiens. Il avait autour du cou plusieurs rangées de perles de différentes couleurs, et sur sa poitrine scintillaient trois croissants étagés les uns au-dessus des autres. Il conservait un air plein de grandeur et de noblesse sous cet accoutrement mouillé et tout en désordre.

— Etes-vous certain de n'être pas blessé? lui demandé-je pour la seconde fois.

— Tout à fait certain, me répondit-il.

— Mais vous êtes mouillé, repris-je, permettez-moi de vous

offrir un de mes vêtements pendant que le vôtre séchera à la maison. Il vous ira, j'en suis sûr.

— Merci, je ne saurais comment le porter. D'ailleurs le soleil est ardent et aura bientôt séché celui que j'ai sur le corps.

— Venez à la maison vous reconforter.

— J'ai mangé il n'y a pas longtemps. Je vous remercie, je n'ai besoin de rien.

— Acceptez pourtant un peu de vin.

— L'eau est ma seule boisson, merci encore.

Je ne savais plus que dire à ma nouvelle connaissance. Il refusait toutes mes offres d'hospitalité et pourtant restait auprès de moi, sans paraître vouloir s'en aller.

Qu'attendait-il? une autre récompense peut-être que des compliments et des remercîments. Les Indiens ne les aiment pas, et, après tout, ce n'était qu'un Indien. Je tirai ma bourse et la lui mis dans la main, mais il la jeta dans l'étang en me disant :

— Je n'ai pas demandé d'argent.

Pour cacher mon embarras j'allai chercher mon fusil, que j'avais aperçu au fond du bassin, et revenant vers lui je le lui offris. Au sourire qui épanouit ses traits, je vis quel plaisir lui faisait mon cadeau.

— C'est à mon tour de réparer mes torts, me dit-il.

Avant que je pusse l'arrêter, il était au milieu de l'eau et bientôt il revint avec ma bourse qu'il me rendit en me demandant pardon de sa brusquerie.

— C'est un don splendide, reprit-il en examinant le fusil. Il faut que je retourne chez moi avant de pouvoir vous offrir quelque chose en retour, car qu'est-ce que les pauvres Indiens peuvent avoir qui plaise aux blancs, à part leurs terres! et il appuya sur ce mot. Mais vous êtes chasseur, voulez-vous accepter une paire de sandales et un sac pour vos balles? Maümée les fait si bien!

— Maümée?

— Oui, c'est ma sœur. Vous verrez que les sandales valent mieux pour la chasse que les gros souliers que vous portez. Les pas sont silencieux.

— J'accepterai volontiers une paire de vos sandales, répondis-je.

— Je suis enchanté de pouvoir vous faire ce plaisir. Maümée vous les fera et le sac aussi.

Mon nouvel ami se disposait à partir.

— Quel est votre nom? lui demandé-je.

— Les blancs me nomment Powel, me répondit-il. C'est le nom de mon père, qui était un blanc aussi. Il est mort, mais j'ai encore ma mère qui, je n'ai pas besoin de vous le dire, est Indienne.

— Avant de nous séparer, reprit-il, permettez-moi de vous faire une question qui vous paraîtra peut-être étrange, mais j'ai de bonnes raisons pour vous l'adresser. Parmi vos esclaves en est-il un, à votre connaissance, qui ait de la haine pour votre famille?

— Oui, j'en connais un.

— Reconnaîtriez-vous la trace de ses pas?

— Oui.

— Suivez-moi, alors.

Je l'interrompis.

— Je sais tout ce que vous voulez me montrer. Je sais que le nègre a attiré le caïman dans le bassin pour qu'il dévorât ma sœur.

— Oh! s'écria le jeune Indien au comble de la surprise, comment le savez-vous?

— De ce rocher j'ai tout vu, mais vous-même?...

— Oh! moi, je suis chasseur. En passant près du marais j'ai reconnu les traces de l'homme, du caïman et du chien. La curiosité m'a poussé à suivre la piste à travers les champs. Arrivé au bosquet, j'ai entendu vos cris et je me suis élancé. Il était temps. Vous savez le reste.

— Oui. Sans vous nous étions perdus; mais soyez tranquille, le coupable sera puni.

— Il doit l'être, répondit l'Indien. J'espère vous rencontrer une autre fois.

Après nous être donné une cordiale poignée de main, nous nous séparâmes.

XI

LA CHASSE.

Les intentions du mulâtre étaient évidentes. Il avait conduit le caïman au bassin, non pas pour que celui-ci dévorât les poissons, mais pour qu'il fît sa proie de ma sœur et de Viola. Si horrible que parût cette idée, tout concourrait à la faire adopter. Les esclaves savaient que dans cette saison ma sœur avait coutume de se baigner tous les matins, et, sans le hasard qui lui avait donné des témoins, personne n'aurait songé à rendre le mulâtre responsable de la présence du caïman dans le bassin. Tout avait été calculé avec une astuce de démon.

Je brûlais d'indignation en songeant à tout cela. Il fallait que le criminel fût puni et de suite. Mais quelle peine lui infliger?

Le fouet n'avait pas produit d'effet sur lui. Fallait-il le faire mettre aux fers, hors de la plantation? Habitué à la même douceur que mon père, l'idée de la peine capitale ne m'était pas venue, quoiqu'il la méritât bien. Je ne voyais que les fers, le fouet ou la prison à Saint-Marc ou à Saint-Augustin, pour tout châtiment. Au reste, un jury composé des planteurs voisins devait décider la peine, ainsi que cela se pratique ordinairement. Je me mis à courir vers la maison pour faire arrêter immédiatement le criminel.

En passant devant les orangers, j'entendis comme le bruit d'une personne qui se glissait sous les arbres, mais j'étais trop pressé pour m'arrêter et je continuai ma course, pensant que c'était quelque esclave qui profitait de la confusion d'un pareil moment pour venir voler des oranges.

En arrivant derrière la maison, je trouvai mon père dans l'enclos, à côté du grand toit, avec le commandeur. Le vieux Hickman, le chasseur de caïmans, était là aussi. Quelques blancs, venus pour affaires, les entouraient. En présence de tous, je racontai minutieusement les incidents étranges dont j'avais été témoin dans la matinée. Tous restèrent stupéfaits; on ne pouvait douter de ma véracité, surtout en entendant Hickman déclarer que cela était possible. Restait à savoir si le mulâtre en avait réellement voulu à des existences humaines. Un deuxième témoin vint nous éclairer : c'était Jacques le Noir. Il avait vu Jacques le Jaune grimper sur un chêne vert, du haut duquel on pouvait découvrir le bassin, à l'heure où ma sœur et Viola s'y rendaient.

Indigné de cette indiscrétion, il lui avait crié de descendre, sous peine d'être dénoncé, à quoi Jacques le Jaune avait répondu qu'il venait cueillir des glands. Les glands du chêne vert sont doux, et les nègres en sont très-friands. Mais ce n'était pas des glands qu'il cherchait, maître Randolph, poursuivit le noir, car quand il est descendu, il n'avait pas un seul fruit. La déposition de notre palefrenier fixa tous les doutes. Le mulâtre n'était monté à l'arbre que pour assister au drame horrible qui devait se passer dans le bassin.

Il savait le danger que couraient ses victimes et n'avait pas donné l'alarme. Loin de là, il avait été le dernier à accourir à nos cris.

Le crime était évident, palpable, on ne pouvait plus douter. Un cri universel s'élève : « Jacques le Jaune! » Maîtres et esclaves courent à sa recherche. On visite les étables, les greniers, les toits, les cabanes, en l'appelant avec fureur. Introuvable! Il avait été l'un des plus actifs à aider à porter le caïman dans l'enclos où on l'avait jeté aux pourceaux. Où était-il maintenant?

Soudain je me rappelai le bruit que j'avais entendu sous les orangers. Si c'est lui, il aura surpris ma conversation avec l'Indien et se sera enfui en se voyant démasqué. On court à l'orangerie, on cherche partout; le hommock, les bassins sont explorés. Rien. Heureusement l'idée me vient de grimper à mon observatoire du matin, et j'aperçois le mulâtre rampant sur les genoux et sur les mains dans la pièce d'indigo. Il allait entrer dans le maïs. Sautant à terre, je m'élance sur ses traces; mon père me suit avec tous nos voisins. Nos cris eurent bientôt appris au fugitif qu'il était découvert et poursuivi : aussi le vîmes-nous, jugeant inutile de se cacher plus longtemps, se redresser et prendre sa course au milieu du champ de maïs. Mais j'étais sur ses talons, certain que si je pouvais le garder en vue, nous finirions par le prendre. Il cherchait à gagner les marais, pour s'échapper à travers les bosquets de palmiers, mais nous arrivâmes ensemble sur le bord. Comptant que ma seule autorité l'arrêterait, je le saisis par le pan de sa jaquette. Je n'avais pas fait la part du désespoir d'un homme poussé à bout. D'un geste, il se débarrassa de moi, et, au lieu de reprendre sa course, il tira son couteau pour me le plonger dans la poitrine. Heureusement le coup rencontra mon bras, étendu instinctivement devant moi et le traversa de part en part au lieu de me percer le cœur. Il relevait son arme et allait me frapper une seconde fois quand une main vigoureuse l'étreignit. C'était Jacques le Noir accouru à mon secours. Il réussit à maintenir l'assassin jusqu'à l'arrivée d'Hickman et des autres, et, malgré ses efforts surhumains, l'esclave fut enfin garrotté et mis hors d'état de nuire.

XII

LA SÉVÈRE SENTENCE.

En moins d'une heure, la nouvelle du danger que nous avions couru s'était répandue dans les plantations voisines. Une telle aventure intéressait tous les possesseurs d'esclaves, et nous vîmes bientôt arriver nos voisins au nombre de plus de cinquante, tous armés et comme prêts à livrer bataille. Un jury fut bientôt constitué pour juger Jacques le Jaune selon les formes légales. On choisit pour président notre jeune voisin Kinggold. Mon père n'avait pas voulu faire partie du jury. Les preuves de la culpabilité du mulâtre étaient évidentes. J'étais là avec mon bras en écharpe, et les causes qui l'avaient poussé à me frapper s'enchaînaient facilement. L'esclave, coupable de deux tentatives d'assassinat contre des blancs ses maîtres, ne pouvait échapper à la mort. Mais quel genre de mort lui infligerait-on? A part quelques jurés qui votèrent pour la pendaison, la majorité, à laquelle se rallia le président, conclut qu'un tel supplice était trop doux pour un si grand coupable et décida qu'il serait brûlé. Mon excellent père essaya de sauver cette torture à l'assassin, mais sa demande fut repoussée, et les juges lui reprochèrent doucement sa faiblesse. Plusieurs esclaves, encouragés par le voisinage des Indiens, s'étant enfuis dernièrement de chez leurs maîtres, on voulait profiter du crime de Jacques pour faire un exemple sévère et qui les terrifiât. Il fut donc arrêté que l'assassin serait brûlé.

C'est une erreur de croire que les Indiens ne torturent les blancs que pour le plaisir de les voir souffrir. C'est le plus souvent des représailles qu'ils exercent, et je crois que dans ce cas on pourrait reprocher semblable chose aux peuples les plus civilisés de la terre. Mais la cruauté des planteurs pour leurs esclaves n'a pas la même excuse, et pour un rien, un soupçon, un manque à leur devoir, une tentative de rebellion, il les font périr sous le fouet, les brûlent ou les laissent mourir de faim dans des cachots.

Sans doute, Jacques le Jaune méritait la mort, mais n'aurait-on pas pu lui éviter la torture et punir simplement sans chercher à se venger? Mais les juges tinrent bon, et la sentence étant exécutable sur l'heure, on conduisit le prisonnier au bord du lac, à peu de distance de l'habitation. Toute la foule se porta vers ce point.

A deux cents mètres de la rive, on choisit un arbre qui devait servir de bûcher, et on se prépara à y attacher le condamné. Mon père n'avait pas voulu assister à cet affreux spectacle, et j'étais le seul membre de la famille qui fût présent. Malgré les injures que ne cessait de m'adresser le mulâtre, je lui aurais volontiers fait grâce de la torture, mais les assistants ramassaient déjà du bois pour le bûcher, tandis que d'autres battaient le briquet pour avoir du feu, tout en plaisantant et en convenant hautement de leur haine pour la race noire.

Kinggold se montrait un des plus actifs à tout préparer. C'était un jeune homme d'un caractère sombre, féroce même, semblable en cela à son père, le plus riche planteur du voisinage.

Kinggold n'était ni beau, ni gracieux. Il ne manquait pas d'intelligence, mais sa grande fortune le rendait orgueilleux et impertinent. On le disait, du reste, dissipé et joueur, parieur assidu à tous les combats de coqs, et il se montrait souvent en public avec des personnes de bas étage.

J'éprouvais une certaine antipathie contre lui. Au contraire, mon père et ma mère passaient sur ses défauts, en faveur de sa brillante fortune, et, songeant peut-être à en faire un mari pour ma sœur, l'invitaient sans cesse à venir nous voir.

Ce Kinggold donc, croyant sans doute prouver ainsi son dévouement à ma famille, était le plus empressé aux apprêts du supplice. Son caractère cruel y trouvait peut-être aussi quelque satisfaction, car on le disait dur pour les esclaves et ceux-ci tremblaient d'effroi à la seule idée d'être vendus au Kinggold.

Powel se trouvait parmi nous. Attiré par les cris de la foule, il était retourné sur ses pas et regardait sans se mêler aux travailleurs.

Il me sembla que lorsque Kinggold l'aperçut, il lui jeta un singulier regard. Il savait que ma sœur et moi devions la vie au jeune Indien et il en ressentait de la jalousie.

Il sourit d'un air de dédain quand leurs yeux se rencontrèrent et s'écria grossièrement :

— Ah ça! Peau-Rouge, est-il bien certain que vous n'êtes pour rien dans cette affaire ?

— Peau-Rouge, riposta l'Indien, vous m'appelez Peau-Rouge ?

Et se tournant fièrement vers Kinggold :

— Ma peau est d'une meilleure couleur que la vôtre, car vous n'êtes qu'un blanc mal blanchi.

Kinggold, en effet, avait le teint blême; le coup porta. Interdit par la prompte répartie de l'Indien, il resta un instant sans parler, tant la colère l'avait saisi, pendant que ses compagnons s'étonnaient tout haut de l'audace de cet Indien.

— Oseriez-vous répéter ce que vous venez de dire, s'écria-t-il enfin.

— Une seconde fois si vous le désirez, répondit l'autre.

Et il recommença sa phrase en donnant encore plus de force aux mots.

Kinggold saisit son pistolet et le lâcha sur l'Indien, mais la balle passa au-dessus de lui. Furieux de sa maladresse, il se précipita sur lui et tous deux roulèrent à terre en luttant. Mais l'Indien prit le dessus et tirant son couteau, il allait en frapper son adversaire, quand on réussit à les séparer et à désarmer Powel. Dans le nombre des témoins, quelques-uns voulaient la mort de l'Indien pour avoir osé lever la main sur un blanc, mais la plupart disaient qu'il n'avait fait que se défendre et qu'il avait été injustement provoqué.

J'étais résolu à prêter à mon nouvel ami toute l'aide qui était en mon pouvoir et je ne sais comment aurait fini cette querelle, si, tout à coup, un cri ne se fut élevé : « Jacques le Jaune se sauve! »

XIII

LA CHASSE AU MULATRE.

A ces mots, je regardai autour de moi. C'était la vérité. Jacques le Jaune avait profité de la dispute qui détournait l'attention de lui, et grâce au couteau de Powel, jeté par mégarde à ses pieds, il avait coupé ses liens et pris la fuite sans que personne s'en aperçût. Son corps nu glissait entre les mains de ceux qui essayèrent de l'arrêter; il franchit la foule, et, en quelques pas, se trouva au bord du lac. Plusieurs coups de pistolets lui furent tirés, car les fusils étaient restés çà et là contre les arbres. On courut les prendre et une véritable fusillade fut dirigée contre le fugitif, mais quoi qu'il y eût de bons tireurs parmi nous, on le vit arriver sain et sauf au bord de l'eau et s'y précipiter.

Parmi les assistants quelques-uns rechargèrent leurs fusils, d'autres se déshabillèrent, coururent au lac et s'y plongèrent à la poursuite du fugitif. En moins de dix minutes le lieu de l'exécution devint désert, tout le monde s'était porté sur la rive, les uns criant et gesticulant, tandis que d'autres déchargeaient leurs armes sur le fuyard, mais sans résultat. Une vingtaine d'hommes nageaient à sa suite, et les chiens, ayant accompagnés leurs maîtres dans l'eau, faisaient ressembler cette étrange scène à une chasse au cerf. Seulement au lieu des bois de l'animal, à cinquante pas en avant, on voyait la toison frisée du mulâtre, et par moment son buste bruni, sortir tout entier de l'eau, sous les efforts prodigieux qu'il faisait.

La place, où un instant auparavant était le condamné, se

trouvait vide, et lui, en liberté, était poursuivi par ses propres juges qui auraient été ses bourreaux.

Je restais tout étourdi devant cette scène inattendue. Puis ma surprise eut le temps de se calmer, car plus d'une heure s'écoula entre le commencement et la fin de ce drame étrange.

Jacques le Jaune avait saisi la seule chance de fuite qu'il pût rencontrer. A terre, il eut été promptement repris avec l'aide des chiens, mais sur l'eau il conservait son avantage.

L'île sur laquelle il se dirigeait était petite. S'il s'y réfugiait, pas un arbre, pas un buisson n'échapperaient à nos investigations ; s'il ne faisait que la traverser pour gagner la rive opposée, il n'y arriverait pas, car l'autre bord du lac était distant de plus d'un mille, et nos gens ayant trouvé quelques pirogues et canots, l'auraient bien vite rejoint.

Le dénoûment s'approchait et notre intérêt croissait en raison de la durée de la course. Cependant nous étions loin de pressentir ce qui se préparait. Le fugitif était déjà arrivé près du bord de l'île, il n'avait qu'à étendre la main pour y monter, en s'aidant des branches d'arbres, et cependant il n'en faisait rien.

Nous ne pouvions comprendre pourquoi, au lieu de s'élancer, il continuait à suivre le bord en nageant, donnant ainsi de l'avantage à ceux qui le poursuivaient et dont quelques-uns commençaient à se trouver fort près de lui. Soudain, nous comprîmes le motif qui l'empêchait d'aborder en voyant un horrible caïman, la gueule grande ouverte, la queue battant l'eau, sortir de l'ombre projetée par les arbres, au milieu des cris des oiseaux qui, de toutes parts, s'enfuyaient effrayés.

A cette vue, les nageurs s'arrêtent saisis d'effroi. Un seul continue, c'est le fugitif, celui qui nage pour sa vie ?

C'était pourtant sur lui que le caïman fixait son regard

ardent. Est-ce la main de Dieu qui le conduit, est-ce la vengeance divine qui va frapper le coupable.

Malgré ses crimes, à ce spectacle affreux, je me sens ému, je voudrais qu'il pût échapper à cette mort horrible. Je le vois! il s'attache à une branche et cherche à s'enlever au-dessus de l'eau, mais l'heure du châtiment a sonné. La branche trop faible se rompt sous le poids de son corps et il retombe dans le lac, où le monstre s'enfonce en même temps que lui. On ne les voit plus et l'écume produite par leur chute marque seule la place où le drame s'est accompli.

Dieu s'est chargé de punir l'assassin, voilà notre pensée unanime.

Restaient les poursuivants. Ils n'osaient aborder à la nage dans l'île, craignant d'y rencontrer d'autres ennemis, et malgré leur fatigue, ils revenaient de notre côté. Heureusement les pirogues qui arrivaient à leur suite les recueillirent les uns après les autres et bientôt hommes et chiens, nous les vîmes se diriger vers l'îlot pour s'assurer si le mulâtre n'avait pas échappé au crocodile.

Les chiens battirent la place en tous sens, mais rien ne parut; d'ailleurs une écume rougeâtre s'étendant sous leurs yeux, leur indiqua bientôt que leurs recherches étaient inutiles.

— Voyez, s'écria un chasseur, homme grossier et féroce, c'est le sang du mulâtre, j'en suis sûr. Il est au fond. Les chasseurs vinrent nous retrouver.

XIV

LA VENGEANCE DE KINGGOLD.

On se sentait forcé de reconnaître que Dieu avait voulu, tout en frappant la victime, donner une leçon à ses juges, et la faire échapper par un prompt trépas à d'affreuses tortures...

Je regardai autour de moi pour tâcher d'apercevoir le jeune Indien. Je fus heureux de ne plus le voir dans la foule : ses paroles avaient irrité quelques blancs, sa dispute avec Kinggold avait permis au condamné de s'enfuir. Je connaissais le caractère vindicatif de notre voisin. Il avait eu le dessous et chercherait sûrement à se venger. J'espérais donc que Powel sentant le danger qui le menaçait sur nos terres avait gagné l'autre bord du lac, où était situé le territoire indien. Là, il était en sûreté, et Kinggold même n'oserait l'y poursuivre, car les lois à ce sujet étaient sévères, et la moindre incursion chez les Indiens aurait été le signal d'une guerre acharnée.

J'allais retourner à la maison ; mais avant, je résolus de dire à Kinggold combien je désapprouvais sa conduite vis-à-vis de celui qui venait de risquer si courageusement sa vie pour moi. Ne l'apercevant pas, je demandai au vieux Hickman :

— Avez-vous vu Areus Kinggold?

— Il vient de partir, me répondit-il, avec Bill Williams et Ned Spence. Ils allaient très-vite et remontaient le long de la rivière, en regardant avec attention quelque chose au loin sur la route.

Un soupçon pénible me vint à l'esprit.

— Hickman, dis-je, voulez-vous me prêter votre cheval pour une heure?

— Mon vieux cheval? Mais certainement. Pour une heure, pour un jour, si vous voulez ; mais quelle idée de monter à cheval avec le bras dans cet état !

— Aidez-moi soulement à monter, et tout ira bien.

Le vieux chasseur fit ce que je désirais. Après l'avoir remercié je pris le chemin qui suivait la rivière. Il y avait là un bac et, sans doute, l'Indien y avait laissé son canot à son arrivée et était venu le reprendre pour retourner chez lui. Kinggold ayant suivi un chemin qui n'était pas le sien, c'en était assez pour me donner des soupçons, surtout sachant quels étaient ses compagnons que je connaissais pour les plus mauvais sujets d'alentour. Ce ne pouvait être dans de bonnes intentions qu'ils avaient suivi l'Indien dont je voyais les traces mêlées aux leurs et bien distinctes à cause de ses sandales encore humides.

J'entendis soudain un bruit confus de voix. Le chemin faisait un coude et je n'apercevais rien. Je poussai le vieux cheval et j'arrivai au galop en face du bac, après avoir passé auprès de trois chevaux attachés à des arbres et que je reconnus être les montures de Kinggold et de ses compagnons. J'aperçus alors un groupe formé de l'Indien et des trois blancs. Ils s'étaenit approchés sans être entendus et l'avaient saisi par derrière au moment où il entrait dans son canot.

L'Indien était là sans défense. Le fusil que je lui avais donné était mouillé et son couteau avait été pris par le mulâtre. Déjà Kinggold et ses camarades l'avaient dépouillé de sa blouse de chasse et lié à un arbre. Ils s'apprêtaient à le fustiger avec des courroies qu'ils tenaient à la main. J'arrivai en cet instant :

— Honte sur vous, Areus Kinggold, m'écriai-je, honte sur

OCÉOLA.

Armé d'un pistolet, je me plaçai devant l'Indien.
(P. 53.)

vous. Vous commettez là une lâcheté que je ferai connaître partout.

Il balbutia quelques excuses, mais il était évidemment aussi surpris que contrarié par mon arrivée soudaine.

— Ce maudit Indien l'a bien mérité, grommela Williams.

— Et pourquoi? lui dis-je.

— Par son insolence vis-à-vis d'un blanc.

— Du reste, reprit Spence, il n'a rien à faire de ce côté de la rivière, et n'a pas le droit d'y venir.

— Pas plus que vous le droit de le fouetter.

— Oh! oh! dit-il d'un ton qui me fit bouillir le sang, nous pourrions le faire si nous le voulions.

— Pas si facilement que vous pensez.

Et en disant ces mots, je sautai à bas de ma monture et, armé d'un pistolet que j'avais emprunté à Hickman, je me plaçai devant l'Indien.

— Maintenant, leur dis-je, approchez si vous voulez, mais je vous préviens que le premier qui fait un pas recevra une balle dans la tête.

Tous trois avaient, malgré leur jeunesse, des pistolets et des couteaux, mais ils virent bien que Kinggold ne les aiderait pas.

Après m'avoir grossièrement reproché de me-mêler à de choses qui ne me regardaient pas, ils se décidèrent à quitter la place.

Je délivrai bien vite le captif. Il était trop ému pour pouvoir parler, mais ses regards m'en disaient assez. Enfin, me pressant la main :

— Vous serez toujours le bienvenu chez les Indiens, me dit-il; venez-y quand vous voudrez, personne ne vous touchera.

XV

VISITE A POWEL.

Une connaissance faite dans de semblables conditions devait être cimentée par l'amitié. C'était un noble jeune homme que cet Indien; son caractère était celui d'un vrai gentilhomme. Je résolus d'accepter son invitation et de lui faire une visite dans son habitation de la forêt.

La cabane de sa mère était sur le bord d'une petite rivière qui se jetait dans celle-ci.

J'avais déjà parcouru les endroits dont il me parlait, et je me demandai, en l'écoutant, si ce n'était pas sa sœur Maümée que j'avais vue une fois dans les bois.

Je fus obligé d'attendre, pour faire cette visite, que mon bras fût entièrement guéri.

Enfin, par une belle matinée, j'allais partir dans mon canot, avec mon chien et mon fusil, pour me rendre chez Powel, quand je m'entendis appeler. C'était ma sœur, ma pauvre petite Virginie. Elle était toute changée depuis le terrible danger qu'elle avait couru, et sa tristesse se réflétait sur sa figure.

— Où vas-tu, Georges? me demanda-t-elle. Si c'est dans la forêt, laisse-moi venir avec toi!

— Comment? tu veux me suivre dans les bois?

— Pourquoi pas? depuis longtemps je désire faire cette promenade. Sois un peu complaisant.

— Mais tu ne me l'as jamais demandé.

— C'est vrai, mais tu aurais dû deviner mes désirs, frère

égoïste. Oh! que je voudrais être oiseau pour pouvoir me passer de toi.

— Nous irons un autre jour, Virginie, car, précisément, je ne vais pas aujourd'hui dans les bois.

— Où donc vas-tu?

— Je vais rendre visite au jeune Powel, chez sa mère. Je le lui ai promis.

— Ah! fit ma sœur, rappelée par ce nom au souvenir de l'horrible scène, et elle tomba dans une profonde rêverie.

Enfin elle releva la tête :

— Il n'y a rien que je désire tant voir qu'une cabane indienne, me dit-elle; mon bon Georges, je t'en prie, prends-moi avec toi.

Je ne me sentis pas la force de refuser, quoique j'eusse préféré aller seul. Puis je craignais de la conduire si loin dans ces endroits que je connaissais à peine.

— Je t'emmènerai volontiers si notre mère y consent, lui répondis-je.

— C'est ridicule, Georges; maman ne sera pas fâchée. A quoi bon aller jusqu'à la maison? Je suis toute prête, j'ai mon chapeau et nous serons de retour avant même qu'on ne se soit aperçu de notre absence, puisque tu dis que ce n'est pas loin.

— Allons, monte donc et assieds-toi sur la banquette; nous partons.

Le courant était faible et moins d'une demi-heure après notre départ nous entrions dans la petite rivière. Elle était étroite, mais assez profonde pour qu'on pût y naviguer. Les arbres la couvraient entièrement de leur ombre et nous épargnaient l'ardeur du soleil.

A un demi-mille de l'embouchure, nous trouvâmes une

clairière et des champs cultivés. On voyait là du maïs, des patates douces, des melons, des calebasses, des piments.

Nous découvrîmes une grande maison, entourée d'un enclos. Cette construction paraissait antique et des piliers sculptés assez grossièrement la soutenaient.

Des esclaves travaillaient dans les champs. Des Indiens y étaient mêlés aux noirs.

Il n'y avait pas de blancs qui habitassent de ce côté de la rivière. Cela devait donc appartenir à quelque riche Indien; mais où pouvait être la cabane de notre ami? L'avions-nous dépassée, ou se trouvait-elle encore plus haut? Il m'avait dit à un demi-mille de l'embouchure.

— Arrêtons-nous pour prendre des informations.

— Mais quel est cet homme debout devant le portique? me demanda ma sœur.

— Tes yeux sont meilleurs que les miens, Virginie; c'est Powel lui-même. Il est sans doute en visite ici. Car ce ne doit pas être là son habitation. Il disait une cabane. Mais le voilà.

En effet l'Indien nous ayant aperçus s'avançait rapidement à notre rencontre, pour nous aider à aborder.

Il était aussi richement vêtu que la première fois que nous l'avions vu. Ma sœur le regardait avec une admiration mêlée de crainte. Craignant que la vue du Peau-Rouge n'éveillât en elle de trop vives émotions par les souvenirs qu'elle lui rappellait, je regrettais presque de l'avoir laissée venir avec moi.

Powel ne paraissait nullement embarrassé de notre arrivée, et bien des blancs, en pareille occasion, se seraient montrés plus gauches que lui. Il prit le bout du canot pour le faire aborder, puis, avec une politesse de gentilhomme, il offrit la main à ma sœur pour l'aider à descendre.

— Vous êtes les bienvenus, nous dit-il, et se tournant vers Virginie : J'espère que la senorita va tout à fait bien maintenant ; quant à vous, monsieur, ajouta-t-il, je n'ai pas besoin de m'informer de votre blessure, et la présence de votre canot, si loin de chez vous, est la meilleure preuve que votre bras est tout à fait guéri.

L'expression qu'il employait pour dire : Mademoiselle, est une des nombreuses traces laissées dans le langage des Indiens par les Espagnols, qui avaient été leurs alliés, il n'y avait pas encore bien longtemps. Le costume de notre nouvelle connaissance donnait aussi quelques signes de cette fréquentation. La plantation même nous offrait les fruits chers à l'Andalousie, tels que l'orange de Chine, les piments, les tomates, etc.

— Est-ce ici votre demeure? lui demandai-je avec un certain embarras, car, bien que salués par lui à notre arrivée, je n'apercevais pas une cabane qui pût lui appartenir.

Il était en effet chez lui. C'était la maison de sa mère, qui formait, avec sa sœur, toute sa famille. Son père était mort depuis longtemps.

— Et qui sont ces hommes? dis-je, en lui montrant les travailleurs.

— Ce sont nos esclaves, me répondit-il en souriant. Vous voyez que les Indiens commencent à se civiliser et adoptent les usages des blancs.

— Mais il n'y a pas que des nègres. Il me semble voir aussi des Peaux-Rouges.

— En effet, mais ils sont esclaves comme les autres. Ils sont d'une autre tribu, les Yamases, que nous avons conquise, il y a longtemps, et réduite en servitude.

Nous arrivions devant la porte où sa mère nous attendait pour nous recevoir. C'était une femme de pure race indienne. Elle était richement habillée à la mode indienne.

Les murs de la maison étaient ornés de trophées de chasse. Une guitare y était suspendue entre des housses de chevaux et des rayons chargés de livres. Ma sœur et moi restions ébahis de rencontrer tous ces indices de civilisation chez des Indiens.

— Je suis charmé que vous soyez venu, me répéta Powel, votre sac à poudre est fait et les sandales aussi.

— Où sont-elles, mère? où est Maümée?

— Qu'est-ce que Maümée? me demanda tout bas Virginie.

— C'est sa sœur, une Indienne.

Au même instant, Maümée entra.

Elle portait un costume indien d'une richesse et d'une élégance incomparables. Ses pieds étaient à l'aise dans des sandales couvertes de broderies. Elle avait le teint brun-clair, les joues un peu colorées et de longs cheveux noirs.

Nous ne restâmes guère qu'une heure dans cette maison hospitalière, heure qui me parut bien courte et nous revînmes chez notre mère.

XV

L'ILE.

Sous prétexte d'aller chasser, je fis de fréquentes visites à nos nouveaux amis. Mon père et ma mère me laissaient libre d'aller où je voulais.

Je me liai étroitement avec le jeune Powel. Nous étions toujours ensemble, soit sur le lac, soit dans les bois, chassant les cerfs et les dindons sauvages.

Souvent Virginie, qui, elle aussi, avait pris goût aux promenades dans les bois, me priait de l'emmener. Je ne voulais pas lui refuser, quoique j'eusse préféré aller seul, mais, malgré la différence qui existait entre leurs caractères, ma sœur s'était liée d'une vive amitié avec Maümée.

Leurs personnes différaient autant que leurs habitudes, mais peut-être était-ce ce constraste même qui attirait l'une vers l'autre la créole aux cheveux blonds, comme les blés mûrs et la vive et brune Indienne.

Pendant que nous chassions, le jeune Powel et moi, nos sœurs se promenaient dans les champs, jouaient, chantaient ou lisaient ensemble sous un bosquet, car, malgré son costume sauvage, Maümée savait lire et jouer de la guitare. Ses connaissances et l'esprit cultivé de son frère les rendaient égaux aux enfants du fier Randolphe, et ni Virginie ni moi n'aurions jamais songé à leur contester cette égalité. Nous étions trop jeunes pour penser à la différence des classes.

Quequefois les jeunes filles nous demandaient à nous accompagner à la chasse, alors nous nous contentions de poursuivre les écureuils et le petit gibier, car la chasse aux cerfs nous aurait entraînés trop loin. Maümée, habile écuyère, aurait bien pu nous accompagner à cheval, mais ma sœur ne savait pas aussi bien se tenir en selle. Nous allions aussi sur l'eau chercher les poules d'eau, les aigrettes et les grues blanches. Nous nous rendions alors assez habituellement à un îlot, non pas celui qui avait été témoin de la scène tragique, mais à un autre plus au centre du lac.

Cet îlot d'une grande étendue, était très-élevé au centre et presque entièrement couvert d'arbres. Le chêne vert, le magnolia, l'oranger sauvage, y croissaient mêlés au yantoaylon à fleurs jaunes, le bois de chien, si odoriférant, et les précieux palmiers dont les têtes, dépassant tout ce qui les entourait, formaient avec leurs larges feuilles, un toit au-dessus de leurs compagnons. Çà et là des buissons de vigne sauvage, de china, de salsepareille, des bignognias, des bromélias, des orchidées, séparaient les grands arbres, laissant voir à leur pied un gazon vert tapissé de fleurs.

Nous nous rendions souvent dans cet endroit charmant qui se trouvait à mi-chemin de nos deux maisons. Nos sœurs, qui aimaient ce beau séjour, nous y accompagnaient et allaient s'asseoir au sommet de l'île sous les immenses palmiers, tandis que nous poursuivions les canards sur le lac ou les dindons sauvages dans les taillis. Quand nous étions las, nous revenions déposer notre chasse aux pieds des jeunes filles, qui examinaient avec admiration les oiseaux rares, aux brillantes couleurs, que nous leur rapportions quelquefois.

Mais le bonheur n'est jamais sans nuages. Cette douce intimité fut brusquement rompue.

Jamais nos parents ne nous avaient questionné sur nos fréquentes absences. La chasse me servait de prétexte, et quant à Virginie, ma mère quoiqu'un peu étonnée de l'amour subit de ma sœur pour les bois, avait fini par la laisser aller et venir sans observations.

Un jour nous étions tous quatre réunis dans l'île, Powel et moi nous avions fini de chasser et nous étions revenus trouver nos sœurs sur la colline.

Tout à coup les chiens se levèrent en aboyant et le craquement des feuilles nous avertit que quelqu'un s'avançait près de nous.

Virginie et moi restâmes pétrifiés en nous trouvant en présence de nos parents, tandis que les chiens apaisés tournaient autour d'eux en les reconnaissant. Mon père et ma mère nous regardaient d'un air irrité et nous sentions instinctivement que nous étions en faute. Ma mère s'avança la première, le mépris peint sur la figure. Elle était encore plus fière que mon père de ses ancêtres.

— Quoi, mes enfants! ce sont-là vos compagnons! des Indiens !

Le jeune Powel se leva. Quoiqu'il ne répondit rien, son attitude laissait voir qu'il avait ressenti l'offense. Jetant un regard hautain et dédaigneux sur mon père et sur ma mère, il fit signe à sa sœur de le suivre et s'éloigna fièrement.

Nous étions si anéantis, ma sœur et moi, que nous n'osâmes même leur dire adieu.

Mon père et ma mère étaient venus dans une pirogue conduite par des esclaves. J'aperçus au milieu les deux Kinggold. père et fils.

J'allai reprendre mon canot et suivre celui de mes parents où ma sœur était entrée avec eux. Je n'osais même pas faire un signe d'adieu à nos amis Indiens que j'apercevais dans leur barque les yeux fixés sur nous, quoique j'eusse le pressentiment que nous nous séparions pour longtemps, peut-être pour toujours. Hélas! mon pressentiment était juste. Trois jours après je prenais la route du Nord, pour entrer comme cadet au collége militaire de West-Point. Ma sœur allait entrer au couvent. Nous nous trouvions ainsi séparés et il devait se passer des années avant que l'un ou l'autre nous revissions la terre des fleurs.

XVII

WEST-POIN.

Le collége militaire de West-Point est un des meilleurs qu' existent. Toutes les sciences y sont enseignées. Le recteur connaît toutes les langues vivantes. Il est botaniste, géomètre, géologue, astronome, ingénieur et soldat. C'est un homme capable de remplir tous ses devoirs de citoyen, soit qu'il ait à commander, soit qu'il ait à obéir.

On ne souffre pas là de paresseux, et le fils du président lui-même serait renvoyé honteusement s'il ne voulait pas se bien conduire.

La vie d'un étudiant n'a rien qui puisse intéresser; les jours se passent monotones et le travail seul empêche de les trouver longs.

Souvent cependant mes souvenirs me reportaient aux lieux témoins de mon enfance, de ma première jeunesse, et là je revoyais encore Powel, sa mère et sa sœur.

Ma sœur et moi nous restâmes cinq ans exilés de notre patrie. Nos parents venaient chaque année nous visiter, et nous conduire passer nos vacances, selon la mode américaine, à Saratoga, à Spa, à New-Port ou à Ballston. Nous aurions bien voulu aller une fois à l'habitation, mais nos parents qui n'avaient pas oublié la scène de l'île furent inflexibles.

Nous avions revu les Kinggold aux bains de mer. Areus était devenu un petit maître et dépensait largement sa fortune.

Cinq années s'écoulèrent donc. Je subis avec honneur l'examen final. Je fus reçu un des premiers avec la latitude de choisir le corps auquel je voudrais appartenir. J'avais toujours eu du goût pour les régiments de ligne, et quoique j'eusse le choix entre l'artillerie et la cavalerie ou le génie, je me fis nommer lieutenant dans la ligne, et j'obtins un congé pour aller chez moi.

Ma sœur qui venait aussi de terminer brillamment ses études m'accompagna.

Nous venions de perdre notre père, et nous ne trouvâmes à l'habitation qu'une mère veuve et désolée, pour nous dire : Soyez les bienvenus.

XVIII

LES SÉMINOLES.

Je trouvai ma patrie en armes. Mes premiers services militaires allaient être consacrés à la défense de mon pays.

Dans un collége militaire, on parle continuellement de la guerre comme d'une chose possible, on en discute sans cesse les chances, je ne fus donc pas trop surpris.

Pendant dix ans les Etats-Unis avaient été en paix avec le monde entier.

La main de fer du dernier président avait maintenu les tribus de la frontière. Pendant dix ans elles étaient restées dans l'ombre, mais ce *statu quo* touchait à sa fin.

Les Peaux-Rouges relevaient encore une fois la tête pour

reconquérir leurs droits, et d'un côté où on ne les aurait pas attendus.

Ce n'était pas sur les frontières lointaines de l'Ouest qu'ils se soulevaient.

La terre des fleurs, la Floride allait être le théâtre de la guerre. Ce lieu étant historique, je dirai un mot sur l'histoire de ce pays.

En 1821 le drapeau espagnol s'était retiré des forts de Saint-Augustin et de Saint-Marc. Les Espagnols abandonnaient cette possession, une de leurs dernières sur le sol de l'Amérique.

Leur domination en Floride avait été marquée par le pillage de leurs plantations. Leurs chevaux, leur bétail erraient sauvages dans les savanes, et eux, retirés dans les forteresses, regardaient l'herbe envahir leurs défrichements.

Les Indiens ne devaient pas non plus garder longtemps le pays qu'ils avaient reconquis. Une autre race blanche, leur égale en force et en courage, s'avançait du Nord, et il était facile de prophétiser que les vainqueurs seraient soumis à leur tour. Une fois déjà ils s'étaient mesurés avec les envahisseurs à face pâle, conduits par ce soldat austère qui était maintenant président. Ils avaient été mis en fuite et refoulés dans le Sud, au centre de la Péninsule. De cet asile, ils signèrent un traité qui leur laissait la libre jouissance de la terre où ils se trouvaient.

Les Séminoles se tinrent pour satisfaits, mais les traités entre le fort et le faible ne sont-ils pas une liaison de convenance que le plus fort rompt à son gré?

Des aventuriers blancs qui vinrent s'établir dans le voisinage des Indiens, s'aperçurent bientôt de la fertilité de leurs terres. Ils regardaient d'un œil d'envie les abondantes récoltes d'indigo, de cannes à sucre, de riz, de coton, d'olives, d'oranges. Ils résolurent de s'emparer de tout cela.

Il existait bien un traité, mais qu'importait ce traité à ces planteurs de la Géorgie et de la Caroline, à ces marchands d'esclaves qui étaient exilés de toutes les parties du Sud? Qu'était-ce à leurs yeux qu'un traité conclu avec des Peaux-Rouges?

Le grand Père, comme l'appelaient les Indiens, aussi peu scrupuleux qu'eux, approuva cette trahison : « Il faut chasser ces Indiens d'ici, dit-il, nous leur donnerons des terres dans l'Ouest, de grands terrains de chasse que nous leur abandonnerons à jamais. Mais les Séminoles aimaient leur patrie et refusèrent l'échange. On résolut d'employer la force, mais Jackson avait besoin d'un prétexte qui parût plausible pour chasser les Indiens.

On ne pouvait plus, comme autrefois, accuser les Peaux-Rouges de laisser leurs terres en friche, car ils étaient devenus aussi bons agriculteurs qu'ils étaient habiles chasseurs, néanmoins on eut bientôt trouvé une autre raison qu'on sut persuader valable.

On accusa les Séminoles de ravager les plantations des blancs, de voler les bestiaux et les chevaux, d'arrêter et d'assassiner les voyageurs. Un journal gagé par les planteurs, se fit l'écho de toutes ces calomnies, et mit tous les esprits en effervescence. L'irritation contre les Séminoles devint générale.

Chassons les sauvages, renvoyons-les jusque dans l'Ouest. Tel était le cri populaire.

Le peuple américain aime à voir ses idées promptement réalisées, surtout quand elles tendent à un but patriotique, proposé par le président.

Il fallait donc commencer les hostilités; mais pour ne pas

soulever les murmures, on résolut de déguiser la violation du traité.

On appelle les chefs; quelques-uns furent séduits par de fortes récompenses, d'autres systématiquement abrutis par le wiskey, et enfin le 19 mai 1832, sur les bords d'Oclawaha, quelques-uns, infidèles à leur nation, signèrent un traité par lequel ils s'engageaient à faire quitter aux Séminoles les terres de leurs ancêtres.

On répandit aussitôt cette nouvelle en ajoutant que ce nouveau traité était consenti par tous les chefs, tandis qu'en réalité, il ne l'était que par un certain nombre de traîtres. La nation des Séminoles refusa d'exécuter cette convention et, dans une réunion présidée par des chefs en qui elle avait confiance, déclara qu'elle n'acceptait pas le traité signé.

Plusieurs chefs, notamment Onapa, le plus important, nièrent avoir donné leurs signatures, quelques-uns confessaient l'avoir fait, influencés par les autres.

Les frères Omatta, Black Clay et Big Warsior, qui étaient les plus influents, osèrent avouer qu'ils avaient signé de leur propre mouvement.

Ces derniers devinrent pour la nation un sujet de méfiance et de haine. Blâmés par leurs amis et par leurs inférieurs, leur vie se trouvait même menacée.

Pour bien comprendre ces faits historiques, il est nécessaire de dire quelques mots sur les statuts politiques des Séminoles.

Leur gouvernement était tout à fait républicain et démocratique. Dans aucune république du monde, le mot liberté n'a jamais été aussi bien compris que chez eux. On peut comparer leur état à celui des Highlanders d'Ecosse, quoique la parallèle ne soit vraie que sous un rapport. C'est que les Gaels, comme les Séminoles, n'ont aucune organisation générale.

Les tribus, éloignées les unes des autres, avaient chacune leur indépendance politique. Elles reconnaissaient un chef suprême, auquel cependant on ne pouvait appliquer le titre de roi, car le nom de Mico, qu'ils lui donnaient, n'a pas cette acception.

Le Mico, chez les Séminoles, n'était chef que de nom, son autorité était pour ainsi dire nulle. Il n'avait aucun droit ni sur la vie des hommes, ni sur leurs propriétés, et quoiqu'il se trouvât quelquefois être le plus riche de la tribu, quelquefois aussi il se trouvait un des plus pauvres. Les largesses n'étaient pas prélevées sur les revenus du gouvernement, mais sur sa propre fortune.

Il n'avait pas de suite, et n'était entouré d'aucune pompe ni d'aucune splendeur, ni de ces courtisans qui sont en foule autour des Rajahs de l'Orient.

Après ce premier chef, chaque tribu a le sien, mais ces chefs, pas plus que le premier, n'ont droit de rendre d'eux-mêmes la justice. Quand il y a une punition à infliger, ils doivent former un conseil qui constate si le coupable mérite un châtiment et en détermine l'importance.

Les propriétés n'étaient pas en commun. Quelquefois on voyait les Séminoles travailler ensemble, mais ce n'était qu'une association faite à l'amiable, utile et agréable à chacun.

Les liens de famille étaient plus sacrés parmi ces peuplades qu'ils ne le sont dans beaucoup d'autres pays, et pourtant c'étaient des sauvages, des Peaux-Rouges que l'on voulait déposséder de leurs droits, chasser de leur patrie et envoyer au fond d'un désert.

XIX

LE HÉROS INDIEN.

Il y avait bien des raisons qui empêchaient les Indiens d'accepter le traité signé sur les bords de l'Oclawaha.

Premièrement, seize chefs ou sous-chefs seulement l'avaient ratifié, et il y en avait plus de cinq fois autant qui n'avaient pas signé.

Secondement, ce traité même n'était que conditionnel et ne devait être définitivement accepté qu'après qu'une députation aurait été visiter les terres sur la rivière Blanche et constater qu'elles étaient propres à la culture. Tant que cette exploration n'était pas accomplie, on ne pouvait exiger d'eux l'abandon de leurs demeures. Sept chefs, accompagnés d'un agent, se mirent en route pour faire subir aux terres de l'Ouest une sévère appréciation; mais, par l'astuce du président des Etats-Unis, ces chefs furent précisément choisis parmi les traîtres qui avaient signé par anticipation.

Dans le nombre se trouvaient Black Clay et les deux frères Omatta. Il est vrai qu'il y avait aussi Hotte Mattee (le Sauteur), qui était un brave guerrier, mais il aimait à boire, et Phagan, l'agent qui les accompagnait, connaissait bien ce faible.

Ils s'arrêtèrent à Fort-Gibson, sur l'Arkansas, où ils furent bien reçus. On fit boire Hotte Mattee de façon à le griser, puis le contrat fut étendu sur la table et tous le signèrent.

Cette signature prématurée était encore en dehors des conditions, puisqu'elle ne devait être donnée qu'après que, les chefs étant de retour, les Séminoles assemblés en conseil auraient décidé s'il y avait lieu d'accepter les terres de l'Ouest.

Les commissaires américains avaient eu recours à la ruse, car ils étaient convaincus que les Indiens n'accepteraient pas le traité, comme du reste, ceux-ci en donnaient journellement les preuves.

En effet, une clause de la convention signée sur les bords du l'Oclawaha portait que les esclaves réfugiés chez les Peaux-Rouges seraient rendus par ceux-ci à leurs maîtres. Personne n'avait tenu compte de cela, et les esclaves, plus que jamais, trouvaient asile chez les Séminoles.

Quoique convaincue que la majorité refuserait ce traité, la commission américaine demanda aux Séminoles de se réunir. Elle était déterminée à obtenir la ratification des signatures, soit par ruse, soit par les menaces ou même la violence.

Des troupes entouraient l'agent du fort Kings, d'autres arrivaient chaque jour à Tampa-Bey. Le gouvernement prenait ses mesures pour en arriver à ses fins, bon gré, mal gré.

J'étais au courant de tout ce qui s'était passé durant ma longue absence, et, ainsi que la plupart de mes camarades de collége, je portais un certain intérêt aux Indiens.

La guerre de Black-Hawk venait d'être terminée, et les ambitieux tournaient leurs regards du côté de la Floride, qui allait leur offrir des chances d'avancement.

Ils n'espéraient pourtant guère trouver à se couvrir de gloire dans une telle lutte contre quelques sauvages, à peine en nombre pour résister à un régiment. La conviction du peuple, du général, de l'armée était qu'ils seraient taillés en pièces à la première rencontre. Un officier s'engageait à traverser d'un bout à l'autre le territoire indien avec une seule compagnie; un autre offrait au gouvernement américain de terminer la guerre pour une somme de dix mille dollars.

Je ne pouvais partager ces idées. Je connaissais mieux que ceux qui m'en parlaient les Séminoles et leur pays, et je savais qu'ils ne consentiraient jamais à des conditions humiliantes pour eux, malgré la perspective d'une lutte acharnée et la position désavantageuse où ils se trouvaient.

Peut-être me trompais-je, et mes camarades étaient-ils dans le vrai en se moquant des opinions que je soutenais devant eux. A West-Point, les journaux nous tenaient au courant de tous les événements, et nous recevions souvent des lettres de nos anciens camarades, alors en Floride. Par eux nous savions tous les détails, le nom des chefs et la politique des tribus. La désunion paraissait régner entre eux. Un parti, commandé par Omatta, favorisait notre gouvernement. Mais les vrais patriotes étaient en majorité et avaient à leur tête le chef suprême, le Mico, et ses principaux sous-chefs, Holata Coahaja et le nègre Abram. Parmi les autres patriotes, un nom, celui d'un jeune guerrier, sous-chef de sa tribu, commençait à revenir fréquemment dans les journaux et dans les lettres de nos amis.

Cet Indien était un de ceux qui s'opposaient le plus à la soumission aux Américains. Bien des chefs, plus âgés que lui, subissaient son ascendant. C'était, nous disaient nos amis, un véritable héros; il était courageux, noble, beau, intelligent. Il excellait dans tous les exercices, et il nous racontait ses exploits avec des éloges presque exagérés. Les Etats-Unis étaient restés si longtemps en paix avec les Indiens, qu'en voir un état devenu une curiosité, car, retirés au fond de leurs forêts, ils ne paraissaient jamais dans les villes. L'intérêt était donc vivement excité et trouvait dans ce jeune homme un premier aliment. Ce jeune héros se nommait Océola.

XX

LA JUSTICE DES FRONTIÈRES.

Il ne me fut pas permis de séjourner longtemps chez moi. Quelques jours après mon arrivée, je reçus l'ordre de me rendre au fort King, quartier général de l'armée de Floride et séjour de la commission américaine.

J'étais attaché à l'état-major du général Clinch, qui commandait en chef.

Je me préparai à obéir, quoiqu'il me parut bien dur de quitter si tôt ceux dont j'avais été si longtemps séparé.

Ma mère et ma sœur, désolées de mon départ, auraient désiré me voir donner ma démission pour me garder auprès d'elles, et j'aurais été assez disposé à leur faire ce plaisir, car la cause qu'il me fallait soutenir ne me plaisait pas. Mais, dans la crise actuelle, une telle conduite aurait passé pour de la lâcheté.

Enfin, après avoir fait mes adieux à ma mère et à ma sœur, je me mis en route pour ma destination, les laissant sous la garde du frère de ma mère, qui venait habiter avec elle.

Au reste, je devais les revoir souvent, le théâtre de la guerre étant cette même contrée, et cette pensée adoucit un peu l'amertume de notre séparation.

Il me fallait une journée pour me rendre à Fort-King, qui

était situé sur le territoire indien, à quatorze milles de la plantation.

Je partis donc, accompagné de mon fidèle serviteur Jacques le Noir. Nous montions de bons chevaux et nous étions armés de pied en cap.

Après avoir passé par le bac, nous suivîmes un petit sentier dans la forêt qui passait derrière l'habitation de madame Powel. Arrivé devant une clairière, je pus apercevoir la route que j'avais si souvent parcourue. Je m'arrêtai, hésitant. D'étranges pensées me traversaient l'esprit. Changeant de résolution, tantôt je retenais mon cheval, tantôt je le poussais en avant.

— Que faites-vous donc, maître Georges? me demanda le noir. Ce n'est pas là le chemin du fort.

— Je le sais, Jacques, je pensais à m'arrêter un instant chez madame Powel.

— Chez madame Powel! mon Dieu, maître Georges, vous ne savez donc pas?

— Quoi? m'écriai-je avec anxiété.

— Il y a plus de deux ans que madame Powel n'habite plus là. Elle est partie.

— Partie, pour où?

— Quant à cela je n'en sais rien, mais je crois qu'elle s'est fait une autre habitation plus loin.

— Qui demeure là, maintenant?

— Personne; la vieille maison est déserte.

— Mais pourquoi madame Powel l'a-t-elle quittée?

— Oh! c'est une étrange histoire! Mais pour que je vous la conte, maître Georges, il faut nous remettre en route, car nous ne serions pas en sûreté si l'obscurité nous surprenait dans les bois.

Je poussai mon cheval, Jacques vint se placer près de moi et, le cœur palpitant, j'écoutai son récit.

— Voyez-vous, maître Georges, cela a été une occasion pour le vieux Kinggold, quoique je crois bien que c'est le jeune qui a tout fait. Madame Powel avait perdu quelques esclaves qui avaient été pris par des hommes blancs. On dit que Kinggold savait bien qui les avait pris; toujours est-il que Bill Williams et Ned Spence furent accusés de ce vol. Madame Powel eut recours aux lois pour se faire rendre justice. Elle prit l'avocat Grubbs qui demeure sur la rivière.

Maître Grubbs était un ami des Kinggold et l'on dit qu'ils se sont entendus pour tromper la pauvre Indienne.

— Comment? m'écriai-je.

— Je ne peux vous l'assurer, maître Georges. Mais vous connaissez Pomp, le bûcheron de Kinggold. Eh bien! il m'a dit que ces deux méchants hommes s'étaient mis d'accord pour faire du mal à la pauvre madame Powel.

— Mais enfin de quelle manière, Jacques? fis-je impatiemment.

— Voyez-vous, maître Georges, l'avocat a fait signer à madame Powel un papier, qu'il lui disait être une procuration pour défendre sa cause. Elle a signé sans lire. C'était un acte de vente de tous ses biens.

Je poussai un cri d'indignation.

— Oui, maître Georges, et par suite de cette vente, M. Grubbs a saisi tous les nègres et toutes les plantations de madame Powel.

— Quel vil coquin!

— Maître Grubbs jura qu'il avait tout acheté et payé en argent. Madame Powel jura le contraire, mais le juge décida en faveur de l'avocat parce que Kinggold lui servit de témoin et affirma qu'il avait vu maître Grubbs donner l'argent. On dit que c'est maître Kinggold qui possède tout maintenant et que c'est lui qui avait arrangé l'affaire.

— Le scélérat! mais, dis-moi, qu'est devenue madame Powel?

— Elle est partie avec ses enfants et personne ne sait où elle est allée.

Pendant qu'il achevait, une nouvelle clairière me permit d'apercevoir la maison. Elle était toujours là, grise et élevée, entourée de bosquets d'orangers et d'oliviers, mais la palissade était renversée, les mauvaises herbes couvraient les champs, les tuiles avaient laissé des places vides sur le toit.

Tout cela vous disait une triste histoire et je sentis à cette vue mon cœur se remplir de mélancolie.

XXI

LES ESCLAVES DES INDIENS.

L'idée ne me vint pas de mettre en doute ce que le noir venait de me raconter. Je savais Kinggold et Grubbs capables de ces actions, surtout ce dernier qui était une sorte d'avocat fort mal famé dans le pays.

Jacques m'avait dit que Williams et Spence avaient tous

deux disparu avant le procès. Ils n'étaient revenus qu'une fois l'affaire finie, quand ils n'eurent plus à craindre d'être mis en accusation. Quant aux nègres qui avaient été volés, on ne les avait plus revus dans cette partie de la contrée. Les voleurs les avaient sans doute conduits sur les marchés de Mobile ou de la Nouvelle-Orléans, et les avaient vendus pour s'indemniser ainsi que Grubbs de leur complicité.

Les Kinggold n'attendaient que la fin de la guerre pour prendre possession des biens qu'ils avaient conquis par une ruse infâme.

Jacques appuyait son récit de preuves irrécusables, et d'ailleurs, je ne le savais que trop, c'était ainsi que les aventuriers qui étaient venus se fixer dans le pays en agissaient généralement avec les malheureux Indiens.

Je puis même ajouter que des agents du gouvernement, des membres de la législature, des généraux, de riches planteurs avaient à se reprocher des actions à peu près semblables. Je ne devais donc pas m'étonner de ce qui était arrivé à madame Powel.

Des rapines commises par les colonels Gad et Humphreys, par la commission mexicaine chez les Indiens, par le major Phagan, commissaire du gouvernement, par Eloyd, Douglas, Robinson, Milburn, et enfin par Deutes, célèbre comme le plus habile voleur de nègres, avaient servi de précédents à Kinggold et à Grubbs, en apprenant aux Indiens que le tort serait toujours de leur côté comme étant les plus faibles.

Un fait remarquable à citer c'est que les nègres volés aux Indiens, quand ils pouvaient s'échapper, ne manquaient jamais de retourner chez leurs anciens maîtres, et, préférant leur domination à celle des blancs, venaient les retrouver des contrées lointaines où on les avait conduits pour les vendre, telles que les bords du Mississipi, les Natchés ou la Nouvelle-Orléans.

En effet, les Indiens n'exigeaient de leurs esclaves qu'un peu de plantation de maïs, et les légumes nécessaires à leur cuisine. Les noirs avaient des cabanes éloignées de la maison de leurs maîtres et pouvaient cultiver pour leur compte une grande étendue de terrain, dont le produit leur appartenait. Ces esclaves économisaient souvent ainsi de quoi se racheter, quelquefois il n'y songeaient même pas, tant la liberté dont ils jouissaient était grande.

On me demandera peut-être comment il se faisait que les Peaux-Rouges eussent des esclaves. N'était-ce que des fugitifs des plantations de Georgie, de la Caroline, de l'Alabama ou de la Floride? Sans doute quelques-uns de ces réfugiés se trouvaient parmi les esclaves, mais la plupart de ceux qui venaient demander asile chez les Indiens demeuraient en possession de leur liberté.

Une convention existait bien par laquelle les Indiens s'engageaient à renvoyer les esclaves fugitifs, mais on doit dire, à leur louange, qu'ils ne s'empressaient jamais d'accomplir cette formalité. D'ailleurs, il n'était pas toujours facile de renvoyer les nègres, car les premiers arrivés avaient formé pour leur défense des associations où tous leurs camarades étaient bien reçus. Parmi ces sociétés on citait celle de Harry dans les marais de Pease-Creek, d'Abram à Mocosanky, de Charles et du roi mulâtre. Mais quant aux esclaves des Indiens, à part, comme nous venons de le dire, quelques fugitifs qui refusaient de se joindre aux associations, c'étaient par des moyens aussi légaux que nuls autres qu'ils en étaient les possesseurs. Quelques-uns leur avaient été laissés par les Espagnols, leurs anciens alliés, les autres, ils les acquéraient des blancs, leur donnant en échange des bestiaux et de ces magnifiques chevaux de race andalouse, qu'ils prenaient dans la Prairie.

Quant aux vols qu'on imputait aux Séminoles, nous demandons quelle est la nation qui ne compte pas dans son sein des hommes sans foi ni loi difficiles à contenir?

XXII

DÉCOUVERTE D'UNE NÉGOCIATION.

Tout en cheminant, je repassais ces faits dans ma mémoire. Nous n'avions pas suivi longtemps le sentier, que nous aperçûmes des traces de bestiaux. Il devait y en avoir une vingtaine, se dirigeant vers le territoire indien : ils avaient passé là, depuis une heure au plus, car leurs marques étaient toutes fraîches.

Quoique ayant été enfermé pendant tant d'années dans un collége, je n'avais pas oublié la science de coureur des bois que m'avait enseignée le jeune Powel.

Rencontrer les indices du passage d'un troupeau dans le bois, n'avait rien de surprenant. Un berger indien pouvait être venu par là avec ses bêtes. Les planteurs blancs portaient aussi des sandales, il est vrai, telles que j'en voyais des traces mêlées à celles du bétail, mais la manière dont le pied était placé, sa forme même, ne pouvaient indiquer qu'un Indien.

Jacques était de mon avis. C'était aussi un fin limier, car toute sa vie, il avait chassé soit le lapin ou le lièvre des marais, soit la sarigue et le dindon sauvage. Outre qu'il m'avait accompagné souvent dans mes chasses au cerf, au renard ou au chat-tigre, il avait succédé à son ancien rival dans l'emploi de bûcheron et connaissait toutes les habitudes des hôtes des bois.

C'est une grande erreur de croire que le nègre n'a pas le cerveau assez bien organisé pour être bon chasseur et j'en ai connu qui pouvaient suivre une piste aussi bien que n'importe quel blanc ou Peau-Rouge.

J'étais réellement étonné des progrès de Jacques dans les connaissances de la chasse. Il était devenu plus savant que moi..

Nous n'avions pas fait vingt pas en avant, que mon compagnon s'arrêtant brusquement fit entendre un de ces bruits gutturaux, comme savent en produire les nègres et que je ne puis mieux comparer qu'au grognement d'un porc quand il est surpris. Je le regardai et je vis à sa physionomie qu'il voulait me parler.

— Qu'y a-t-il, Jacques?

— Mon Dieu, maître Georges, ne voyez-vous pas?

— Quoi donc?

— Là, à terre!

— Je vois les traces des vaches, voilà tout.

— Mais ne voyez-vous pas cette large trace?

— En effet, il y en a une plus grande que les autres.

— Hé bien! c'est celle de Face-Chauve, je la reconnaîtrais entre mille. Il a traîné bien des charges de bois de cyprès pour le défunt maître.

— Oui, je me rappelle maintenant Face-Chauve. Crois-tu donc, Jacques, que les bestiaux qui ont passé ici soient des nôtres?

— Non, maître Georges, le défunt maître avait vendu Face-Chauve à maître Grubbs, il y a plus d'un an, aussi je pense que ces bestiaux appartiennent à l'avocat.

— Comment se peut-il alors qu'ils soient venus jusqu'ici, sur les terres indiennes et conduits par des Indiens ?

— C'est ce que je ne peux m'expliquer, maître Georges, finit par me répondre l'honnête noir après une courte réflexion.

Ces bestiaux étaient-ils volés ? Pour sortir de chez Grubbs, ils avaient dû traverser la rivière, et certainement ils ne l'avaient pas fait d'eux-mêmes. Des hommes les avaient conduits. Ces hommes étaient des Indiens.

En supposant que ce fussent des voleurs, ils ne prenaient guère de précautions, car ce sentier était fréquenté, et d'ailleurs les traces de leur passage se voyaient assez.

L'emploi de si peu de ruse dans un vol évident excita ma curiosité et celle de mon compagnon, et nous nous déterminâmes à suivre les traces des animaux afin de nous rendre compte de ce qui s'était passé.

Nous suivîmes le sentier pendant plus d'un mille ; là le troupeau quittait le chemin et entrait, à gauche dans le bois. Nous continuâmes notre poursuite. Les traces étaient si fraîches qu'il était impossible que nous fussions très-éloignés des bestiaux.

A peine entrés sous les pins, nous entendons les voix des conducteurs et les beuglements des bœufs.

Descendant de cheval, nous attachons nos montures à un arbre et nous avançons en silence, guidés par le bruit qui ne cessait pas.

Nous étions certains que les bestiaux que nous entendions

étaient bien ceux dont nous avions suivi la piste, mais les voix n'appartenaient pas à des Indiens, chose qu'avec un peu d'habitude, on reconnaît facilement. Le langage était le nôtre, mais les expressions les plus grossières y revenaient sans cesse.

— Mon Dieu, s'écria Jacques, reconnaissant tout à coup les voix, ce sont ces deux maudits, Spence et William !

Jacques avait raison. En nous rapprochant, nous découvrîmes bientôt, à travers les branches, le troupeau de bœufs, conduit par deux Indiens et les scélérats que Jacques avait reconnus.

Cachés derrière les arbres nous prêtâmes l'oreille à leur conversation, et, avec l'aide de Jacques, je fus bientôt au courant de l'affaire.

Au moment de notre arrivée, les Indiens, les deux plus méchants drôles de leur tribu, venaient de remettre entre les mains des deux blancs, le bétail qu'ils avaient volé pendant la nuit à l'avocat Grubbs en récompense de quoi leurs complices se disposaient à leur donner quelques bouteilles de wiskey et une poignée de bijoux de clinquant.

Les bestiaux seraient conduits au loin pour être vendus, ou peut-être encore, les bandits allaient-ils les ramener, contre forte somme, à leur légitime possesseur.

On conterait partout que ces braves jeunes gens, Spence et William, avaient arrêté ces voleurs d'Indiens, et cela serait une bonne raison de plus, pour engager le gouvernement à se délivrer de ces pillards.

Une fois le mystère éclairci, nous retournâmes tranquillement à nos chevaux, car je ne voulais pas me mêler de cette affaire, sachant à qui appartenait le troupeau.

XXIII

MES RÉFLEXIONS EN ROUTE.

Au collége, on m'avait fait souvent le reproche qu'après deux cents ans, on retrouvait encore en moi le sang du vieux Powhatan, car là, comme ailleurs, je prenais la défense des Indiens. On me disait que je n'étais pas patriote parce que je ne joignais pas ma voix à la clameur publique.

Les vrais patriotes, à mon sens, ne sont pas ceux qui adoptent les préjugés et les haines du peuple, faisant chorus avec lui, et ne s'occupant pas si la cause qu'ils soutiennent est juste ou non.

Celui qui veut marcher disant toujours la vérité et combattant les erreurs du public ne sera pas populaire durant sa vie. A peine peut-il espérer l'être après sa mort; mais les âmes loyales et vraies dédaignent de chercher la gloire ici-bas et ne doivent l'espérer qu'au-delà du tombeau. De même que pour le conquérant du Pérou, ce ne sera jamais que sur leurs cendres que la couronne de reconnaissance de la nation sera posée.

Mais la meilleure des récompenses n'est-elle pas une conscience sans reproche?

J'étais péniblement affectée en voyant le fond d'injustice du caractère américain. Non-seulement la scène, à laquelle je venais d'assister, mais beaucoup d'autres dans le même genre vinrent me raffermir dans mes opinions et m'ôter tout regret de les avoir soutenues.

Je me réjouis même de n'avoir jamais dit un mot, jamais commis aucun acte qui pût mettre mon nom à côté de ceux des auteurs de tant d'actions injustes et infâmes.

Je sens ma conscience pure et nette en face de ce malheureux peuple dont je vais devenir l'ennemi. Hélas ! quand ma pensée se portait sur la veuve Powel et sur ses enfants, sur cette famille si intéressante, combien j'aurais voulu n'avoir à prendre aucune part à cette guerre.

Pourrais-je jamais les revoir, me disais-je ! Où sont-ils, que font-ils, maintenant ? Mille conjectures, mille craintes traversaient mon esprit, et de noirs pressentiments m'agitaient. Mon compagnon ne pouvait me renseigner : il savait qu'ils s'étaient retirés plus avant sur le territoire indien, rien de plus. Hélas ! où retrouver les amis de ma jeunesse.....

Nous venions de traverser une forêt de pins, et, vers l'heure de midi, nous arrivions dans une grande plaine coupée par de nombreux bassins. Le changement de site semblait vraiment merveilleux.

Au lieu de pins, nos yeux rencontraient de tous côtés le Magnolia, qui atteignait dans ces lieux découverts sa plus haute croissance, le chêne vert, le mûrier rouge, le laurier de Bourbon, le bois de fer, l'halesia et le callicaspa. Dans l'air au-dessus de tous, le palmiste balançait fièrement sa tête orgueilleuse, paraissant saluer ses voisins moins haut placés.

Pendant longtemps nous voyageâmes, ombragés non-seulement par eux, mais par leurs parasites, tels que la vigne sauvage chargée de fruits et de feuilles. Des plantes rampantes, le smilar ou le hedera, les plumes d'argent du tillandsia nous barraient parfois le passage, car nos pieds s'accrochaient aux lianes qui traversaient dans toute sa largeur le sentier tortueux.

L'aspect général était triste, mais imposant. Il s'harmonisait si bien avec l'état de mon esprit que je préférais cette route à celle que nous venions de quitter. Enfin nous arrivâmes à un de ces étranges étangs dont je vous ai déjà donné la description, c'étaient les mêmes collines, entourées de rochers. C'était un cratère de volcan, maintenant rempli d'eau, toujours claire et limpide, où nos chevaux trouvèrent à se désaltérer à loisir. Nous étions au moment le plus chaud de la journée. La chaleur pénétrait même sous les arbres. Il fallait nous arrêter pour nous reconforter et prendre un peu de repos.

Jacques portait sur le devant de sa selle, un havre-sac dont les flancs rebondis nous promettaient un solide repas. J'y fis honneur, car j'étais affamé et altéré, et mes pensées prirent une teinte moins sombre quand, après un dernier verre de clairet, j'allumai un cigare, avant de m'étendre à l'ombre d'un magnolia.

L'odeur forte des cônes de corail et des larges fleurs de magnolia finirent par agir sur moi, et sous l'impression de bien-être et de repos que j'éprouvais, je m'endormis profondément.

XXIV

ÉTRANGE APPARITION.

Il y avait à peine quelques minutes que je dormais quand je fus réveillé par un bruit semblable à celui que produit la chute d'un corps dans l'eau.

Jacques se baigne, pensé-je; il a eu là une bonne idée et je vais faire comme lui.

Mais je me trompais. Jacques réveillé comme moi par le bruit, car il s'était aussi endormi, s'était avancé pour en découvrir la cause et je l'entendais au même instant s'écrier :

— Seigneur! maître Georges, regardez donc par là, voyez qu'il est grand.

Je levai la tête et regardai l'étang.

Un énorme caïman en s'y précipitant avait fait le tapage qui m'avait réveillé. Il était tout proche de nous et nous examinait avec curiosité, la poitrine plongée dans l'eau, les pattes étendues dans toute leur longueur, la tête et la queue dressées au-dessus de la surface de l'étang.

— Apporte-moi mon fusil, dis-je tout bas à Jacques, et prends des précautions pour ne pas l'effrayer.

Jacques allait m'obéir, mais le reptile sembla comprendre notre intention, et, avant que je pusse saisir l'arme, il avait plongé comme une flèche au plus profond de l'étang.

J'attendis un instant mon fusil à la main, mais le caïman ne reparut pas.

Probablement, il avait déjà été blessé par quelque chasseur et la présence de l'homme suffisait pour lui apprendre qu'il avait affaire à un ennemi.

Ni mon compagnon, ni moi n'aurions fait grande attention à la présence du monstre, si tout ne se fût réuni pour ramener à notre souvenir la terrible scène dont l'étang situé sur notre plantation avait été le théâtre. Tout coïncidait pour nous rappeler cet affreux moment. Le rocher, l'étang étaient presque semblables, il nous semblait assister au drame une seconde fois.

Ces souvenirs affligeaient Jacques autant que moi, et pour s'y soustraire, comme on entendait près de nous le cri des dindons sauvages, le brave nègre me demanda la permission d'aller en abattre un. Sur ma réponse affirmative, il prit mon fusil et s'éloigna.

Je rallumai mon cigare de la Havane, m'étendis sur le gazon et, au milieu de la douce odeur des fleurs, je m'assoupis une seconde fois.

Des visions traversaient mon sommeil. Agité par les souvenirs qui venaient de reparaître dans ma mémoire, je voyais le mulâtre lutter avec le caïman, puis au lieu d'être entraîné, regagner sans blessures le bord de l'étang et cherchant à se venger, m'attaquer à son tour. Tandis que je me débattais contre ces rêves, la détonation d'un fusil me réveilla. Je me dis... Jacques a tué un dindon : tant mieux, je serai bien aise de l'apporter au fort dont je crains que le garde-manger ne soit pas des mieux garnis. Une seconde détonation me fit tressaillir, car ce n'était pas le son de mon fusil, mais d'une carabine. Mon Dieu, pensé-je, que se passe-t-il? il est impossible que Jacques ait pu recharger si vite, et mon fusil n'est qu'à un coup. Est-ce que le premier bruit n'était que l'effet d'une hallucination? Mais non, j'ai bien été réveillé par une détonation. Je me levai saisi d'inquiétude : nous nous trouvions sur une terre ennemie et Jacques pouvait être en danger. Je me mis à l'appeler et j'éprouvai un grand soulagement en l'entendant dans le bois. Mais sa voix prit subitement un accent d'angoisse qui mit le comble à mon anxiété. Je saisis mes pistolets et m'élançai à son secours. J'entendais le bruit de ses pas se rapprocher de moi, sans parvenir à l'apercevoir dans le taillis. Je pus enfin comprendre ce qu'il disait :

— Dieu du ciel, êtes-vous blessé, maître Georges? criait-il d'une voix étranglée par la frayeur.

— Blessé, lui répondis-je, qui donc pourrait m'avoir blessé.

— Sans les deux détonations, j'aurais cru qu'ayant tiré de mon côté, il s'était imaginé m'avoir atteint.

— Ah! vous n'êtes pas blessé. Béni soit Dieu!

— Qu'est-ce que tout cela signifie? lui demandai-je enfin quand il se trouva près de moi.

Son aspect me confirma dans l'idée que quelque chose d'extraordinaire venait de lui arriver.

Il était le tableau vivant de la terreur dans un nègre. Ses yeux roulaient effarés dans leur orbite, ses lèvres étaient blanchâtres, sa peau avait pris une teinte cendrée, ses dents claquaient, son attitude, ses gestes annonçaient une frayeur extrême. Il courut à moi et me saisit le bras en jetant des regards épouvantés sur le côté d'où il venait de sortir. Le danger devait être réel, car je savais que Jacques n'était pas lâche.

Je regardai dans la direction où il avait les yeux fixés, mais l'épaisseur des arbres m'empêchait de rien distinguer.

— Oh! mon Dieu, dit-il, c'est lui! c'est lui! je suis sûr que c'est lui!

— Qui, lui?

— Oh! maître Georges, êtes-vous certain de n'être pas blessé : je l'ai vu quand il vous visait, et j'ai tiré sur lui, mais je ne l'ai pas atteint et il a fui, il a fui.....

— Mais qui a tiré, qui s'est enfui, lui disais-je impatienté, pendant qu'il répétait avec égarement..... Il a fui..... il a fui, c'est un revenant.

— Enfin, explique-toi, est-ce un revenant, le diable? Qu'as-tu vu?

— Oui, maître Georges, en vérité, c'est le diable, c'est Jacques le Jaune!

XXV

QUI A TIRÉ.

— « Jacques le Jaune, répétai-je mentalement sans croire ce que disait mon compagnon; » puis m'adressant à lui :

— Tu dis que tu as vu Jacques le Jaune?

— Oui, maître Georges, me répondit mon écuyer, un peu remis de sa frayeur, je l'ai vu comme je vois le soleil, ou si ce n'est lui, c'est son fantôme.

— Allons, tu t'es trompé, tu as eu une hallucination et tu as pris le tronc d'un arbre pour un homme.

— Je vous jure que c'était bien Jacques le Jaune.

— Impossible.

— Oui, c'était bien lui, je l'ai vu, à travers ces arbres, vous mettre en joue et j'ai tiré sur lui. Vous ne pouvez pas nier d'avoir entendu les deux détonations.

— C'est vrai, je les ai bien entendues, ou du moins j'ai cru les entendre.

— Regardez là, me dit le noir en me montrant un tronc d'arbre, regardez là, et vous serez convaincu.

En effet, l'écorce était sillonnée par le passage d'une balle. La trace était fraîche. Nul doute que quelqu'un n'eût tiré sur moi et ne m'eût manqué. La balle avait dû passer tout près de ma tête et je me souvins qu'en effet j'en avais entendu le sifflement.

— Maintenant, me croyez-vous, maître Georges, reprit Jacques avec assurance. On a tiré sur vous et c'est Jacques le Jaune, croyez-moi.

— Peau-Rouge ou Peau-Jaune, certainement quelqu'un a tiré et il nous faut quitter cette place au plus vite. Selle les chevaux, moi je veille à ce qui peut arriver. Je rechargeai promptement mon fusil, pendant que le nègre s'apprêtait à m'obéir, et les yeux fixés sur la partie du bois d'où était parti le coup, je me mis à réfléchir à ce qui venait de se passer. Dans tous les cas, j'avais près de moi un ennemi acharné, mais je ne pouvais croire que ce fût le mulâtre, j'avais été témoin de sa mort, et il m'aurait fallu des preuves plus positives que celles fournies par Jacques, pour que je crusse à un revenant ou à une résurrection.

Jacques, dans sa frayeur, avait sans doute pris un Indien pour le mulâtre, mais pourquoi un Indien aurait-il tiré sur moi sans provocation? La guerre n'était pas encore déclarée et le conseil des chefs ne devait se réunir que le lendemain. Je ne me connaissais pas d'ennemis.

Il me vint à l'idée que c'était peut-être les deux Indiens qui avaient volé les bestiaux. Ceux-ci n'avaient pas de ménagements à garder, et mon cheval, ma selle et mes armes avaient pu les tenter, mais, outre qu'ils ne nous avaient pas aperçus quand nous les avions suivis, ils ne pouvaient se trouver là si tôt, étant à pied. Ce n'étaient pas non plus Spence ou Williams, qui avaient à s'occuper d'autres choses.

Ce ne pouvait donc être que quelque esclave fugitif qui, maltraité par son maître, avait juré haine à tous les blancs : sans doute un mulâtre ressemblant à Jacques, car, chose assez remarquable, les mulâtres comme les noirs, ont beaucoup de rapports entre eux, et il est quelquefois difficile de les distinguer les uns d'avec les autres.

Je restai convaincu que mon domestique avait été trompé par une ressemblance, et, sans chercher d'autres explications à ce mystère, je repris mon cheval et nous nous remîmes en route.

Tout en cheminant, nous regardions fréquemment derrière nous. Les bois que nous traversions n'étaient pas épais, et l'on pouvait découvrir assez loin; mais rien ne se montra.

Nous atteignîmes le fort King au coucher du soleil, sans avoir rencontré personne, ni blanc, ni mulâtre, ni Peau-Rouge.

XXVI

UN FORT DE FRONTIÈRE.

Le mot fort éveille l'idée d'une massive construction avec ses angles, ses bastions, ses murs élevés, ses bâtiments, ses meurtrières, ses glacis.

Il existe, en effet, en Floride, des constructions de ce genre, qui ont été élevées par les Espagnols et restées là pour attester leur grandeur et leur gloire.

Il y a une différence remarquable entre l'architecture des colonies espagnoles et celle des autres nations. En Floride même, les Espagnols ont bâti comme s'ils ne devaient jamais quitter le pays. Ils n'épargnaient ni le temps, ni les frais et, après tout, ces forteresses leur ont servi à quelque chose; car, sans elles les Kamases, et après eux les Séminoles les auraient forcés bien plus promptement à évacuer le pays.

Les Etats-Unis ont aussi des forts en pierres, mais ceux-ci n'ont aucun rapport avec ceux dont on parle tant dans l'histoire de la guerre des frontières, et qui maintenant entourent les Etats comme d'une chaîne gigantesque.

Ils sont faits d'énormes troncs d'arbres qui ne coûtent pas beaucoup et que l'on peut abandonner pour en prendre d'autres à mesure que le territoire s'agrandit. Ces constructions suffisent pour leur usage ordinaire et sont une preuve de plus de l'esprit d'économie du gouvernement américain, qui ne se permet pas d'employer l'argent de la nation à des coûteux jouets comme le tunnel de la Tamise et le pont de Britannia, en écrasant le peuple d'impôts pour élever des constructions inutiles.

Pour construire une de ces forteresses, on prend quelques centaines de troncs d'arbres de dix-huit pieds de longueur, on les fend en deux et on les enfonce les uns auprès des autres, le côté uni à l'intérieur. On les assujétit ensemble. Des meurtrières sont ménagées à une hauteur de huit pieds. La base de cette muraille est consolidée par d'autres troncs. En dehors on l'entoure d'un fossé ; à chaque angle on construit un bastion où l'on place une pièce d'artillerie. Ajoutez à cela une porte massive et vous avez une forteresse américaine.

Dans l'intérieur, on élève de grandes maisons, toujours en bois, qui servent à renfermer les provisions et à abriter les hommes et les bestiaux. Ces maisons sont aussi garnies de meurtrières pour le cas où les premiers ouvrages tomberaient au pouvoir des assaillants.

Le pin est l'arbre qu'on emploie pour ces constructions. Mais en Floride nous avions l'arbre à chou palmiste bien préférable au premier, parce que son bois spongieux ne permet pas aux balles de le traverser.

C'était avec ce bois qu'on avait construit le fort King. Imaginez-vous un bâtiment en tout conforme à la description que je viens de vous donner. Placez-y quelques centaines de soldats en uniforme bleu ciel, à revers blancs fanés et couverts de boue, c'est l'infanterie.

D'autres en uniforme bleu foncé, à revers rouges, sont l'artillerie, et enfin dans la cavalerie vous voyez les dragons en jaquettes d'un jaune éclatant, et les carabiniers habillés en vert foncé. Ces hommes sont dispersés par petits groupes et ils ont l'air insouciant et peu occupé de leur toilette.

Si vous en voyez un dans une tenue moins négligée, l'épée au côté et la boucle de son ceinturon luisante, concluez-en qu'il est de garde pour la journée.

Quelques femmes indiennes se montrent en différents endroits ; des enfants crient ; des blanchisseuses s'occupent çà et là. De temps en temps un officier en uniforme bleu foncé passe rapidement. Si vous apercevez cinq ou six personnes avec le costume des civils, ce sont des visiteurs ou des employés du fort.

Vous remarquerez encore des agriculteurs à l'air paisible, des bouchers, des bouviers, des guides, des chasseurs, des joueurs, des paresseux, quelques alliés indiens, peut-être le pompeux commissaire lui-même qui va d'un air affairé. Voilà le spectacle de l'intérieur d'un fort, et tel il se présenta à mes yeux, quand j'entrai dans le For-King, au-dessus duquel flottait le pavillon couvert d'étoiles.

Il y avait longtemps que je n'étais monté à cheval ; j'éprouvais une extrême fatigue et le lendemain, quand on sonna le réveil, je demeurai couché. J'entendis le son des cors et des tambours et je reconnus la musique d'une parade ; je sautai alors en bas du lit, tandis que Jacques entrait pour m'aider à ma toilette.

— Voyez, maître Georges, me dit-il en me montrant la fenêtre. Voilà tous les Indiens, tous les Peaux-Rouges de la Floride !

Je regardai. La scène était en effet pittoresque et ravissante. Tous les régiments se rangeaient comme pour la parade, non plus sales comme je les avais vus la veille, mais propres et bien tenus. Ils présentaient un bel aspect militaire. On distinguait les officiers à leur uniforme plus élégant et à leurs épaulettes. On voyait le général au milieu de son état-major, son shako, surmonté de plumes écarlates. A ses côtés se tenait l'agent en costume de gouverneur général.

Par ce faste, on cherchait à en imposer aux Indiens.

Il y avait aussi là une certaine quantité d'habitants et de planteurs parmi lesquels je reconnus les Kinggold.

En dehors des murs se tenaient des groupes de guerriers indiens dans toute la splendeur de leur costume sauvage. Quelques-uns étaient coiffés de turbans ornés de plumes; d'autres portaient des chemises de peaux de bêtes, sandales et guêtres pareilles, tout ornées de perles et de paillettes. Il y avait des costumes en toile de coton à fleurs ou à carreaux, avec des guêtres de drap vert, rouge ou bleu, montant jusqu'à la hanche et arrêtées au-dessus du genou par des rubans brodés. Des ceintures élégantes retenaient leur couteau, leur hache, leurs pistolets, et les reliques que les Espagnols leur avaient appris à révérer.

Quelques-uns, au lieu de la ceinture indienne, portaient l'écharpe en soie écarlate avec de longues franges tombant jusqu'au bas de la tunique. Une coiffure élégante complétait le costume. Les uns avaient des couronnes de plumes aux brillantes couleurs, d'autres des toques en madras rayé, d'autres des coiffures faites avec une fourrure de lynx, la tête de l'animal placée au-dessus du front.

On en voyait de coiffés avec des bandes de wampum, tournées autour de la tête et ornées de plumes d'aigle royal ou de grue des sables.

Ils étaient armés de fusils et portaient leurs munitions dans des petites gibecières de chasse. On ne voyait ni flèches, ni arcs, si ce n'est entre les mains de quelques enfants qui les avaient suivis.

De ma fenêtre j'apercevais les tentes des Indiens. Elles ne formaient pas positivement un camp, mais étaient dispersées çà et là. On ne comptait par groupe qu'une dizaine d'hommes au plus. Les distances établies entre ces tentes servaient à séparer les tribus. Des femmes en robes longues se montraient devant les portes, et des enfants jouaient sur l'herbe à leurs pieds.

Quand je découvris les Indiens, ils étaient encore au-delà de la barrière et séparés les uns des autres. J'en remarquai qui allaient d'un groupe à l'autre pour donner des conseils à chacun. Je ne pouvais m'empêcher d'admirer la haute stature de ces hommes magnifiques et de les comparer à nos soldats si roides sous les armes, marchant comme mus par des ressorts, et quand je voyais ces guerriers sauvages s'avancer fièrement, leurs plumes agitées au souffle du vent, avec l'air de défier nos troupes, je pensais, malgré moi, qu'il faudrait de grandes forces pour venir à bout de tels hommes.

On s'en serait moqué, si j'avais énoncé de telles idées et, en effet, dans les luttes contre les Indiens, nous avions toujours eu le dessus. Mais, à mon avis, notre supériorité ne venait que du nombre et des armes. Que peut faire un arc mouillé contre un bon fusil? Au lieu que maintenant tous ces guerriers avaient des armes à feu et les maniaient avec autant d'habileté que nous.

Les Indiens s'étaient rangés en demi-cercle devant le fort. Les chefs formaient la première ligne, puis ensuite les sous-chefs, et, derrière, les simples guerriers.

Les femmes et les enfants occupaient la dernière place et suivaient avec calme, et en silence, les mouvements des guerriers. Cette gravité qui régnait parmi eux ne leur est pas naturelle, car l'Indien est gai, et jouit même d'une humeur bouffonne qui l'emporte sur celle du nègre.

Mais, en cette occasion, les chefs, les guerriers, les femmes, les enfants même, tous avaient l'air calme et solennel. On allait décider de leur sort, de leurs intérêts les plus chers, de leurs biens, de leurs vies.

Quelques physionomies parmi eux réflétaient, cependant, d'autres sentiments. C'étaient celles des chefs et des sous-chefs qu'on avait gagnés et, malheureusement, ils se trouvaient là en assez grand nombre et on en voyait dans tous les rangs. Le peuple se doutait de cette trahison : ceci explique l'anxiété qu'il laissait voir.

Nos troupes, en ce moment, s'ébranlèrent et passèrent la porte, musique en tête. Je mis précipitamment mon uniforme, et me hâtai de rejoindre l'état-major, à la tête duquel se plaça le général, ayant à ses côtés l'agent. Derrière lui venaient les officiers, les secrétaires, les interprètes et quelques planteurs de distinction, admis au conseil; parmi eux, les Kinggold.

Arrivés en présence, nos officiers saluèrent les chefs indiens et reçurent de leurs mains le calumet qui était le signe de paix entre les deux nations.

XXVII

LE CONSEIL.

L'agent du gouvernement prononça le premier son discours. Il exhortait les chefs indiens à se conformer paisiblement au traité signé à Oclawaha, à abandonner leurs terres en Floride et à partir pour les bords de la rivière Blanche de l'Arkansas, pour prendre possession de la partie qui leur était concédée; en un mot, d'accéder à toutes les demandes qu'il était chargé de leur faire au nom du gouvernement.

Il leur dépeignait les nouvelles terres comme un paradis. Les plaines étaient couvertes de gibier, les eaux poissonneuses et limpides, le ciel sans nuages.

A l'entendre, les Séminoles, à leur arrivée, se croiraient dans le pays même où Dieu doit placer ses élus. Il leur montra ensuite les conséquences de leur refus : des blancs venant s'établir dans leur voisinage, la guerre, le sang répandu.

« Ferez-vous des procès devant les juges des villes, leur dit-il ?
» Vous n'avez aucun appui et vous perdrez toujours. Supposez
» (mais cela est impossible) que vous puissiez vous maintenir
» encore quelques années ; quelle serait votre condition. Vos
» possessions bientôt vendues tomberaient aux mains des
» blancs. Il y a déjà un inspecteur sur vos terres. Le pouvoir
» du gouvernement vous accablera. Vos lois ne seront pas
» admises, vos chefs ne seront pas reconnus. On vous accusera
» de n'être pas les légitimes possesseurs de vos biens. Traduits
» devant la justice des blancs, vous serez jugés par des hommes
» blancs. Les Indiens ne pourront être admis à vous servir de
» témoins. Votre position sociale deviendra, avant peu, misé-
» rable et sans espoir. Vous serez réduits à la pauvreté, et quand
» la faim vous obligera à demander l'aumône à ceux qui vous
» auront ruinés, ils vous repousseront en vous appelant : Chiens
» d'Indiens.

» Voilà les raisons pour lesquelles votre grand-père veut
» vous faire changer de pays et éviter tant de malheurs. »

Telles furent les paroles prononcées par M. Wiley Thompson, en avril 1835, à ces Peaux-Rouges avec lesquels nous avions signé un traité qui leur donnait le droit de rester en Floride.

Voici la teneur du troisième article de ce traité : « Les Etats-Unis prennent les Indiens de la Floride sous leur protection et leur promettent justice et appui.

O tempore! o mores!

Le speech de l'agent fut un mélange de persuasion et de menaces. Sans être positivement hostile aux Séminoles, il manquait d'habileté en ne ménageant pas assez ses expressions et en découvrant trop facilement son plan.

Il n'en produisit pas moins un certain effet sur l'esprit de quelques-uns. Le tableau flatteur qu'il leur fit de leur nouveau territoire et l'horrible position qu'il leur mit sous les yeux, dans le cas où ils persisteraient à ne pas vouloir quitter la Floride, frappèrent une partie des Séminoles et d'autant plus que n'ayant, en prévision de la guerre, fait que très-peu de semailles, il n'y aurait presque pas de récoltes de riz et de maïs. Ils en étaient déjà réduits à chercher des racines de ronce, de chêne et des glands de chêne vert.

Quelle serait leur position durant l'hiver !

Je remarquai sur bien des figures un air pensif. Les chefs patriotes eux-mêmes trahissaient leurs appréhensions.

Mais ils ne restèrent pas longtemps indécis, et l'un d'eux, Hotte Mattee, se leva pour répondre.

Il n'y a pas d'ordre établi en pareille circonstance et chaque tribu a ses orateurs reconnus qui se font autoriser à parler dans l'intérêt commun.

Le chef suprême des Indiens était assis au milieu du cercle, ayant sur la tête une couronne britannique, relique de la révolution américaine. C'était lui qui aurait dû parler, mais, n'étant pas orateur, il laissa à son beau fils, Hotte Mattee, le soin de répondre à sa place. Ce dernier était regardé comme un homme

7

sage dans le conseil, intrépide dans l'action, et habile parleur. Il était le premier ministre de Onapa et on aurait pu l'appeler l'Ulysse de son peuple. Sa stature était haute et son corps élancé, son teint très-brun, son nez aquilin et sa figure pointue lui donnaient un air sinistre. Il n'était pas Séminole, mais il se disait descendant des anciennes tribus qui peuplaient la Floride pendant la domination espagnole. Peut-être était-il Yamase, son teint pouvait le faire supposer.

Vous allez juger, en lisant son discours, de ses talents oratoires.

« Par le traité de Moultrie, il a été convenu que nous resterions en paix dans nos terres durant vingt années. Toutes les difficultés furent aplanies, et nous demeurâmes convaincus que nous ne pouvions plus mourir de la main des blancs, et que la mort ne nous viendrait plus dorénavant que par la loi naturelle, quand le froid de l'âge sécherait la sève, ferait tomber les feuilles et que les branches se détacheraient d'elles-mêmes du tronc mort et pourri.

» La députation qui, d'après le traité d'Oclawaha, avait été envoyée visiter les terres de l'ouest n'était autorisée qu'à les voir, et à venir nous rendre compte de ces observations. Elle ne devait prendre aucune décision avant que le rapport ne fût agréé de tous.

» Nous avons parcouru ces terres. Elles nous ont paru riches; les fruits du sol ont bonne odeur et bon goût; mais l'endroit est entouré de mauvais voisins, et le résultat d'un mauvais voisinage, c'est le feu et la guerre. Pendant notre voyage, les Paunies nous ont volé des chevaux et plusieurs d'entre nous ont été obligés de rapporter leur bagage sur leur dos; vous voulez nous envoyer parmi de mauvais voisins avec lesquels nous ne pourrons jamais être en paix.

» Après notre visite, les agents des Etats-Unis nous ont fait signer un papier que nous pensions contenir seulement notre opinion sur les terres, qui, du reste, nous avaient paru bonnes. Aujourd'hui vous dites que c'est un traité définitif qu'on a soumis là à notre acceptation. Nous n'avons pu le faire, n'ayant pas l'autorisation. Rien ne devait se terminer qu'après notre rapport.

» Vos paroles flattent mon oreille, mais mes frères sont de différents avis, et il faut leur donner le temps de s'accorder. La majorité décidera. Leur désir n'est pas de quitter leur patrie; si leur langue disait oui, leur cœur l'appellerait menteuse. Pourquoi irions-nous chercher un autre pays. Si nous abandonnions subitement nos maisons, nos cœurs se dessécheraient. Nous ne pouvons y consentir; nous ne nous en irons pas. »

Un des chefs soupçonné d'avoir traité avec la commission, prit ensuite la parole. C'était Omatta; il favorisait le changement. Son discours fut pacifique; il engageait ses frères rouges à remplir avec probité les conditions du traité. Sa modération était évidemment dictée par la crainte de fixer les soupçons des guerriers patriotes et d'attirer leur vengeance sur sa tête. Ses compagnons l'écoutaient en fronçant le sourcil et son discours fut plusieurs fois interrompu.

Un autre chef nommé Lusta-Hajo (l'Argile noire) parla après lui, plus hardiment, mais dans le même sens, et en l'écoutant la figure de l'agent se rasséréna un peu, car elle commençait à se rembrunir.

Holata Mico, qui lui succéda s'éleva contre les paroles qu'il venait d'entendre. C'était un Indien à l'air doux et bien élevé, et que les chefs respectaient beaucoup. Sa santé délicate l'empêcha de parler énergiquement, mais on put comprendre qu'il s'opposait au changement.

« Nous sommes tous faits par Dieu, dit-il, nous sommes tous ses enfants. Nous sommes tous frères, et la colère ne doit pas passer entre nous. Si l'un de nous répandait le sang, le sang crierait vengeance et attirerait sur nos têtes la foudre et la colère du Très-Haut. Je suis faible, que mes frères parlent et fassent entendre leur voix. »

Plusieurs chefs lui succédèrent. L'avis soutenu par Omatta fut partagé par Ohala, le Grand Guerrier, les frères Ytolasse, Charles Omatta et quelques autres.

Au nombre des patriotes, on voyait Acola, Yaha, Hajo, le Loup enragé, Echa Matta, le Serpent d'eau, Poshalla, le Naia, et le nègre Abram. Ce dernier nègre, fugitif de Pensacola, commandait aux noirs qui vivaient dans la tribu des Micosanes; c'était un des conseillers de Onapa, sur lequel il avait une grande influence. Il parlait bien l'anglais, et dans l'assemblée tenue récemment à Oclawaha, de même que dans celle-ci, il avait servi de principal interprète.

C'était un nègre de pure race, aux lèvres épaisses et aux joues saillantes. Quoique chef, seulement par adoption, il prouva jusqu'au dernier moment, son dévouement au peuple qui l'avait accueilli.

Son discours bref et modéré, montrait une ferme résolution de résister à la demande injuste de l'agent.

Jusqu'alors le roi n'avait pas donné son opinion, l'agent se tourna enfin vers lui.

Onapa était un homme grand et gros, d'une figure peu intelligente, mais non sans dignité.

Il n'était pas orateur et quoique Mico de la nation, son influence était inférieure à celle de plusieurs chefs ayant moins d'autorité nominale. Aussi sa décision ne pouvait-elle pas être regardée comme décisive; mais enfin, venant du principal chef, son opinion devait donner une certaine force au parti qu'elle soutiendrait.

Il se fit un moment de grand silence et tous les yeux se tournèrent vers lui. Les assistants éprouvaient une inquiétude facile à lire sur leurs visages, car un très-petit nombre savait de quel côté il ferait pencher la balance.

En ce moment les rangs du peuple s'écartèrent pour laisser arriver derrière le roi un chef que tous regardaient avec respect. Son costume se composait d'une riche tunique qui tombait gracieusement serrée par une ceinture de wampum. Ses guêtres collantes dessinaient ses jambes fines et vigoureuses. Il portait sur sa tête un turban fait avec un châle aux couleurs brillantes et orné de plumes d'autruche noires retombant presque sur les épaules.

Il avait au cou plusieurs ornements, mais l'un d'entre eux surtout était remarquable; c'était une plaque ronde en or, qui couvrait une partie de sa poitrine et sur laquelle on voyait gravées des lignes imitant les rayons du soleil.

La figure de ce guerrier était couverte d'une peinture rouge, et, malgré l'effet désagréable qu'elle produisait, on distinguait de beaux traits : Un front haut et large, des yeux qui, pareils à ceux de l'aigle, auraient pu fixer le soleil.

L'arrivée de cet homme remarquable produisit un effet électrique sur tous ceux qui se trouvaient là. Ce fut comme l'entrée en scène d'un tragédien aimé du public. Les chefs que l'on avait déjà entendus étaient évidemment secondaires et de lui on attendait une décision en dernier ressort. Une grande rumeur se fit dans la foule et son nom sortit simultanément de toutes les bouches : Océola !

XXVIII

LE SOLEIL LEVANT.

Oui, c'était Océola, *le soleil levant,* celui dont la renommée avait mis le nom dans toutes les bouches, et excité l'intérêt des jeunes gens des colléges, comme des habitants des villes et des fashionables des salons ! Océola venait d'apparaître.

Il se mit à côté des autres chefs indiens.

Il n'était qu'un sous-chef de peu d'influence quand il commença à s'immiscer dans les affaires publiques ; mais bientôt il avait conquis, comme par magie, la confiance de sa nation, et, dans ce moment, il était l'espoir du parti patriote, et son influence augmentait de jour en jour. Il ne pouvait se montrer dans un meilleur moment.

Si on ne l'eût pas toujours connu chez ses compatriotes sous le nom d'Océola, on eût pu croire qu'il portait là un glorieux surnom, car, dans ce moment, il était pour les Séminoles le soleil qui devait les éclairer. Aussi son entrée produisit-elle sur eux un effet remarquable. Les timides et les craintifs furent rassurés par sa présence ; les traîtres tremblèrent. Les Omatta, le féroce Lusta-Hajo lui-même le regardaient avec crainte.

Mais d'autres que les Peaux-Rouges furent frappés de son arrivée inattendue : la figure de l'agent pâlit et prit une expression de contrariété.

Pour lui, le Soleil-Levant n'était pas le bienvenu ; loin de là.

— Quel contre-temps, dit-il à Clinch avec un geste de colère ; sans lui, nous aurions réussi. J'avais l'espérance de les décider avant son arrivée. Je lui avais pourtant dit que l'assemblée n'aurait lieu que plus tard et le voilà parmi nous pour tout défaire. Voyez-le parler à Onapa, et le vieux fou l'écoute comme un écolier et va lui obéir comme un grand enfant qu'il est. C'est fini, il faudra se battre.

En entendant cette conversation, je tournai les yeux vers celui qui en était l'objet et le regardai attentivement. Penché derrière le roi, il lui parlait à voix basse, en séminole, d'un ton ferme et irrité ; ses regards étincelaient quand il les portait sur l'agent : tout en lui disant qu'il conseillait la résistance.

Le silence régnait partout, et l'on n'entendait que le murmure des voix de l'agent parlant bas au général et d'Océola courbé à l'oreille de Mico. L'intérêt était à son comble ; les soldats, dans les rangs, tendaient le cou pour écouter ce qui allait suivre, car de la bouche d'Onapa devait sortir la paix ou la guerre.

Les enfants, les femmes ayant leurs nourrissons sur les bras, se pressaient au dernier rang pour mieux entendre, et tout montrait l'inquiétude et l'intérêt de cette foule. L'agent était devenu rouge d'impatience, et l'on voyait qu'il s'efforçait de cacher la colère qui grondait en lui.

— Dites à Onapa, s'écria-t-il enfin, que le conseil attend sa réponse.

— Je n'ai qu'une réponse à faire, répliqua le taciturne monarque sans se lever de son siége ; je me trouve bien où je suis, et j'y resterai.

Un tonnerre d'applaudissements partit du côté des patriotes.

Jamais, peut-être, le vieux chef n'avait prononcé des paroles plus intelligibles pour son peuple; et, dès ce moment, il pouvait compter sur la confiance et la fidélité des patriotes. Un sourire de satisfaction courait sur les lèvres d'Holata Mico, et la sombre figure de Hotte Mattee était illuminée de joie quand je les regardai. L'Alligator, le Nuage, Arpincki donnaient des signes frénétiques de leur contentement, et les lèvres épaisses d'Abram s'ouvrirent pour laisser voir deux rangées de touches d'ivoire dans une grimace d'approbation.

Omatta et ses complices paraissaient soucieux et mécontents. Ils avaient sujet d'appréhender sérieusement pour leur vie, maintenant qu'ils avaient jeté le masque, et il était heureux pour leur sûreté que Fort-King et ses troupes fussent si près d'eux.

L'agent, ne pouvant plus se contenir, oublieux de sa dignité, se mit à vociférer dans les termes les plus grossiers. Il accusait Onapa d'avoir signé le traité d'Oclawaha, et, sur les dénégations de celui-ci, il l'appela menteur! Mais le Peau-Rouge, le regardant avec mépris, ne lui répondit même pas.

Après avoir vomi ses injures sur les principaux chefs, il se tourna vers Océola :

— C'est vous qui êtes cause de tout cela, lui cria-t-il d'un air furieux, oui, c'est vous, Powel!

Je tressaillais à ce nom. Je regardai à qui s'adressaient ces paroles, mais c'était bien Océola que Thompson désignait du doigt.

Déjà, sous la couleur épaisse qui cachait ses traits, j'avais cru reconnaître mon ancien ami, et mon cœur avait battu à cette pensée. Le doute, maintenant, n'était plus possible; je retrouvais, dans le jeune héros indien, le frère de Maümée.

XXIX

L'ULTIMATUM.

Oui, Océola et Powel était la même personne.

Le jeune homme que j'avais connu était devenu un héros.

Sous l'impulsion de l'amitié que je lui avais portée autrefois et de l'admiration qu'il m'inspirait aujourd'hui, je me serais volontiers jeté dans ses bras, mais ce n'était ni le lieu ni le moment de lui témoigner mon enthousiasme. Je me contins et demeurai à ma place, sans pouvoir détacher mes yeux de l'ami de mon enfance.

Océola, voyant que c'était à lui que l'agent s'adressait, s'avança de quelques pas en face de Thompson, et le regardant avec fermeté, lui demanda :

— Est-ce à moi que vous parlez ?

— A quel autre puis-je m'adresser, puisque j'ai dit Powel ?

— Mon nom n'est pas Powel.

— Vous ne vous nommez pas Powel ?

— Non, repartit l'Indien en élevant la voix. Vous pouvez m'appeler Powel, si cela vous fait plaisir, général Wiley Thompson, continua-t-il d'un ton lent et moqueur en prononçant les titres de l'agent. Sachez, monsieur, que je méprise les surnoms donnés par les blancs. Je suis le fils d'une Indienne et je me nomme Océola.

Le fondé de pouvoir du gouvernement américain fit un effort pour se contenir, car il avait compris le sarcasme d'Océola, qui connaissait bien la langue anglaise et savait que Thompson n'est pas un nom aristocratique. Mais trois cents Indiens se trouvaient là tout armés, égaux en force à nos troupes. Thompson savait que son gouvernement désapprouverait une violence prématurée, et il dut laisser Océola parler sans lui répondre directement.

S'adressant alors à toute l'assemblée :

« Nous avons discuté pendant assez de temps, dit-il d'un ton dédaigneux. Vos paroles ont été des paroles d'enfants ou d'hommes sans foi et sans sagesse ; je n'en écouterai pas davantage.

» Mais faites attention à ce que votre grand-père blanc vous fait dire par ma bouche. »

Et, saisissant un parchemin plié, il l'ouvrit et le leur montra :

— Votre grand-père vous fait sommation de satisfaire à cet acte, qui a déjà plusieurs de vos signatures.

— Je ne l'ai pas signé, s'écria Onapa, poussé par Océola, qui se tenait derrière lui, et je ne le signerai pas ; les autres peuvent faire ce qu'ils voudront, mais, pour moi, je suis déterminé à ne quitter ni ma maison ni la Floride.

— Et moi de même, continua Hotte Mattee d'un air déterminé ; j'ai cinquante barils de poudre et tant qu'il en restera je ne sortirai pas de ma patrie.

— Nous sommes dans les mêmes sentiments, crièrent en masse Halata, Arpincki, Poshalla, Coa-Haji, le Nuage, le nègre Abram et tous les patriotes.

— Cela suffit, dit Océola qui n'avait pas encore exprimé ses sentiments et qui voyait tous les regards fixés sur lui ; vous connaissez maintenant l'opinion et la volonté des chefs, ils refusent de signer. C'est la voix de la nation qui se fait entendre par leur bouche et ils soutiendront la résolution qu'ils ont prise. L'agent vient de nous appeler des enfants et des fous, mais heureusement il se trouve parmi nous des hommes plus braves et plus résolus que cet agent lui-même. Il a dit qu'il ne veut plus nous entendre, nous n'avons plus rien à lui dire. Il sait maintenant notre réponse, il peut s'en aller ou rester, à son gré.

Ne s'occupant plus de la présence des blancs, il s'adressa aux chefs :

« Mes frères, vous avez bien répondu, vous êtes restés dans le vrai et la nation vous approuve. Ceux qui disent que nous voulons abandonner nos foyers sont des imposteurs. Les belles terres que l'on nous offre n'excitent pas notre envie et ne valent pas les nôtres : c'est un terrain aride; pendant l'été les ruisseaux sont desséchés et les chasseurs meurent de soif. En hiver les arbres sont sans feuilles, la neige couvre la terre, la gelée la durcit et l'homme tremble de froid. Toute la campagne semble morte. Mes frères, nous ne pouvons aimer un pays froid. Restons dans notre Floride où, du moins, si la chaleur nous fait souffrir, nous avons pour nous mettre à l'abri l'ombre du chêne vert et du grand palmier. Quitterons-nous la terre des palmiers? Non. Nés sous son ombre, nous voulons y mourir. »

L'intérêt n'avait fait que s'accroître depuis l'entrée d'Océola jusqu'au moment où il prononça son discours. Un peintre aurait renoncé à reproduire le tableau extraordinaire que nous avions sous les yeux, et qui, de même que les paroles d'Océola, ne pouvait s'effacer d'aucune mémoire.

D'un côté l'agent furieux; de l'autre les Indiens, toujours calmes et tranquilles, entouraient Océola. Les femmes mêmes avaient posé leurs enfants sur le gazon pour venir l'écouter de plus près.

Quant à lui, son regard fixe, son attitude gracieuse et noble, ses lèvres fines et serrées indiquaient la résolution.

Ses bras croisés sur la poitrine, sa tête rejetée en arrière lui donnaient un air solennel. Mais quand il prouvait la fausseté des paroles de l'agent, il changeait de tenue; son pied frappait la terre, ses yeux lançaient des éclairs et ses bras s'élevaient menaçants. Les mouvements de sa poitrine ressemblaient alors à ceux des vagues furieuses, puis il se calmait et un voile de mélancolie s'étendait sur ses traits. On eût cru voir un héros de la Grèce.

Le discours d'Océola mit l'agent hors de lui. Sa patience était à bout et le moment lui semblait venu de faire connaître les menaces terribles, l'*ultimatum* dont le président l'avait armé. Il leur dit alors d'une voix rude :

— Vous ne voulez pas signer, vous ne voulez pas partir? Eh bien! maintenant je vous dis qu'il faut quitter ces lieux ou la guerre vous sera déclarée. Les troupes entreront dans vos possessions, leurs baïonnettes vous obligeront à les abandonner.

— En vérité? s'écria Océola avec un rire de mépris; eh bien! qu'il soit fait ainsi.

« Déclarez la guerre; quoique nous aimions la paix, nous ne vous craignons pas. Nous n'ignorons pas vos forces. Votre peuple est des millions de fois plus nombreux que le nôtre, mais fût-il plus nombreux encore, il ne nous forcera jamais à subir l'injustice. Nous sommes résolus à mourir plutôt qu'à nous laisser déshonorer.

» Déclarez la guerre; envoyez des troupes dans nos terres. Peut-être ne nous forcerez-vous pas à les quitter aussi facilement que vous vous l'imaginez.

» A vos carabines nous opposerons les nôtres, à vos baïonnettes nos tomahawks, et vos roides soldats verront en face les guerriers séminoles. Déclarez la guerre : nous sommes prêts à la soutenir.

» La grêle, en tombant, peut écraser la fleur, mais le chêne de la forêt lève la tête et défie l'orage. »

Un hurlement de défi fut poussé par les Indiens pour appuyer ces paroles : ils semblaient vouloir fondre sur nous ; leurs chefs nous regardaient d'un air menaçant.

Nos officiers prirent leur place à la tête des troupes et se mirent sur la défensive. Les artilleurs étaient à leurs canons prêts à y mettre le feu.

Mais il ne pouvait y avoir aucun danger. Ni l'un ni l'autre parti n'était préparé au combat, et si les Indiens étaient venus au conseil avec des intentions hostiles, ils n'auraient pas amené leurs femmes et leurs enfants. Les ayant avec eux, ils ne songeaient pas à nous attaquer, et pour nous, il nous fallait de plus fortes raisons pour commencer les hostilités. Leurs démonstrations n'étaient que l'effet d'une excitation momentanée et le calme se rétablit bientôt.

Le commissaire, voyant toutes ses ruses et ses menaces échouer, se sentait à bout de moyens, mais des têtes plus sages que la sienne espéraient encore arriver à quelque chose en gagnant du temps. C'étaient le major Clinch et les rusés Kinggold. Ils s'approchèrent de l'agent et lui conseillèrent de s'y prendre d'une autre manière.

— Laissez-leur le temps de réfléchir pour apporter une réponse définitive et demandez-leur de se réunir de nouveau demain. Donnez le temps aux chefs de se consulter entre eux, hors de la présence du peuple ; ils pourront peut-être prendre une autre détermination, surtout maintenant qu'ils connaissent l'alternative; et peut-être, dit Areus Kinggold, qui à ses mauvaises qualités joignait celle d'être un rusé diplomate, peut-être que les plus obstinés d'aujourd'hui ne viendront pas au conseil de demain; et vous n'avez pas besoin de la signature de tous.

— Bien, fit l'agent, j'adopte votre idée, et il se tourna vers les chefs : « Mes frères, dit-il d'un ton insinuant, comme l'a affirmé le brave Olata, nous sommes tous frères, pourquoi nous séparer fâchés? Votre grand-père serait bien triste de nous savoir désunis.

Je ne veux pas que mes frères jugent trop vite une cause de cette importance. Qu'ils retournent à leur tente tenir un conseil particulier, qu'ils calculent les chances entre eux et nous laissent nous réunir demain encore; la perte d'un jour ne signifie rien, ni pour les uns ni pour les autres.

Il sera encore temps de donner votre décision demain, jusque-là, restons unis et frères.

En l'écoutant, plusieurs chefs du parti d'Omatta trouvèrent l'avis raisonnable, et tous se levèrent pour quitter la place.

J'entendis des guerriers patriotes s'écrier : Nous ne serons pas là demain.

XXX

CONVERSATION A TABLE.

A la table des officiers, j'appris bien des choses. Lorsque le vin circule, les hommes parlent plus librement; sous son influence, la vérité se fait jour.

L'agent ne cachait pas son plan, soutenu par celui du président et que tout le monde connaissait.

Il était assombri par les dissensions du jour, sa gloire diplomatique n'en pourrait-elle pas souffrir? Les Américains sont ambitieux, tous cherchent à s'élever. Il avait reçu des insultes personnelles tant d'Océola que des autres, et la colère à laquelle 1 s'était abandonné l'avait livré à la dérision de ces Peaux-Rouges, calmes et froids. Il se sentait vaincu, humilié, et plein de désirs de vengeance.

Dans le conseil qui allait avoir lieu le lendemain, il espérait leur montrer son pouvoir et les convaincre que s'il se laissait aller à l'emportement, il était aussi ferme et courageux. A mesure que la boisson l'échauffait, il nous le répétait orgueilleusement.

Quant aux militaires, la cause civile ne les intéressait pas. Ils discutaient la possibilité de la guerre et beaucoup d'entre eux vantaient la supériorité de nos troupes, ne reconnaissant ni force ni courage à nos ennemis; mais quelques-uns plus sages et plus expérimentés combattaient cette opinion.

On parlait aussi d'Océola et le jeune chef était jugé de différentes manières.

Les uns vantèrent sa noblesse, les autres le traitèrent de sauvage, d'ivrogne, de voleur de bestiaux, d'imposteur. La colère me gagnait en entendant cela, car ceux qui l'accusaient ainsi étaient presque tous des nouveaux arrivés qui ne pouvaient rien savoir de sa vie passée. Les Kinggold pourtant étaient en tête des calomniateurs, mais eux le connaissaient bien et je savais le motif de leur conduite.

Deux raisons me portaient à prendre la défense de mon ancien ami : il était absent et m'avait sauvé la vie.

— Messieurs, dis-je en élevant la voix pour attirer l'attention, y a-t-il quelqu'un parmi vous qui puisse prouver la vérité d'une seule des accusations dirigées contre Océola?

Ce défi fut suivi d'un silence plein d'embarras. Personne n'avait de preuves.

— Ah! cria Areus Kinggold de sa voix aigre et perçante, vous êtes son défenseur, lieutenant Randolph?

— Oui, jusqu'à ce que j'entende des témoignages plus avérés de ce dont on l'accuse.

— Oh! les preuves sont faciles à trouver, dit alors quelqu'un, tout le monde sait qu'il a été pendant des années voleur de bestiaux.

— Mais vous vous trompez, répliquai-je, je ne l'ai jamais connu comme voleur, et ni vous non plus, je pense.

— Non, pas personnellement, je l'admets, répondit un peu embarrassé celui que j'interpellais.

— Messieurs, continuai-je, puisque nous parlons de voleurs de bestiaux, si vous me le permettez, je vais vous raconter un incident curieux dont j'ai été hier le témoin.

— Oui, certainement, dites-le-moi?

Comme j'étais étranger au milieu d'eux, ils mirent de la complaisance à m'écouter et je leur détaillai l'épisode du vol des bestiaux de Grubbs, en omettant les noms.

Je fis sensation. Le commandant en chef m'écouta avec intérêt, mais l'agent aurait préféré que je n'eusse pas mis la vérité au jour.

Les Kinggold parurent stupéfaits. Tous deux devinrent pâles et me semblèrent fort mal à leur aise.

L'impression que leur causa mon histoire me donna la pensée qu'ils connaissaient mieux que moi le vol des bestiaux.

La conversation tomba ensuite sur les fugitifs qui étaient parmi les tribus et sous l'influence qu'ils pourraient avoir contre nous en cas de guerre.

C'était un sujet sérieux. Chacun savait que les bois en contenaient un grand nombre; ils avaient des champs cultivés, des bestiaux, ou étaient chasseurs. Leur nombre était évalué par les uns à cinq cents, à mille par d'autres.

Si la guerre éclatait ce seraient nos ennemis les plus acharnés! il n'y avait pas à en douter.

La conversation s'étendit assez longtemps sur ce sujet; à ce propos quelques-uns des planteurs racontèrent les punitions qu'ils avaient infligées à des fugitifs repris, en se promettant de redoubler de cruauté pendant la guerre.

Vous qui êtes éloigné de ces terres du Sud, vous ne vous ferez jamais une idée exacte de la haine qui existe entre la race blanche et les noirs.

Ce sentiment ne demande pour se développer qu'un premier acte de résistance du nègre à la volonté de son maître; alors commencent des tortures inouïes; quelques colons en arrivent à n'estimer plus la vie de leurs esclaves qu'en raison du prix qu'ils peuvent en obtenir au marché.

Un fait de ce genre arrivé au jeune Kinggold va donner du poids à ce que j'avance.

C'était Jacques le Noir qui me l'avait conté.

Kinggold chassait avec quelques amis de la même trempe que lui. Leurs chiens avaient été trop loin, ils ne les entendaient plus et étaient incapables de reconnaître la direction qu'ils avaient prise. Ne pouvant continuer leur chasse ils descendirent de cheval.

Près de là, un tout jeune nègre était occupé à couper du bois. Ils le connaissaient bien pour appartenir à une plantation voisine.

— Tiens, dit l'un des chasseurs, au lieu de nous ennuyer à

8

attendre nos chiens, amusons-nous avec ce négrillon qui est là à couper du bois.

— Mais que pouvons-nous en faire qui nous amuse?

— Eh bien! il faut le pendre.

Tout le monde se mit à rire. Celui qui avait fait la proposition reprit sérieusement : Je voudrais savoir combien de temps un nègre peut rester pendu sans en mourir.

L'idée fut trouvée plaisante et on se mit en devoir de l'exécuter. On saisit le nègre, on lui passa une corde au cou et il fut hissé à un arbre.

En ce moment les chiens reparurent poursuivant un cerf.

A cette vue les chasseurs coururent à leurs chevaux, oubliant, dans leur empressement, de couper la corde à laquelle était suspendues leur victime, ou comptant les uns sur les autres pour délivrer le malheureux enfant.

La chasse finie ils revinrent au lieu où ils avaient laissé le nègre. Il était toujours suspendu à l'arbre et mort.

Il y eut procès, mais comme le jury était composé de parents ou d'amis des coupables, ils furent simplement condamnés à payer la valeur du nègre, et la justice fut satisfaite.

La conversation sur les fugitifs ramena naturellement ma pensée sur ce qui m'était arrivé la veille.

Ayant dit quelques mots de cette rencontre, je fus prié d'en donner les détails, ce que je fis, en tournant en ridicule l'idée de mon nègre de croire que nous ayons eu affaire à Jacques le Jaune.

Beaucoup de ceux qui étaient présents connaissaient l'histoire du mulâtre et la scène de sa mort. Pourquoi, quand je prononçai le nom de Jacques le Jaune, Areus Kinggold tressaillit-il? Il devint tout pâle et murmura quelques mots à l'oreille de son père.

XXXI

TRAHISON DES CHEFS.

Peu après, je quittai la table pour aller me promener dans l'enclos. C'était après le coucher du soleil et des ordres avaient été donnés pour que personne ne quittât du fort, mais cette consigne ne regardant que les soldats, je sortis.

Quelque chose me guidait vers le camp indien, où je ne courais aucun danger puisque les chefs ennemis étaient encore en bonnes relations avec nous; d'ailleurs s'il arrivait quelque aventure, Powel était là pour me protéger.

J'avais un grand désir de presser la main du jeune chef et j'aurais désiré le rencontrer pour resserrer les liens de l'amitié qui avait existé entre nous et parler de cet heureux temps, si loin maintenant.

Certainement les devoirs d'un chef et d'un guerrier n'avaient pu endurcir un cœur si bon, un caractère si aimable. Peut-être avait-il quelque rancune contre les blancs qui l'avaient si injustement dépouillé, mais j'étais certain d'être à ses yeux une exception.

Je me dirigeais donc vers le camp lorsqu'on vint m'appeler pour me rendre au quartier du commandant en chef. J'y trouvai l'agent avec quelques officiers supérieurs, les Kinggold et d'autres habitants de distinction.

Ils discutaient un plan qu'ils voulaient mettre à exécution.

— L'idée est excellente, dit enfin le général, mais comment rencontrer Omatta et Black Dirt, ils ne peuvent venir ici sans être embarqués et sans attirer les soupçons.

— Général Clinch, dit Kinggold le père qui était le plus rusé de tous, si vous tâchiez de rencontrer les chefs hors du fort?

— J'ai déjà pensé à cela, répondit l'agent, et j'ai envoyé vers Omatta pour lui demander de nous ménager une rencontre secrète; j'attends le retour de mon messager.

Au même instant un de ceux qui servaient d'interprètes entra, et dit à voix basse quelques mots à l'agent.

— Messieurs, nous dit celui-ci, Omatta me fait savoir qu'il sera avant une heure au rendez-vous que je lui ai donné à la source; Black Dirt l'accompagnera. C'est au nord du camp et nous pouvons nous y rendre sans être vus.

— Y allons-nous de suite, général?

— Je suis prêt, dit Clinch, mais, général Thompson, pensez-vous être assez sûr de votre interprète pour en faire le confident d'un secret de cette importance?

L'agent hésita : « Ce serait peut-être imprudent, dit-il. Alors tâchons de nous en passer. »

— Lieutenant Randolph, me dit le général Clinch, vous parlez, je crois, assez facilement le séminole?

— Pas trop facilement, général, mais enfin je le parle.

— Eh bien! venez avec nous.

Malgré la contrariété que j'éprouvais, je suivis le général qui marchait devant moi, avec l'agent, caché sous un grand manteau et coiffé d'un simple feutre.

Nous franchîmes la porte et prîmes la direction du Nord.

Le camp des Indiens se trouvait au Sud-Ouest, sur la lisière d'une forêt qui s'étendait dans cette direction. Un autre bois couvrait le côté nord séparé du premier par une savane coupée de bassins.

Là était située la fontaine où l'on devait rencontrer les deux chefs indiens. Grâce à l'obscurité, nous pouvions nous y rendre sans éveiller l'attention des Séminoles. En arrivant au point désigné, nous trouvâmes les chefs, cachés dans l'ombre des arbres qui entouraient la fontaine.

— Demandez-leur sur quel nombre d'hommes nous pouvons compter parmi le peuple, et aussi quels chefs nous seront favorables.

La réponse fut qu'on pouvait être assuré d'un tiers des Séminoles.

— Dites-leur qu'ils recevront dix mille dollars aussitôt leur arrivée à destination, pour être partagés entre eux, indépendamment de l'indemnité accordée à chaque tribu.

— C'est bon, répondirent les Séminoles, quand je leur eus fait part de la proposition.

— Mon frère Omatta pense-t-il que tous les chefs seront présents demain?

— Pas tous.

— Quels sont ceux qui manqueront?

— Le Mico-Mico ne viendra pas.

— Mon frère Omatta est-il sûr de ce qu'il avance?

— Tout à fait sûr. Les tentes du Mico sont enlevées et il a déjà quitté le camp.

— Où est-il allé?

— Dans sa ville.

— Et son peuple?

— La plus grande partie a suivi le chef.

Les deux généraux s'entretinrent un instant à voix basse; ils paraissaient satisfaits des informations qu'ils venaient de recevoir.

Je fis, par leur ordre, cette question aux Indiens :

— Mes frères savent-ils quels autres chefs seront absents?

— Ceux du Bâton-Rouge seulement.

— Demandez-leur, me dit-on ensuite, s'ils pensent qu'Océola viendra demain au conseil.

L'anxiété avec laquelle on attendait la réponse me montra que c'était là ce qui les intéressait le plus.

— Quoi, s'écrièrent les chefs, le Soleil-Levant? Bien certainement il sera là, car il voudra voir la fin.

— Bien, dit l'agent.

Puis s'adressant au général :

— Il paraît, général Clinch, que la Providence nous aide. Il est presque certain que mon plan réussira. Un mot engagera l'imprudent à faire quelque insolence ou peut-être pis, et je trouverai un prétexte pour ordonner son arrestation. Maintenant qu'Onapa a retiré ses forces nous pouvons faire face à ce qui arrivera. Nous sommes assurés de la moitié de ceux qui restent, ainsi aucune résistance n'est à craindre et, une fois Powel en notre pouvoir, nous n'aurons plus d'opposition, les autres signeront, car c'est lui seul qui les retient.

— Vraiment, dit Clinch, mais croyez-vous que le gouvernement approuvera cette manière d'agir?

— Certainement. La dernière dépêche que j'ai reçue me suggérait à peu près cela. Vous pouvez agir, je prends tout sur moi.

— Oh! alors, je me mets à vos ordres, répondit Clinch, qui approuvait le plan de l'agent, mais qui ne voulait pas en partager la responsabilité; mon devoir est de vous obéir.

— Demandez aux chefs, continua-t-il, s'ils ont peur de signer demain.

— Non, ils ne craignent pas de signer, mais ils redoutent les conséquences.

— Quelles conséquences ?

— Ils craignent du parti patriote une attaque qui mettrait leur vie en danger.

— Que désirent-ils que nous fassions pour les protéger ?

— Omatta, répondis-je, désire que vous les laissiez aller faire une visite à leurs amis de Tallahassé, où ils resteraient jusqu'au départ des autres. Ils vous donnent leur parole qu'ils se rendront ensuite là où vous les appellerez.

Les deux généraux se consultèrent, car la demande méritait réflexion.

Omatta ajouta :

— Si on ne nous permet pas d'aller à Tallahassé, il faut qu'on nous reçoive dans le fort, car nous ne pourrons rester là.

— Nous réfléchirons à votre demande, répliqua l'agent. Je vous rendrai réponse demain. N'ayez aucune crainte ; et désignant Clinch : celui-ci est le chef de l'armée des blancs, il saura vous protéger.

— Oui, fit Clinch en se redressant : mes soldats sont nombreux. Vous n'avez rien à craindre, car outre ceux que contient le fort, beaucoup sont en route et arriveront bientôt.

— C'est bien, répondirent les chefs, si nous nous sentons en danger, nous viendrons nous mettre sous votre protection : vous nous le permettez, et nous comptons sur vous.

— Demandez-leur si Olata Mico viendra demain.

— Nous l'ignorons. Olata Mico n'a pas encore dit ce qu'il comptait faire, mais nous allons l'apprendre ; car s'il s'en va, il lèvera ses tentes avant que la lune ait quitté le ciel ; dans le cas contraire, elles seront encore là demain. La lune commence déjà à descendre, nous saurons bientôt s'il reste ou s'il s'en va.

— Du fort, peut-on voir les tentes du chef ?

— Non, elles sont cachées par les arbres.

— Pourrez-vous nous faire savoir s'il part ou non ?

— Oui ! mais seulement en ce lieu, car nous ne pouvons entrer dans le fort. Vous enverrez ici un messager.

— C'est bien, dit l'agent satisfait de cet arrangement.

Les deux généraux se consultèrent quelques instants à voix basse, pendant que les deux chefs demeuraient immobiles comme des statues.

Le général Clinch m'appela :

— Lieutenant, vous allez rester ici jusqu'au retour de ces chefs et vous reviendrez nous apporter leur réponse.

Après s'être salués, les deux généraux américains reprirent le chemin du fort, tandis que les Indiens disparaissaient dans la direction opposée.

Je me trouvais seul.....

XXXII

OMBRES DANS L'EAU.

Seul avec des pensées bien amères, car mon cœur avait plus d'une raison pour être rempli de tristesse.

J'étais harrassé d'émotions et dégoûté du rôle qu'on me faisait jouer.

Au lieu du plaisir que je m'étais proposé en revoyant mon ancien ami, je devenais un instrument de trahison.

Mon premier pas dans l'art militaire me faisait l'aide d'une vile conspiration.

J'avais le cœur gonflé de dégoût.

Le calme et la beauté de cette nuit ne faisaient qu'augmenter ma tristesse, j'aurais préféré une nuit d'orage. Le ciel était semé d'étoiles et de petits nuages blanchâtres, si minces que la lune passait au travers, et les faisait ressembler à un réseau d'argent. Sa lumière resplendissante tombant sur les arbres, rendait chaque feuille brillante comme un miroir. Ajoutez à cela un nombre infini de lucioles qui jetaient en voltigeant dans l'ombre des feux de toutes couleurs.

Au milieu de ces effets de nuit, le bassin ressemblait à une grande glace encadrée par les arbres sombres. L'atmosphère était remplie de parfums, et par cette nuit fraîche, les sassafras et le laurier en fleur mêlaient leur douce odeur à celle de l'oranger. Les grenouilles et les cigales animaient par leurs cris ce splendide tableau, et dans le lointain on entendait le chant de l'oiseau moqueur. Les bruits du fort et du camp des Indiens arrivaient jusqu'à moi et je distinguais par moment le son des voix et des éclats de rire.

— Combien de temps vais-je rester là à attendre le retour des chefs, une heure ou deux, peut-être plus? me disais-je.

La lune pouvait m'aider à calculer ce temps, car les chefs avaient dit qu'ils ne rendraient une réponse positive qu'après que l'astre aurait disparu de l'horizon : j'avais à peu près deux heures devant moi.

Assis sur un rocher près du bassin, je fixais les yeux sur l'eau dont la moitié était encore éclairée, tandis que les ténèbres s'étendaient lentement sur l'autre partie de la nappe. Les ombres des grands palmiers se dessinaient sur sa surface, en avant du reste des arbres, car ils étaient sur une petite éminence à l'ouest du bassin. Mes regards se portaient justement sur eux, lorsqu'une nouvelle image se dégagea d'entre leurs troncs et se dessina sur le miroir de l'eau. Quoiqu'elle parût avoir des formes gigantesques, il était aisé de reconnaître une femme à la longue robe tombant jusqu'à terre.

Mon premier mouvement fut de me retourner pour chercher à voir la personne dont l'ombre se reflétait ainsi devant moi. Je dus m'avancer un peu, car un grand chêne vert se trouvait entre elle et moi ; mais je n'aperçus rien et quand je repris ma première position, l'ombre avait disparu.

Je pensai naturellement que quelque femme indienne avait passé derrière les palmiers, mais sa présence en ces lieux, à cette heure de la nuit, excita ma curiosité et me fit sortir de mes rêveries.

Je quittai la place où je venais de me rasseoir et me mis à regarder et écouter autour de moi. Bientôt une femme tourna le bassin, et sortant de l'obscurité, m'apparut en pleine lumière. C'était une Indienne, mais ce n'était pas Maümée.

XXXIII

HADJ-EWA, LA REINE FOLLE DES MICOSANES.

J'avais devant moi un grande femme de trente à quarante ans ; de longs cheveux noirs tombaient épars sur ses épaules.

Ses yeux brillaient d'une flamme extraordinaire, mais ce n'était pas les lueurs de l'intelligence qui leur donnaient tant d'animation, car la pauvre femme était folle. Je la connaissais bien et je savais l'histoire de ses malheurs. Plusieurs fois je l'avais rencontrée, la pauvre Hadj-Ewa, la reine folle des Micosanes

Si je ne l'eusse déjà vue, je n'aurais pas laissé que d'être un peu effrayé de son apparition, car elle portait suspendu autour du cou un serpent vert, et sa taille était entourée d'un serpent à sonnettes, tous deux vivants. Elle tenait dans sa main la tête du serpent à sonnettes et à travers ses doigts j'apercevais les yeux du reptile étincelant comme des escarboucles. Une jupe brodée de perles et ornée de plumes de perroquet vert et de fourrures d'animaux sauvages retombait sur ses mocassins.

Sa venue à une pareille heure m'aurait surpris si je n'avais pas été au fait des manières et des coutumes de Hadj-Ewa. Je savais que je pouvais être tranquille et qu'elle ne me ferait aucun mal.

— Hadj-Ewa, l'appelai-je, comme elle s'avançait de mon côté.

— Heugh! fit-elle toute surprise. C'est toi, jeune Randolph. Tu reconnais donc la pauvre Ewa?

— Oui, Ewa, je vous reconnais; que venez-vous faire ici?

— Je te cherchais, petit chef.

— Vous me cherchiez! que me voulez-vous donc?

— Je veux sauver ta vie, ta jeune vie, chef, ta vie précieuse. Une autre vie aussi m'était bien précieuse, mais il y a longtemps de cela, ho! ho! ho!

« Arrête, chef des serpents, continua-t-elle en s'adressant au serpent à sonnettes qui se dressait irrité vers moi.

« Reste en repos, celui-là est un ami malgré son costume.

— Heugh! s'écria-t-elle de nouveau, comme frappée d'une soudaine pensée, je perds le temps avec mes vieilles chansons. Pourquoi suis-je venue, jeune homme, pourquoi suis-je venue, et elle serrait son front dans ses mains comme pour en faire sortir la pensée qui la fuyait. Ah! je me souviens, maintenant. Tu es en danger, jeune chef : pars, pars vite et rentre au fort, reste parmi ton peuple, ne quitte pas tes soldats bleus; ne va pas dans les bois; ta vie est en danger.

Elle me dit cela d'un ton de sincérité qui m'étonna. Je n'avais pas oublié l'attentat de la veille et je n'étais pas sans savoir que cette femme avait des moments de lucidité extraordinaire. Elle pouvait avoir découvert quelque complot contre ma vie et être venue pour tenter de le déjouer.

— Ewa, lui dis-je, je n'ai pas d'ennemis : pourquoi ma vie serait-elle en danger ?

— Je te le dis, chef, ta vie est en danger, et tu as des ennemis que tu ne soupçonnes pas.

— Mais je n'ai jamais fait de mal aux Peaux-Rouges.

— Je n'ai pas parlé de Peaux-Rouges, mon cher Randolph, non, car pas un de tous les Séminoles ne voudrait faire tomber un seul de tes cheveux. S'il s'en trouvait un, le Soleil-Levant le brûlerait comme un feu de forêt. Ne crains rien des hommes rouges, tes ennemis ne sont pas de cette couleur.

— Mais c'est impossible, Ewa. Je n'ai jamais donné à un blanc sujet de se plaindre de moi.

— Tu es comme un jeune faon qui n'a pas appris à connaître les hôtes sauvages des bois. Il y a des hommes méchants qui te haïssent sans raison et qui cherchent à t'ôter la vie, quoique tu ne leur aies jamais rien fait.

— Qui sont-ils! Et sous quel prétexte!

— Ne me le demande pas, enfant, le temps presse. Rappelle-toi que tu as une belle plantation, et une jeune sœur.

— Pars, je te le répète, tu n'es qu'un faon et les chasseurs sont sur ta piste, retournes au fort, va, va!

— J'ai affaire ici, Ewa, et il faut que je demeure jusqu'à ce que ceux que j'attends soient venus.

— Mais eux aussi vont venir. Ah! il est trop tard, les voici. Silence! silence! Ils viennent, vois leurs ombres.

Je regardai. A la place où j'avais aperçu d'abord la figure d'Ewa, quatre silhouettes d'hommes se profilaient sur l'eau. Ils s'avançaient entre les palmiers de la colline et descendaient vers le bois.

— Il est trop tard, me répétait la folle, alors complètement lucide. Si vous cherchez à sortir du bois, ils vous verront. Elle me saisit avec force par le bras et m'entraîna sous le chêne vert : Vite! montez dans l'arbre, c'est votre seule chance de salut, cachez-vous sous la mousse, soyez silencieux, ne bougez pas jusqu'à ce que je revienne.

Puis mon étrange protectrice se glissa dans le bosquet et disparut.

J'avais suivi ses conseils, et je m'étais installé sur une des grosses branches de l'arbre. Enveloppé par les lianes qui couvrent les branches des chênes verts, j'étais invisible d'en bas, et, au moyen d'une petite éclaircie, je pouvais voir dans le bassin du côté où la lune donnait.

J'eus d'abord quelque crainte qu'on me fît jouer un rôle ridicule. L'idée que j'avais des ennemis et que ma vie était en danger pouvait n'être qu'une création du cerveau de la pauvre folle. Peut-être les ombres que j'avais vues n'étaient-elles que celles des chefs que j'attendais.

Si, ne me voyant pas à la place désignée, ils s'en retournent, quelle réponse donnerai-je au général? Je me trouverai dans une position ridicule, et le résultat amènerait sans doute des conséquences sérieuses pour moi. Dans cette idée, j'allais descendre et rejoindre ces hommes à tous risques, quand, me rappelant subitement que je n'en attendais que deux et qu'il y en avait là quatre, je demeurai caché. Il est vrai que les chefs auraient pu se faire accompagner de deux amis, mais les ombres ne m'avaient pas paru celles d'Indiens.

Les assertions d'Ewa, les étranges allusions qu'elle faisait à des personnes que je connaissais, l'affaire de la veille, tout cela me détermina à rester à mon poste d'observation.

Sans mouvement, presque sans respiration, je suivais des yeux les objets, je tendais l'oreille pour saisir les sons.

Mes regards tombèrent sur une scène étrange. J'entendis des paroles qui me transportèrent de fureur et me glacèrent d'effroi. J'appris cette nuit-là quelle dose de méchanceté pouvait contenir le cœur humain. Quatre hommes se trouvaient réunis là, quatre démons plutôt, car leurs regards, leurs gestes, leurs intentions, tout en eux leur donnait droit à cette dénomination. Quand ils arrivèrent au tournant du bassin, j'aperçus d'abord la figure blême et mince d'Areus Kinggold, puis les traits sinistres de Spence et la large et brutale face de Williams. Quel est donc le quatrième? Est-ce un rêve?... ai-je perdu la raison?... Une merveilleuse ressemblance, une illusion me trompe-t-elle? Mais non, c'est l'homme même : je reconnais ses cheveux noirs et crépus, c'est bien sa peau hâlée, ce sont ses gestes, ses traits ; plus de doute, voici Jacques le Jaune !

XXXIV

UN JOLI PLAN.

Le mulâtre était devant moi, tel que je l'avais connu autrefois. Seulement, il avait un peu grossi, mais c'était bien Jacques le Jaune, l'ex-bûcheron de notre plantation. Comment se trouvait-il auprès d'Areus Kinggold, l'un de ceux qui s'étaient montrés les plus acharnés à le condamner?

Il n'était pas à vingt pas de moi. La lune éclairait en plein sa figure, tournée de mon côté. Il n'y avait pas à s'y tromper.

Jacques le Noir était dans le vrai en me jurant qu'il avait bien reconnu le mulâtre, et je m'expliquais maintenant sa terreur. Puis je pensai à l'étrange maintien des Kinggold quand le soir, à table, j'avais conté mon aventure; à l'expression de leurs figures quand je nommai Jacques le Jaune, ce mulâtre assassin, échappé par miracle à une punition terrible, et que je retrouvais en compagnie des trois blancs qui avaient été les plus actifs à préparer son supplice.

C'était pour moi une chose si étrange, que je ne sais si je serais parvenu à m'en rendre compte si leur conversation ne m'eût éclairé, par la suite, sur leur association et ne m'eût donné la certitude qu'Ewa ne s'était pas trompée en m'assurant que je courais de grands dangers.

— Comment! s'écria Areus Kinggold en arrivant, il n'est pas ici; où peut-il être allé?

La voix de Bill Williams, qui lui répondait, m'apprit que c'était bien moi qu'ils cherchaient.

— Etes-vous bien sûr, Areus, qu'il ne soit pas revenu au fort avec les généraux?

— Tout à fait sûr; j'étais à la porte quand ils sont rentrés, et je ne l'ai pas vu.

— Bon! Mais il faudrait savoir s'il n'est pas parti d'ici en même temps qu'eux. Nous sommes vraiment bêtes de ne pas être venus plus tôt de ce côté voir ce qu'il faisait. Vous dites, Jacques, que vous êtes arrivé directement du camp des Séminoles. N'aurait-il pas pu vous dépasser sans que vous le vissiez?

— Senor Areus.

Le son de la voix me rappelait trop bien Jacques le Jaune pour que, s'il m'était resté le moindre doute, il ne se fût évanoui aussitôt.

— Je me suis rendu ici immédiatement en sortant du camp des Séminoles; un chat n'aurait pu passer sans être vu. Deux chefs ont paru sur la route, je me suis caché sous les petits palmiers et ils ne m'ont pas aperçu. Où peut-il être, s'il n'est pas ici?

— Je sais bien, dit Kinggold, que certaines raisons pourraient le conduire au camp indien. Par où a-t-il pu s'y rendre sans être remarqué de Jacques?

— Il a pu prendre l'autre chemin, dit Spence, et suivre par la plaine.

— Non, reprit Areus Kinggold, comme se parlant à lui-même. Il aura accompagné les généraux jusqu'à la porte du fort, puis se sera rendu au camp en passant chez le cantonnier. Ah! nous ne retrouverons jamais une si belle occasion.

— N'ayez pas peur, Areus, répondit Williams, par ce temps de guerre les occasions sont faciles à trouver.

— Nous les rechercherons d'ailleurs, continua Spence, mais celle que nous perdons était bonne pour Jacques, car il n'y a que lui qui puisse faire le coup. Ce ne peut-être ni vous ni moi, nous serions bientôt pris et punis, mais lui, Jacques, il est mort et nulle loi ne peut l'atteindre, n'est-ce pas Jacques?

— Si, senor! Ne craignez rien, don Areus, nous retrouverons bien vite une occasion. C'est Jacques qui vous délivrera de votre ennemi; vous n'entendrez bientôt plus parler de lui.

Je lui tendrai un piége, je vous le promets. Je l'ai manqué hier, mais j'avais un mauvais fusil.

— Il n'est pas arrivé au fort, du moins, je le crois, dit Kinggold; il faudra qu'il y rentre ce soir; ce sera peut-être après la disparition de la lune. Il faudra qu'il traverse la plaine dans l'obscurité, comprenez-vous, Jacques?

— Si, senor, je comprends.

— Et vous saurez profiter de l'insinuation, n'est-ce pas?

— Si, senor, Jacques le saura.

— Alors, allons-nous-en, mais écoutez-moi bien, Jacques.

Et il s'établit entre eux un colloque à voix basse, que je ne pus saisir en entier. Le nom de ma sœur et celui de Viola la quarteronne parvint à mes oreilles.

— Il n'y en a qu'une qui s'y opposera, la mère consentira facilement et une fois maître de la plantation, je vous donnerai deux cents dollars.

Cette dernière phrase me convainquait qu'il existait entre Kinggold et Jacques un pacte, dont ma vie était l'enjeu et que ce que j'entendais n'était qu'une répétition de leur hideux contrat.

Saisi d'horreur, je sentais des gouttes de sueur froide me couler du front, je tremblais comme la feuille.

Il était prudent de contenir l'indignation que je ressentais en présence d'une aussi odieuse machination, car j'aurais été assassiné sur place, si le moindre mouvement m'eût fait découvrir. J'écoutai donc jusqu'au bout ces quatre hommes comploter contre ma vie, la vendre comme dans un marché où chacun d'eux, sans nul doute, devait avoir sa part de bénéfice. J'avais bien mes pistolets, mais qu'était-ce que cela contre quatre

9

spadassins. La sagesse l'emporta donc sur ma colère et je me contins jusqu'à ce qu'ils fussent partis.

Kinggold et ses compagnons se dirigèrent vers le fort et le mulâtre reprit le chemin du camp Indien.

XXXV

LA LUMIÈRE APRÈS L'OBSCURITÉ.

Pendant quelques instants, je restai à ma place comme pétrifié. Quand je pus rassembler mes idées, je me demandai si on n'avait pas eu l'intention de m'effrayer par une mauvaise plaisanterie. Mais je n'avais jamais été lié avec ces quatre hommes, et d'ailleurs la présence de Jacques le Jaune me prouvait que l'on en voulait réellement à ma vie.

Je m'expliquai jusqu'à un certain point la haine du mulâtre, mais que devais-je penser d'Areus Kinggold, un homme ayant de l'éducation, presque mon égal, un gentleman? Je savais bien qu'il m'en voulait de mon opposition à son mariage avec ma sœur, car chef de famille depuis la mort de mon père, j'avais dit un jour ouvertement que tant que je vivrais, il ne serait jamais son mari. Mes paroles lui avaient été répétées et je comprenais qu'il en eût gardé de la rancune, mais que sa colère le poussât à une aussi horrible vengeance, j'en étais terrifié.

Pourtant ces phrases parvenues à mes oreilles : « Il est sur mon chemin... La mère consentira facilement... Maître de l'habitation..... » Puis le nom de ma sœur, celui de Viola, mêlés à tout cela! Il n'y avait qu'une interprétation à y donner, une interprétation si odieuse, que je trémissais d'horreur sans pouvoir m'y arrêter.

— Descends, jeune chef, tu peux descendre, les mauvais hommes sont partis, descends.

Ces paroles me tirèrent de ma torpeur, Ewa les prononçait : j'obéis.

— Maintenant me crois-tu, jeune chef, reprit-elle. Tu as vu que tu as quatre ennemis, et que ta vie est en péril.

— Ewa, vous m'avez sauvé, comment vous remercier du service que vous venez de me rendre?

— En défendant tes amis contre ceux qui veulent leur nuire.

— Je le ferai.

— C'est bon, c'est bon; le jeune chef dit vrai. Ecoute-moi, Georges Randolph, si tu es faux, si tu mens, le roi des serpents te tuera, n'est-ce pas, mon roi? fit-elle au serpent qui sembla la comprendre et leva la tête, ses yeux étincelants fixés sur moi, en faisant ressortir son dard et retentir ses sonnettes.

— Assez, lui dit-elle aussitôt, persuadée de son obéissance, ne touche pas à mon chef, roi des serpents.

— Pourquoi me menacer, Ewa? Je ne vous en ai pas donné sujet.

— Je te crois, brave chef, je te crois, tu as dit la vérité. Regarde à l'ouest, la lune va se coucher. Il faut partir et rentrer au fort avant la sombre nuit. Va! va!

— Mais je vous ai dit, Ewa, qu'une affaire me retient ici et que je ne puis partir avant qu'elle ne soit terminée.

— C'est mauvais, il y a du danger; quelle est cette affaire, chef? Oh! je devine. Ils viennent ceux que tu attends, les voici.

— C'est vrai, répondis-je en apercevant les ombres des Indiens dans le bassin.

— Ne perds pas de temps, car dans l'obscurité il y aura des dangers. Il faut qu'Ewa s'en aille. Bonne nuit, jeune chef.

Je lui rendis son salut et la perdis aussitôt de vue.

Les Indiens me donnèrent brièvement la réponse que je devais rapporter. Olata-Mico avait levé ses tentes et quitté le camp.

Aussitôt que ces traîtres m'eurent fait leur rapport, je les quittai, et averti par Ewa des dangers que je courais, je me dirigeai en hâte vers le fort.

La lune me protégeait encore de sa lumière. Je marchais rapidement en me tenant à distance de tout ce qui pouvait servir à l'embuscade d'un assassin. En arrivant aux maisons des cantonniers, je crus voir quelqu'un se cacher derrière un pan de mur. Je pensai au mulâtre, mais malgré mon désir d'aller à la découverte, je ne le pus, ayant déjà appelé la sentinelle ; d'ailleurs je ne voulais pas attirer l'attention, ayant reçu l'ordre de rentrer sans que l'on m'entendît. Je me dis qu'assez d'autres occasions se présenteraient de rencontrer le ressuscité et de lui faire rendre compte de sa conduite. Je rentrai et fus transmettre la réponse au commandant en chef.

XXXVI

LE BESOIN D'UN AMI.

Il est difficile de dormir quand on se sait sous le même toit qu'un ennemi qui a juré votre mort. Je me trouvais dans ce cas et ne pus fermer l'œil. Les Kinggold devaient rester encore plusieurs jours au fort. Je le savais, mais je ne connaissais pas la retraite de Spence et de Williams.

Je passais la nuit à méditer sur ce qui m'était arrivé, et à me demander quelle conduite il fallait tenir. Le jour paraissait à travers mes volets que je n'avais pas encore pris de détermination.

Ma première idée avait été de tout dévoiler à mes chefs et de demander justice, mais quelles preuves fournir à l'appui d'une accusation aussi grave? Qui croirait, sur ma seule parole, à un crime aussi horrible et dépourvu de tout motif apparent? On regarderait mon histoire comme un conte ridicule. Les Kinggold étaient très-liés avec le général et l'agent, et quoique connus pour n'être pas très-scrupuleux en affaires, ils n'en étaient pas moins tenus pour gentlemens. Il m'aurait fallu des preuves bien évidentes pour pouvoir accuser Areus Kinggold de vouloir être mon meurtrier.

La difficulté se montrait à moi en son entier. J'avais bien la ressource, en racontant ce qui s'était passé, de l'appeler à un duel à mort; cela n'aurait pas absolument prouvé vérité de mon accusation. D'ailleurs les duels étaient défendus par les lois du service, sans parler des lois religieuses.

Malheureusement je ne connaissais aucun des officiers qui se trouvaient actuellement dans le Fort, car j'aurais eu besoin d'un ami auquel je pusse tout confier et qui m'aidât de ses conseils.

Je me décidai à consulter Jacques le Noir, et quand, le lendemain matin, le brave nègre arriva près de moi, je lui racontai tout.

Il se montra très peu surpris; quelques soupçons de ce complot lui étaient déjà venus et il comptait ce jour là même me faire part de ses craintes. Il était de plus maintenant bien certain que nul autre que Jacques le Jaune n'avait tiré sur moi et il savait de quelle façon il avait pu échapper à la mort. Quand le caïman le saisit, il avait eu l'adresse de lui plonger dans les yeux le couteau dont il s'était servi pour couper ses liens et qu'il tenait encore, et par ce moyen il avait tué l'animal. Cela s'était passé sous l'eau, car le mulâtre était bon plongeur. Ses membres lacérés avaient laissé échapper assez de sang pour donner à ceux qui le poursuivaient la certitude de sa mort, sans que ses blessures fussent très-dangereuses.

Il avait nagé entre deux eaux, jusqu'à ce qu'il eût gagné les broussailles ; caché par elles, il avait grimpé sur un chêne où il s'était blotti pour échapper à l'odorat des chiens.

Jacques tenait cette histoire d'un Indien, qui disait la tenir de Jacques le Jaune lui-même. Mon noir savait aussi que le mulâtre s'était réfugié dans une de ces tribus de nègres fugitifs, établie dans les marais du haut Amazura.

Il avait pris là de l'influence et portait maintenant le titre de Mico-Mulâtre.

Le seul point que je ne pouvais éclaircir était de savoir comment Kinggold et lui se trouvaient ensemble et en bonne intelligence ; mais à tout prendre, Kinggold n'avait pas de sujet d'en vouloir au mulâtre, et quand bien même ce dernier eût gardé contre lui du ressentiment, entre de tels hommes tout s'efface devant un intérêt commun.

— Jacques, dis-je, que penses-tu de cela ? Dois-je appeler Areus ?

— Oh ! répondit-il, il est déjà sorti, il se lève de bonne heure, car il n'a pas l'esprit tranquille et sa conscience tourmentée l'empêche de reposer. Il y a plus de deux heures qu'il est sorti.

En ce moment j'entendis sonner l'appel par les clairons et les tambours; je n'eus pas le temps de poursuivre mon entretien avec Jacques et je me rendis où le devoir m'appelait, au conseil.

XXXVII

L'ASSEMBLÉE DÉCISIVE.

Le spectacle de la veille se renouvela, les troupes reprirent leur place, au son de la musique, derrière les généraux entourés de leur suite.

Les Indiens étaient dans le même ordre, seulement les chefs se trouvaient moins nombreux et le peuple plus dispersé.

Le roi Onapa n'était pas au nombre des chefs présents. On s'en apercevait facilement, grâce à son signe distinctif, la couronne de cuivre jaune, qu'il portait toujours sur la tête. L'absence de plusieurs autres chefs prouvait que, par esprit patriotique, ils avaient jugé bon de suivre leur roi.

La plus grande partie des Indiens alors présents étaient des tribus d'Omatta, de Black Dirt et d'Ohala. Parmi les autres je reconnus Hotte Mattee, Arpineki, le nègre Abram, le Nain, ceux-ci ne signeraient sûrement pas.

Océola, placé au dernier rang des chefs, se reconnaissait aisément. Il était le plus jeune de tous et, par sa naissance, n'avait droit qu'au plus petit commandement, mais sa personne, son air de noblesse et de détermination l'auraient fait prendre facilement pour le premier d'entre eux. Son attitude majestueuse exprimait la bravoure. Les bras croisés sur sa large poitrine, il ressemblait à une statue d'Apollon. Vous eussiez cru qu'il venait là comme simple spectateur n'ayant rien à voir dans le débat qui allait s'ouvrir; mais que son honneur et sa dignité soient attaqués, et ses yeux si doux jetteront des flammes; cet Apollon lancera la foudre devant lui. L'attitude qu'il avait prise n'aurait pu faire prévoir cette transformation. C'était le calme du ciel avant l'orage, le repos du lion endormi dont le réveil est redoutable. Pendant les instants qui précédèrent l'ouverture du conseil, il fût le point de mire de tous les yeux. S'il avait pu lire dans les miens il y aurait su tout l'intérêt que je lui portais, mais je ne découvris pas un signe qui me fît croire qu'il m'avait reconnu. Plusieurs fois ses regards tombèrent sur moi, sans s'y arrêter, comme si je lui eusse été aussi indifférent que les autres. En était-il donc réellement ainsi, ou son esprit était-il si occupé qu'il regardait sans voir.

Je crus apercevoir, parmi les femmes, Ewa la folle.

Areus Kinggold était assis près de moi et nous avions échangé quelques mots. Je remarquai qu'il se montrait plus poli et même plus amical à mon égard que de coutume. Ses paroles trahissaient son cynisme; mais quand je le fixais, il détournait les yeux d'un air embarrassé, quoiqu'il ne soupçonnât pas le moins du monde que je le connusse pour un homme qui voulait me faire assassiner à la première occasion favorable.

XXXVIII

LES CHEFS PATRIOTES.

L'agent portait la tête haute et paraissait assuré du succès. Il fixait les chefs d'un air impérieux, certain qu'il était de leur obéissance, et par instant son regard s'arrêtait sur Océola avec une expression de triomphe sinistre.

J'avais le secret de ces regards et j'étais loin d'être rassuré sur le sort du jeune chef. Si j'eusse été près de lui, l'amitié, je crois, aurait été plus forte que le devoir et je lui aurais conseillé de se tenir sur ses gardes. Je m'en voulais d'avoir oublié le péril qu'il courait, car, la veille, Ewa aurait pu me servir de messager, mais mon esprit avait été trop occupé et trop troublé par mon propre danger ; j'avais oublié celui qui menaçait mon ami : pour moi Powel était toujours un ami.

Je ne savais pas si, positivement, sa vie se trouvait compromise. D'après les paroles de l'agent, on devait, sous le premier prétexte venu, se saisir d'Océola. Mais comment trouver une raison assez plausible pour motiver l'arrestation du Soleil-Levant? il me paraissait difficile que Thompson y parvînt; alors, au milieu d'un parti déjà traître à sa patrie, qu'arriverait-il au jeune chef. Oh! si j'avais pu lui faire remettre un mot d'avertissement? mais impossible : il était trop tard; le piége était tendu et le noble gibier allait s'y prendre. On plaça, devant l'agent, une table sur laquelle se trouvaient un encrier, des plumes et un large parchemin ouvert : c'était le traité d'Oclahawa.

— Hier, dit alors le commissaire du gouvernement, nous n'avons fait que parler, aujourd'hui nous sommes ici pour agir. Voici le traité d'Oclahawa. J'espère que vous avez réfléchi à ma déclaration d'hier et que vous êtes prêts à signer.

— Nous avons réfléchi, répondit Omatta, parlant pour lui et pour les chefs de son parti, nous avons réfléchi, et nous allons signer.

— Onapa est le premier chef, c'est à lui de commencer.

— Où est Onapa? reprit l'agent, parcourant du regard l'assemblée comme s'il ignorait qu'Onapa en fût absent.

— Le Mico-Mico n'est pas ici.

— Et pourquoi n'est-il pas ici? il devrait y être.

— Il est malade, et n'a pas pu se rendre au conseil, repartit son gendre Hotte Mattee.

— C'est un mensonge, Jumper.

Jumper était le nom distinctif de Hotte Mattee, dans sa tribu, et signifie sauteur.

— C'est un mensonge, le Mico feint d'être malade et vous le savez.

A cette insulte, le front du guerrier se couvrit d'un sombre nuage; tout son corps trembla. Mais il put se contenir et reprit sa place avec une exclamation de dédain.

— Abram, vous qui êtes le conseil de Mico Onapa, vous devez connaître ses intentions. Pourquoi est-il absent?

— Oh! mon général, répondit le noir, en mauvais anglais, sans paraître fort intimidé, comment le vieux *Abe* pourrait-il savoir les intentions du Mico? Il ne me dit pas tout! c'est un grand chef et il peut aller et venir comme il lui plaît sans découvrir ses intentions à personne.

— Veut-il signer enfin ? Dites oui ou non.

— Non, dit Abram d'une voix ferme, comme s'il était chargé de faire cette réponse. Abe connaît du moins la résolution du Mico sur ce point. Il ne signera pas le traité. Oh! non! non!

— Assez, assez, cria l'agent en élevant la voix. Et maintenant, chefs et guerriers de la nation des Séminoles, écoutez-moi. Je suis venu à vous porteur des pouvoirs de votre grand-père, qui est notre chef à tous. Ces pouvoirs me donnent le droit de punir la déloyauté et la désobéissance. Je m'en sers maintenant contre Onapa. Il cesse d'être roi des Séminoles.

A ces paroles, une commotion électrique parcourut l'assemblée. Des démonstrations de colère, des signes de joie, se firent jour sous l'étonnement général.

Comment l'agent pouvait-il ôter un roi à la nation libre des Séminoles? Le grand-père ne s'occupait pas de les gouverner. Eux seuls nommaient leur roi, eux seuls pouvaient le détrôner. Sans doute l'agent voulait rire.

Mais non, tout impossible que cela parût, Thompson était décidé à en venir aux moyens extrêmes :

— Omatta, vous avez été fidèle à votre parole et à votre honneur, vous êtes digne de conduire une brave nation : dès à présent, je vous nomme roi des Séminoles, et le grand-père et tout le peuple vous reconnaîtront comme tel.

« Maintenant, continuez à venir signer. »

Omatta, obéissant à un geste de l'agent, s'avança, prit la plume et signa.

Au milieu d'un grand silence, un seul mot se fit entendre, le mot : Traître, prononcé par Océola, qui fixait Omatta d'un air de mépris impossible à rendre.

Black Dirt, après lui, apposa son sceau, car il ne savait pas écrire ; puis Ohala, Itolasse, l'autre frère Omatta et environ une douzaine de chefs, connus pour être du parti d'Omatta, les imitèrent. Les chefs patriotes étaient massés sur la gauche, c'était à eux de signer.

L'agent regardait Hotte Mattee comme un des plus redoutables. Il resta un instant silencieux, puis lui dit brusquement :

— C'est à vous, *Sauteur*.

— Eh bien ! vous pouvez me *sauter*, répéta le chef aussi spirituel qu'éloquent.

— Comment, vous refusez de signer ?

— Hotte Mattee ne veut pas signer.

— Il n'est pas nécessaire que vous écriviez, votre nom se trouve déjà là, vous n'avez qu'à poser le doigt dessus.

— Le Sauteur pourrait se tromper et mettre le doigt à une autre place.

— Si vous le préférez, vous pouvez signer en faisant une croix, dit l'agent, qui espérait le faire consentir.

— Je refuse de signer, monsieur l'agent ; cela vous étonne-t-il ?

— C'est bien, maintenant, écoutez-moi.

— Les oreilles de Hotte Mattee sont ouvertes.

— Bon ! Je dépose Hotte Mattee de ses fonctions de chef chez les Séminoles. Le grand-père ne veut plus de lui.

— Oh ! dit Hotte Mattee, en éclatant de rire en face de l'agent à l'air solennel, et de qui vais-je être chef, alors, général Thompson ?

— J'ai prononcé mon arrêt, répondit l'agent, évidemment troublé par la physionomie narquoise du chef, vous n'êtes plus chef ; nous ne vous reconnaîtrons plus pour tel.

— Mais ma tribu ne sera-t-elle pas un peu consultée sur mon renvoi? demanda le Sauteur avec ironie?

— Votre peuple agira avec sagesse et obéira aux ordres de son grand-père, il ne voudra plus d'un chef déloyal.

— Vous dites la vérité, agent, interrompit Hotte Mattee, mon peuple agira avec sagesse et fidélité, et aussi avec patriotisme. N'espérez pas que l'avis du grand-père soit approuvé. Tant que ses conseils seront ceux d'un bon père, on l'écoutera, sinon on fermera les oreilles. Quant à vos accusations ridicules et absurdes, je ne fais qu'en rire. Je méprise l'acte et l'agent.

Je ne doute pas de la fidélité de mon peuple; semez, si vous le pouvez, les dissensions parmi mes guerriers. Cela vous a déjà réussi avec d'autres, continua-t-il en fixant avec mépris Omatta et ses partisans. Vous avez fait des traîtres, mais je ne redoute pas vos machinations, il n'y a pas un homme dans ma tribu capable de tourner le dos à Hotte Mattee, non il n'y en a pas un seul.

L'orateur se tut et se croisant les bras, prit une attitude pleine de dédain.

L'agent alors se tourna vers Abram qui dit tranquillement et laconiquement :

— Non.

Et comme il voulait insister, le noir le regarda fixement et ajouta :

— Non, je ne signerai jamais ce papier maudit, jamais, jamais. Vous comprenez bien, monsieur Thompson?

L'agent prononça naturellement contre Abram, la même sentence de déposition.

Puis Arpincki, le Nuage, l'Alligator, le Nain, suivirent

l'exemple d'Abram et s'entendirent de même ôter leurs titres de chefs, ainsi qu'à Olata Mico et à tous les absents.

Ils riaient entre eux de voir cet homme revêtu d'un pouvoir temporaire en user comme s'il eût été leur empereur à tous.

Poshalla, le Nain, appelé ensuite, fit à l'interprète cette réponse :

— Dites au gros agent que je serai encore chef des Séminoles quand son cadavre pourrira depuis longtemps sous les mauvaises herbes.

Mais Thompson n'entendit rien, car son attention était toute dirigée vers le chef qui restait le dernier, vers Océola.

XXXIX

LA SIGNATURE D'OCÉOLA.

Jusqu'alors le seul mot sorti de la bouche d'Océola avait été l'épithète de traître dont il avait flétri Charles Omatta, mais on voyait à ses mouvements qu'il était loin d'être indifférent à ce qui se passait. Il avait ri des plaisanteries du Sauteur, et chaudement approuvé le patriotisme d'Abram : à lui maintenant à se déclarer.

Les Indiens comme les soldats demeuraient immobiles; chacun semblait être sous le coup d'un pressentiment pénible.

L'agent rompit enfin le silence :

— Powel, dit-il d'un ton blessant, laissez-moi d'abord vous demander si vous êtes reconnu comme un des chefs.

On voyait à la manière dont il posait cette question la malice qu'il y mettait, et le triomphe dont il avait l'espoir, car il savait parfaitement que Powel était au nombre des chefs, comme sous-chef, il est vrai, mais sous-chef des Bâtons-Rouges, la tribu la plus guerrière de toute la nation.

Powel passait pour être très-violent et cette question avait pour but de le faire sortir de son calme, mais ce but ne fut pas atteint. Océola ne s'emporta point, seulement il couvrit l'agent d'un regard de mépris comme si l'insulte venait de trop bas pour qu'il se donnât la peine de la relever.

Le maintien du chef, son silence auraient pu arrêter un homme d'honneur, mais l'agent avait l'âme fermée à tout sentiment de délicatesse et de justice, il poursuivit son idée.

— Je vous demande, reprit-il, si vous êtes un chef et si vous avez le droit de signer. Mais une clameur s'éleva poussée par les chefs et les premiers guerriers.

— Le Soleil-Levant est chef, il a bien le droit de signer; mais qu'importe cela, ce qu'il y a de certain c'est qu'il ne signera pas.

— Mais je veux signer, moi, dit Océola : j'ai droit à signer et je signerai.

L'effet produit par ces paroles ne peut se rendre : tous restèrent stupéfaits; enfin un grand murmure éclata semblable au roulement lointain du tonnerre.

Le parti des traîtres triomphait hautement, et l'on distinguait par ses cris de joie les exclamations de menace et d'étonnement que poussaient le petit nombre d'Indiens restés fidèles à leur patrie; quoi! le Soleil-Levant va signer! après tout ce qu'il a fait! tout ce qu'il a dit! aurait-il donc peur ou serait-il plus déloyal que les Omatta eux-mêmes? Ils sentaient bien que la signature d'Océola était le dernier coup, et les condamnait définitivement à l'exil. Sans son concours, le peuple serait bien vite en proie au découragement et tout serait perdu. Le Sauteur, Haja, le Nuage, le Nain, Arpincki, Abram, tous demeuraient stupéfaits sans pouvoir se décider à en croire leurs oreilles, Océola les abandonner !

« Il a été acheté, murmuraient-ils, son patriotisme n'était qu'un jeu. Corrompu par l'agent, il n'a agi que pour lui-même et non pour son peuple. C'est un misérable, un traître plus traître encore qu'Omatta. Et ils lançaient au jeune homme des regards de tigre.

Je fus pour ma part aussi surpris qu'eux de la détermination d'Océola. L'agent semblait pétrifié d'étonnement et le regardait d'un œil stupide sans oser lui dire de s'avancer pour signer; enfin surmontant son émotion il balbutia :

— C'est bien, Océola, venez et signez.

Il voyait tout changer pour lui par le seul fait de ce consentement; sa mission se terminait à sa plus grande gloire, suivant les vues du gouvernement. Le président, dans sa satisfaction, ne pouvait manquer de le nommer ambassadeur auprès de quelque cour d'Europe.

— Ah ! Wiley Thompson, ce sont là des châteaux en Espagne qui vont crouler comme des châteaux de cartes.

Océola s'avance et, courbé sur la table, paraît chercher la place où il doit apposer sa signature, mais c'est un nom qu'il cherche, car on l'entend lire tout haut, Charles Omatta, puis il se redresse et demande d'un ton ironique à l'agent s'il désire toujours le voir signer.

— Vous venez de le promettre, Océola.

— Alors, je tiendrai ma promesse, réplique-t-il, et brandissant au-dessus de sa tête son couteau espagnol, il le plante dans

OCÉOLA

Et brandissant au-dessus de sa tête son couteau espagnol... (P. 144.)

le parchemin avec une telle force que la lame pénètre dans le bois de la table.

— Voilà ma signature, s'écrie-t-il en se tournant vers Omatta, c'est votre nom que j'ai percé ; tremblez maintenant et défaites votre ouvrage, ou c'est ainsi que je vous percerai le cœur.

L'agent bondit de colère à ces paroles :

— Ah ! voilà, s'écrie-t-il, quelles étaient ses intentions ! bon ! j'étais préparé à cette insolence, à cet outrage. Général Clinch, faites-le saisir par vos soldats, qu'on l'arrête.

Je vis alors le général parler vivement à l'agent, puis se pencher vers un officier qui se plaça sur le front du régiment et donna un ordre.

Aussitôt plusieurs rangs de soldats se détachèrent et enveloppèrent Océola. Je le vis pendant un moment faire des efforts surhumains pour se dégager et en renverser une douzaine ; mais bientôt, réduit à l'impuissance par le nombre, il cessa de lutter et demeura immobile comme une statue de fer.

Ni les blancs, ni les Indiens ne s'attendaient à ce dénoûment violent. Le général Thompson dépassait ses pouvoirs, et commettait un acte arbitraire et illégal en ordonnant l'arrestation du chef au milieu du conseil.

En voyant Powel au pouvoir de leurs ennemis, les Indiens poussèrent une clameur effrayante ; mais lutter en ce moment était impossible, et les chefs se retirèrent en jetant le cri de guerre que nous ne pouvons mieux rendre que par ces syllabes : Yo-ho-cher.

Les soldats emmenaient Océola dans le fort :

— Tyran, s'écria-t-il en jetant à l'agent des regards terribles, tu peux emprisonner Océola, si tu le veux ; tu peux le faire pendre, mais son esprit ne mourra pas avec lui et vivra pour la vengeance.

« Il parle déjà! Entends-tu ce cri? C'est le cri de guerre des Bâtons-Rouges; écoute-le bien, car ce n'est pas la dernière fois que tu l'entends; écoute-le bien, tyran : c'est le glas de ta mort qui sonne. »

En disant ces mots il disparut avec son escorte sous la porte du fort.

Comme je suivais la foule, je me sentis toucher au bras, c'était Ewa :

— Ce soir soyez près du bassin, me dit-elle, il y aura peut-être des ombres sur l'eau.

Entraînée par un flot de monde, elle ne put en dire davantage et quand je cherchai à la rejoindre pour lui demander l'explication de ces paroles, il me fut impossible de la retrouver.

XL

GALLAGHER.

Le prisonnier fut mis dans un cachot obscur. Il était facile à tous les officiers d'y pénétrer. Résolu à le voir, j'attendis cependant la nuit, car j'avais des motifs pour que notre entrevue demeurât aussi secrète que possible.

J'avais aussi d'autres préoccupations; je ne m'étais encore décidé à rien à l'égard d'Areus Kinggold. Que de difficultés pour prendre une détermination.

Bien des sentiments divers s'entrechoquaient dans ma tête comme dans un chaos, haine contre la vile conspiration dont j'étais l'objet, indignation contre l'agent pour sa conduite déloyale.

Avec une telle confusion d'idées, impossible de rien juger sainement ; mais ce qui m'occupait le plus pour le moment c'était de me mettre en garde contre celui qui en voulait à ma vie. Cette haine d'Areus contre moi, haine sans motifs et sans prétextes, qui le poussait jusqu'à l'assassinat, ne méritait point de pardon de ma part. Celui-là seulement qui s'est trouvé en position de savoir qu'un ami de sa maison, sans motif acceptable, cherche les moyens de le faire assassiner, celui-là pourra seul comprendre ce qui se passait en moi. On excuse l'emportement de la part de celui à qui l'on a fourni un sujet de colère, mais Areus ne se trouvait pas dans ce cas vis-à-vis de moi. Quant aux autres assassins, les blancs et le mulâtre, je ne voulais voir en eux que les vils instruments d'Areus.

Au milieu de ces pénibles réflexions, je sentais plus amèrement que jamais le manque d'un ami qui pût me comprendre et me conseiller. Le ciel me vint en aide. J'entendis soudain entrer dans le fort un escadron de carabiniers que nous attendions, et la voix sonore et le franc rire de Charles Gallagher, mon meilleur camarade de collége, monta jusqu'à moi.

Peu d'instants après nous étions dans les bras l'un de l'autre, il arrivait bien à propos.

Charles avait été non-seulement mon camarade de collége, mais mon meilleur ami, mon confident, et je n'avais rien de caché pour lui. Il méritait ma confiance et je l'eus bientôt mis au fait de tout ce qui s'était passé.

J'eus peine à le convaincre ; car il traitait d'illusions ce que je lui disais avoir vu et entendu près du bassin. Enfin, grâce au témoignage de Jacques, je finis par le persuader.

— Par ma foi, s'écria-t-il avec son accent irlandais, c'est la chose la plus étrange que j'aie jamais vue. Cet homme doit être un démon : l'avez-vous regardé aux pieds ?

Malgré son nom et son accent, Gallagher n'était pas né en Irlande. Il était de New-York et parlait, quand il le voulait, l'anglais le plus pur, mais, par originalité, il s'était habitué à prendre l'accent d'un véritable Irlandais. Malgré ses singularités, c'était un homme d'honneur et un cœur fidèle.

— Il est facile d'arranger cela, me dit-il.

— Comment !

— Venez avec moi, cherchons Kinggold. Trouvez-moi seulement le monsieur et je vous montrerai comment il faudra faire.

Quoique n'approuvant pas tout à fait cette façon de procéder, e n'eus pas la force de résister à la fougue de cet impétueux fils des Celtes et je le suivis.

XLI

CHERCHANT KINGGOLD.

A peine étions-nous dehors que nous aperçûmes celui que nous cherchions.

Il courait près de la porte, au milieu d'un groupe d'officiers, parmi lesquels se trouvait un petit-maître que l'on appelait le beau Scott et qui avait le grade d'aide-de-camp du général en chef dont il était le parent. Je désignai Kinggold à mon compagnon :

— C'est celui qui est en habit bourgeois.

— Oh! mon bon ami, vous n'aviez pas besoin de tant d'explications pour que je le reconnusse; rien que son regard de serpent me l'aurait fait deviner. Quelle figure de scélérat! l'eau ne le touchera jamais, c'est à la corde qu'il est destiné.

— Maintenant, Georges, mon garçon, attention, me dit-il sérieusement : approchons et écoutons leur conversation, je vous trouverai un prétexte d'intervenir pour le convaincre de mensonge, ou je ne m'appelle pas Gallagher.

Incertain sur ce qu'il fallait faire, je suivis mon compagnon et je me mêlai au groupe des officiers.

A peine étais-je près de Kinggold que celui-ci me fournit de bonnes raisons de l'interpeller.

— Vous savez, dit-il aux officiers, que ce Powel qui vient d'être arrêté a une sœur.

— Comment s'appelle-t-elle? demanda l'officier.

— Maümée. C'est une jeune fille dont la conduite est loin de mériter des éloges. Interrogez Scott qui a ses entrées dans la famille Powel.

En entendant prononcer ces mots, la souffrance se peignait sur ma figure à ce point que plusieurs personnes en firent la remarque.

Je repris mon calme, et m'avançant en face de Kinggold :

— Vous mentez, lui dis-je froidement.

— C'est ce que vous prouverez, répliqua-t-il furieux.

— Oui, et bientôt.

Des témoins furent amenés et convainquirent de mensonge Kinggold et son ami Scott, ni l'un ni l'autre ne me pardonnèrent jamais d'avoir défendu contre leurs calomnies l'honneur d'une innocente jeune fille. A partir de ce jour ils devinrent pour moi deux mortels ennemis.

XLII

LA RENCONTRE.

Je revins au fort avec Gallagher. J'attendais, car je me rappelais les dernières paroles d'Ewa.

Le soleil venait de se coucher, et la nouvelle lune se montrait déjà. Je fis part à Gallagher de mon désir de demeurer seul. Il parut étonné, mais il était trop bien élevé pour insister, et il s'éloigna après m'avoir dit :

— Vraiment, Georges, mon garçon, vous avez l'air aussi triste et aussi mélancolique que si vous le redoutiez.

— Cher ami, laissez-moi. De retour au quartier, je vous dirai la cause de ma tristesse et pourquoi je me prive de votre aimable société.

— Vous attendez sans doute une meilleure société que la mienne ; mais si, par hasard, vous en trouviez une pire, comme cela est possible d'après ce que vous m'avez dit, prenez ce petit trésor, je suis, vous le savez, un grand traîneur de chiens, — et il me remit un sifflet en argent qu'il portait suspendu à sa boutonnière. — Si donc vous vous trouviez dans quelque société à laquelle vous ne vous attendez pas, mettez ce petit joujou entre vos lèvres, et Gallagher sera près de vous avant que vous ayiez le temps de compter jusqu'à dix. Et, en finissant sa phrase, le brave garçon s'éloigna.

J'ignorais ce qu'Ewa avait à me dire ; néanmoins, je pensais que c'était à propos de l'arrestation de Powel qu'elle désirait me parler. Je pris le chemin qui conduisait au bassin et je traversai la colline à travers les tiges des petits palmiers. J'arrivai bientôt sous le chêne vert, Ewa m'y attendait déjà. Un rayon de la lune passant à travers les branches, tombait sur sa figure majestueuse; sous cette lumière, les deux serpents qui entouraient ses bras semblaient deux bijoux précieux.

— Oh! oh! te voilà, brave chef, tu es exact, c'est bien... Mais voyez-vous... il vient, il vient, n'est-ce pas que vous le voyez dans l'eau, c'est lui. Montez dans ce bosquet de feuillage, jeune chef, et restez-y jusqu'à ce qu'Ewa revienne; n'importe ce que vous verrez, n'importe ce que vous entendrez, ne bougez pas que je ne vous appelle. Montez! montez! Sans la comprendre, j'obéis.

Elle m'aida à gagner ma cachette et s'éloigna. Je vis au même moment une ombre se dessiner sur le bassin, l'ombre d'un homme, puis un autre profil passer sur l'eau et disparaître dans la même direction; mais c'était celui d'une femme.

— Serait-ce Ewa qui aurait fait le tour du bassin?

L'homme était déjà sous l'arbre qui me servait de retraite, les rayons de la lune éclairaient sa figure. C'était l'officier Scott. Il s'arrêta, et tirant sa montre la présenta à la lueur de la lune pour voir l'heure, mais aussitôt une autre figure apparut dans le rayon argentin. C'était celle de Maümée.

L'aide-de-camp prit le premier la parole.

— Maümée, vous avez tenu votre promesse, dit-il.

— Mais vous, monsieur, vous n'avez pas tenu la vôtre, qu'avez-vous fait pour nous?

— Soyez bien sûre que je n'ai pas trouvé l'occasion de vous servir, le général a été tellement occupé que je n'ai pu l'entretenir sur ce sujet. Mais prenez patience, je saurai bien le persuader et votre propriété vous sera rendue, dites à votre mère d'être tranquille. Je n'épargnerai rien. Je suis aussi impatient que vous... mais vous connaissez le caractère dur et sévère de mon oncle, et, de plus, il est dans les meilleurs termes avec la famille Kinggold. C'est ce qui fait la plus grande difficulté, mais je la surmonterai.

— Voilà de belles paroles, monsieur, mais elles ont peu de poids auprès de nous maintenant. Avec votre promesse de nous aider, nous avons attendu trop longtemps. Nous ne demandions qu'une enquête et vous l'auriez facilement obtenue si vous l'aviez voulu. Nous ne nous soucions plus de nos terres : de plus grandes injustices nous ont fait oublier les petites et je ne serais pas venue ici ce soir sans le grand malheur, je devrais dire l'outrage dont mon pauvre frère est la victime. Vous nous avez fait croire à votre amitié, je suis venue la mettre à l'épreuve : obtenez la liberté d'Océola et nous aurons foi dans vos promesses. Ne dites pas que c'est impossible, vous avez de l'autorité sur les chefs blancs et mon frère, s'il a été brusque, n'a commis aucun crime qui mérite une punition aussi sévère. Un mot de vous au grand chef de guerre, et il sera libre.

— Maümée, vous ne connaissez pas la nature de la mission dont vous voulez me charger. Votre frère est prisonnier par ordre de l'agent, je ne suis qu'un subordonné et si je demandais ce que vous désirez je serais réprimandé et même puni.

— Ah! vous craignez une réprimande si vous demandez un acte de justice? Monsieur, je n'ai plus rien à vous dire, nous ne croyons plus en votre amitié, ne revenez plus dans notre humble cabane.

Et elle lui tourna le dos avec mépris.

Maümée était vertueuse! J'avais eu raison de la défendre. Je me sentis si rempli de bonheur que je ne songeai même pas à

OCÉOLA.

« Mais si c'est l'heure de l'acte, c'est aussi l'heure de la vengeance. » (P. 157.)

sortir de ma cachette. Retenant l'élan de ma joie, j'attendais le dénouement de l'entrevue.

Ses yeux, ses regards, son attitude déterminée me rappelaient son frère devant le conseil. Ah! elle était bien la sœur du Soleil-Levant.

L'aide-de-camp demeurait pétrifié. Enfin les termes de mépris qu'il s'entendit ensuite jeter à la face le mirent hors de lui, il s'avança vers Maümée qui lui avait tourné le dos et se retirait.

— Pas si vite, lui cria-t-il, pas si vite, croyez-vous m'échapper aussi facilement.

A ces menaces, j'allais me précipiter en bas de ma cachette, mais un autre défenseur m'avait prévenu.

Ewa s'élançait entre les deux, et riant d'un air égaré présentait à l'audacieux le serpent à sonnettes qu'elle tenait dans ses mains.

Le reptile tendait le cou en lançant son dard en avant et faisant tinter ses sonnettes.

L'officier, effrayé autant par la femme que par l'animal, recula en fixant des yeux étonnés sur cette singulière créature qui intervenait si subitement.

— Oh! oh! dit la folle, Grand-Esprit veille sur la jeune fille!..... C'est bien son fils, son fils, il lui ressemble, il est justement comme était son père le jour où il trompa Ewa qui se fiait à lui. L'heure est la même, la lune est au même quartier, souriant sur le crime.

« Mais si c'est l'heure de l'acte, c'est aussi l'heure de la vengeance! Roi des serpents, punis ce téméraire. »

En disant ces mots, elle s'avançait vers le jeune homme tenant toujours le serpent.

Le lieutenant tira son épée et s'écria :

— Sorcière, si tu fais un pas de plus je te passe ma lame au travers du corps. Retire-toi, éloigne-toi.

Ses menaces n'arrêtaient pas la folle qui s'avançait toujours, il allait la frapper, quand je m'élançai l'épée à la main, prêt à défendre la vie d'Ewa.

Mais mon intervention était inutile. Scott tout en se défendant avait reculé devant Ewa ; arrivé au bord du bassin, son pied glissa et il tomba en arrière dans l'eau assez profonde en cet endroit. Il se débattit un instant et quand il fut parvenu à regagner le bord, il allait se précipiter de nouveau sur la reine folle, mais au moment où il allait plonger son épée dans le corps de la victime, il rencontra la pointe de ma lame et bondit de stupéfaction, car la rage l'aveuglait au point qu'il ne m'avait pas encore aperçu.

En me reconnaissant, il me regarda avec étonnement :

— C'est vous, Randolph.

— Oui, lieutenant Scott, c'est Randolph ; votre conversation est devenue si dramatique en un instant que j'ai cru devoir intervenir.

— Je vous demanderai, monsieur, de quel droit vous vous faites l'espion de mes démarches et vous vous mêlez de mes affaires.

— Du droit qu'a tout honnête homme de défendre deux femmes contre un homme tel que vous.

J'étais en droit de légitime défense. Ce n'était point un duel : nos armes s'entrechoquèrent.

Le combat fut court, au bout de deux ou trois passes ma lame lui entra dans l'épaule et son épée tomba sur les cailloux avec un bruit sec.

— Vous m'avez blessé et je suis désarmé, me dit-il en me montrant son épée à terre. C'est assez, monsieur.

— Non, ce n'est point assez; il faut qu'à genoux sur ces pierres vous demandiez pardon à ces deux femmes.

— Jamais, jamais, répondit-il à ma grande surprise; puis il se retourna brusquement et prit la fuite vers le fort.

Je courus après lui et je l'eus bien vite rejoint, j'aurais pu lui mettre l'épée dans le dos, mais je ne suis pas un assassin, je le laissai continuer sa fuite honteuse.

XLIII

LA PROMESSE A MAUMÉE.

Je revins près des deux femmes, mais Ewa s'était éloignée et je ne trouvai que Maümée.

Je lui tendis la main, et elle avança la sienne avec modestie; je la félicitai de sa noble conduite et nous nous mîmes à causer du passé et de l'avenir.

Je fis beaucoup de questions à Maümée qui me conta avec candeur l'histoire de sa vie pendant ces longues années où j'avais été absent du pays.

Les malheurs qui les avaient accablés, les outrages qu'il leur avait fallu subir surtout de la part de Kinggold, me faisaient frémir de colère.

Je connaissais à peu près ce qui leur était arrivé, cependant elle m'apprit bien des choses que j'ignorais. Areus avait aussi poursuivi la famille Powel de ses importunités. Scott, après lui, s'était présenté en ami, il connaissait l'histoire de la veuve

Indienne et comme parent du général en chef, leur avait promis d'employer son influence à leur faire rendre justice. Par ses faux semblants d'intérêt, il avait réussi à tromper le cœur loyal et confiant d'Océola, mais non celui de Maümée qui l'avait toujours mal reçu. Kinggold donnait à entendre le contraire, sa déclaration n'avait qu'un but, de me blesser au vif et il avait réussi.

Le passé épuisé et éclairci nous songeâmes à l'avenir. La captivité d'Océola était notre plus grande inquiétude. Combien de temps durerait-elle, que faire pour l'abréger?

Je promis de m'employer de tout mon pouvoir à sa délivrance. J'étais déterminé à rendre la liberté au chef captif, n'importe à quel prix.

Ma simple promesse suffit à Maümée et, après les premières effusions de sa reconnaissance, nous dûmes songer à la séparation; la lune annonçait minuit et bientôt la folle apparut sur le sommet de la colline pareille à une statue de bronze. Elle vint nous rejoindre à mon appel, après avoir pris congé de Maümée, je la remis sous sa garde et les vis s'enfoncer dans le bois par les sentiers les moins fréquentés.

Quoiqu'il fût tard, je voulais rendre visite au prisonnier avant de me coucher. Le projet que j'avais formé ne souffrait pas de délai. De plus, je craignais qu'avant la fin du jour suivant, je ne fusse moi-même arrêté, à la suite de mon affaire avec Scott. Je me trouvais sans aucune protection, et je devrais m'estimer heureux si on ne me faisait pas passer devant un conseil de guerre, casser de mon grade, et chasser du régiment. Je n'avais pas besoin de ma place pour vivre, mais mon orgueil était en jeu. Gallagher me dit :

« Laissez-les vous arrêter et vous renvoyer, qu'est-ce que

cela peut vous faire? Si, comme vous, j'avais des plantations et un régiment de nègres, je me moquerais bien de l'armée j'irais commander mes noirs et je récolterais du sucre ou du tabac.

Les paroles consolantes de mon ami furent loin de me convaincre; pourtant je me rendis au cachot d'Océola, ajoutant ainsi une chance à celle que j'avais d'être cassé.

Je trouvai le jeune chef des Bâtons-Rouges, comme un aigle mis en cage ou une panthère prise au piége, furieux et exhalant sa rage en menaces.

Le caporal qui m'avait accompagné ne portait pas de lumière, et après m'avoir introduit dans un cachot étroit et bas, il me laissa pour aller chercher une lanterne.

J'entendais dans l'obscurité le pas d'un homme chaussé de sandales et le bruit d'une chaîne traînant à terre, et de temps en temps une exclamation de colère. Je compris à la respiration haletante du prisonnier qu'il était sous l'empire d'une forte excitation et arpentait sa prison à grandes enjambées.

Entré sans bruit, je me tenais à la porte attendant la lumière pour lui adresser la parole. Je ne pensais pas qu'il se fût aperçu de ma présence, mais je me trompais, il s'arrêta subitement près de moi. Malgré la nuit, il m'avait reconnu.

— Vous, Randolph, me dit-il d'un ton de reproche, vous aussi parmi nos ennemis, prêt à nous chasser de notre pays!

— Powel...

— Pas Powel, monsieur : mon nom est Océola.

— Je ne connais qu'Edouard Powel le sauveur de ma vie, l'ami de mon enfance; pour moi seulement vous n'êtes pas changé!

Nous demeurâmes un instant silencieux. Ma réponse avait produit un certain effet sur lui en lui rappelant le passé.

Il reprit :

— Comment venez-vous ? est-ce en ami, ou pour me tourmenter par de vaines paroles ? J'ai déjà eu plusieurs visites de fous qui me conseillent de me déshonorer : venez-vous dans le même but ?

— Powel, lui répondis-je, je viens comme ami et de ma propre volonté.

— Je vous crois, Georges Randolph : quand vous étiez enfant, vous aviez une belle âme et il est rare qu'un jeune arbre droit se courbe en grandissant ; je ne veux pas penser que vous soyez changé, quoique vous ayiez des ennemis qui m'ont parlé contre vous.

— Votre main, Randolph, et pardonnez-moi d'avoir douté de votre cœur.

Comme je m'avançais pour répondre à cette cordiale invitation, au lieu d'une main j'en rencontrai deux ; il avait les mains liées ensemble, mais leur étreinte n'en fut pas moins franche.

Je n'avais pas besoin de demander à Powel quels étaient mes ennemis, je les connaissais. Toutefois, comme pour mener à bien le plan que j'avais conçu, il me fallait sa confiance tout entière, je me mis à lui conter ce qui venait de se passer près du bassin. Je m'attendais à un redoublement de fureur, mais le jeune chef s'était accoutumé à renfermer ses impressions en lui-même, le grincement de ses dents me fit seul comprendre l'effet que mon récit avait produit sur lui.

Il finit par s'écrier :

— Fou que j'étais ! dès le premier moment les paroles doucereuses de cet homme avaient éveillé ma méfiance et je ne l'ai pas chassé de chez moi ! Merci, noble Randolph, je ne pourrai jamais vous payer ce trait d'amitié chevaleresque. Désormais vous pouvez commander, Océola est à vous.

— Alors, voyons, ne perdons pas de temps. Je suis venu pour tâcher de vous rendre la liberté, hâtons-nous.

— Que voulez-vous faire, Randolph ?

— Il faut que vous signiez le traité d'Oclawaha.

XLIV

CRI DE GUERRE.

Une exclamation d'étonnement et de mépris fut la seule réponse que j'obtins.

Je ne me laissai pas déconcerter et je répétai :

— Il faut que vous signiez le traité.

— Jamais, dit-il d'un ton déterminé. Plutôt que d'y consentir, je préfère rester ici, jusqu'à ce que ma chair se détache de mes os, que mon sang se dessèche dans mes veines. Plutôt que d'être traître à ma tribu, je me jetterais sur les baïonnettes de mes geôliers pour y trouver la mort. Jamais ! jamais !

— Calmez-vous, Powel, vous ne me comprenez pas, vous et les autres chefs, vous vous méprenez sur les termes de ce traité, rappelez-vous qu'il ne vous oblige qu'à une promesse conditionnelle, vous ne signez l'abandon de vos propriétés que si la majorité y consent. Aujourd'hui elle n'y a pas consenti, et l'addition de votre nom ne constituera pas une majorité.

— C'est vrai, c'est vrai, répondit le chef commençant à comprendre ce que je voulais de lui.

— Vous voyez que vous pouvez signer sans vous compromettre. Pourquoi ne pas user de cette ruse pour sortir d'un emprisonnement si dur et si injuste? Personne ne vous blâmera.

On trouvera peut-être que mes conseils s'écartaient un peu des règles de la justice et de la morale, mais l'idée de sauver mon ami diminuait mes torts à mes yeux.

Océola garda le silence, réfléchissant à ce que je lui avais dit.

— Randolph, s'écria-t-il enfin, on voit que vous avez étudié parmi les avocats de la grande cité de Philadelphie; vous me présentez ce traité sous tout un autre jour que je ne l'avais vu. Ce que vous dites est vrai : en signant je ne me compromets pas, mais croyez-vous que l'agent se tienne pour satisfait quand j'aurai signé?

— J'en suis presque sûr. Tâchez de prendre un air de soumission et signez le traité; vous serez mis de suite en liberté.

J'avais la certitude de ce que j'avançais. J'étais persuadé d'après ce que j'avais entendu depuis l'arrestation d'Océola que l'agent se repentait déjà d'avoir agi aussi témérairement. C'était, du reste, l'opinion générale, et des murmures avaient tinté aux oreilles de Thompson.

— Mon ami, me dit Powel, j'agirai selon vos conseils, vous pouvez en prévenir l'agent.

— Je le ferai demain matin aussitôt que possible, il est tard, je dois vous dire adieu.

— O Randolph, il m'est dur de me séparer du seul ami qui me reste parmi les blancs; j'aurais aimé à causer avec vous du temps passé, mais ce n'est ni le lieu ni le moment.

Le chef avait quitté son air hautain et me parlait avec sa douceur habituelle :

— Oui, répéta-t-il, vous êtes le seul ami blanc qui me soit resté, j'en avais un autre, mais...

Il s'arrêta avec embarras, comme craignant d'en avoir trop dit, j'attendais qu'il continuât sa phrase et je ne sais pourquoi je me sentais aussi gêné.

Quand il reprit ce fut pour parler d'autre chose, et d'un air tout différent.

— Les blancs nous ont fait beaucoup de tort, s'écria-t-il avec colère ; je me vengerai ; c'est la première fois que je le jure, mais les événements de cette journée ont changé mon sang en un feu dévorant. Avant de vous voir, j'avais juré de tuer trois hommes que je regarde comme mes plus grands ennemis, vous n'avez pas changé ma résolution, seulement mon serment en comprend un de plus, et je jure de ne pas prendre un instant de repos avant d'avoir rougi de leur sang les feuilles de la forêt.

« Omatla, triomphe de ta trahison, tu n'en jouiras pas longtemps, bientôt tu sentiras la main d'un patriote, tu tomberas sous le glaive d'Océola. »

Je le laissai sans l'interrompre soulager sa colère... il rentra promptement en lui-même, et reprit avec moi son ton amical :

— Encore un mot avant de nous quitter, dit-il. Il se peut que nous soyions bien longtemps sans nous revoir, peut-être, hélas ! ne nous rencontrerons-nous plus qu'en ennemis sur le champ de bataille, car je ne veux pas vous cacher que je n'ai nulle intention de faire la paix ; je ne la ferai jamais. J'ai donc une faveur à vous demander, je suis sûr que vous me l'accorderez sans explications. Acceptez ceci, et portez-le de manière à ce qu'on le voie sur votre poitrine, faites-le par amitié pour moi.

En disant ces mots, il ôta de son cou la chaîne à laquelle était suspendu l'image du Soleil-Levant et la passa sur mes épaules. Je n'opposai aucune résistance à cette preuve d'amitié, j'acceptai le don de Powel en lui faisant la promesse qu'il me demandait et le priai de porter ma montre en échange ; puis nous étant de nouveau serré les mains nous nous séparâmes.

. . . .

Comme je l'avais espéré, j'obtins sans difficulté la délivrance du chef des Séminoles. Quoique l'agent eût une rancune particulière contre Océola, il n'osa pas faire servir une cause politique à ses vengeances personnelles. Je vis bien qu'il était enchanté qu'on lui facilitât les moyens de sortir à son honneur du mauvais pas où il s'était engagé en ordonnant l'arrestation du Soleil-Levant, et il se hâta de lui accorder une entrevue. Ce dernier sut se contenir ; il prit une attitude de douce soumission, et l'agent s'imagina que c'étaient les fers et les mauvais traitements qui avaient réduit le prisonnier. Le traité présenté au chef captif fut signé par lui sans mot dire. Aussitôt on lui enleva ses fers ; les portes de la prison lui furent ouvertes, et il eut la liberté de retourner.

Thompson triomphait ; mais quelle erreur était la sienne ! si comme moi il avait remarqué le sourire sardonique d'Océola quand celui-ci franchit les portes du fort, il n'eût pas été si rassuré. Il ne garda pas longtemps ses illusions. Il suivait des yeux le jeune chef qui s'avançait vers le bois, lorsque parvenu sur la lisière, celui-ci s'arrêta, et avant d'y entrer, se retourna vers le fort, puis tirant son épée et faisant le moulinet au-dessus de sa tête, par trois fois il fit retentir les airs du cri de guerre de sa tribu : Yo-ho-hee.

Le confiant agent ne pouvait se méprendre sur cette démonstration qui signifiait : *Guerre à mort!* il lança bien des soldats à la poursuite du ci-devant captif, mais ce fut sans résultat.

Gallagher et moi, nous étions restés toute la matinée dans nos quartiers, attendant qu'on vînt me chercher pour me mettre aux arrêts ; à notre grand étonnement rien n'arrivait. Nous en eûmes l'explication. Kinggold n'était pas rentré au fort et s'était rendu chez un ami à plusieurs milles de là ; Scott était revenu le bras en écharpe, en disant que son cheval l'avait jeté contre un arbre ; pour de bonnes raisons il cachait la cause de sa blessure. Excepté à mon ami, je ne racontai à personne l'histoire de ma rencontre avec l'aide-de-camp. Dans l'accomplissement de nos devoirs nous nous trouvions souvent en rapport et obligés d'échanger quelques paroles ; nous le faisions avec politesse, mais avec la plus grande réserve. Au reste, il ne demeura pas longtemps au fort, ce qui me fit un grand plaisir.

XLV

GUERRE A MORT.

Pendant quelques semaines, après le conseil tenu au fort King, la paix ne fut pas troublée. Tout le monde était dans l'attente et se demandait comment les Indiens allaient agir.

La majorité croyait qu'ils se soumettraient et on leur accorda encore quelque répit pour se préparer au changement. Des courriers furent envoyés dans toutes les tribus, désignant l'heure et le jour où celles-ci auraient à conduire au fort leurs chevaux et leurs bestiaux, qui devaient être vendus à l'enchère sous la présidence de l'agent, pour que le prix en fût remis à leurs propriétaires, à leur arrivée dans les terres de l'Ouest.

Les plantations et les bâtiments auraient ensuite le même sort aux mêmes conditions.

Le jour de l'enchère arriva, et, au grand désappointement de Thompson, les troupeaux ne parurent point : on remit la vente à un autre jour.

Ce manque d'obéissance de la part des Indiens laissait deviner à quoi on devait s'attendre ; d'autres avertissements ne manquaient pas non plus.

La tranquillité dont nous avions joui pendant quelques jours n'était que le calme avant-coureur de l'orage.

Ainsi que le murmure du tonnerre lointain, mille petits événements annonçaient un conflit où, comme toujours, les blancs furent les agresseurs.

Trois Indiens trouvés en chasse hors de leur territoire, saisis par des planteurs et garrottés avec des courroies, furent emprisonnés dans une étable et gardés ainsi pendant trois jours et trois nuits. Une bande des leurs, entendant leurs cris, vint les délivrer ; il y eut une escarmouche dans laquelle quelques Indiens furent blessés et les blancs obligés à s'enfuir. On délivra alors les prisonniers, mais quand ceux-ci reparurent devant leurs amis, ils se trouvaient dans un état pitoyable : les courroies avec lesquelles on les avait liés étroitement avaient pénétré dans les chairs, en leur ôtant l'usage de leurs membres. Couverts de sang, ils ne pouvaient ni marcher ni même se tenir debout. On les avait laissés dans cet état pendant trois fois vingt-quatre heures sans leur donner de nourriture (historique). Une autre fois, six Indiens se trouvaient au camp de Kanapha-Pont, quand plusieurs blancs fondirent sur eux, leur enlevèrent leurs fusils, et, après avoir pris de leurs bagages ce qui était à leur convenance, se mirent à les fouetter. Deux Séminoles, témoins de cette scène, tirèrent quelques coups de fusil sur les blancs, qui ripostèrent, en tuèrent un et blessèrent l'autre grièvement.

On devait s'attendre à des représailles. Voyons ce qui se passa du côté des Indiens.

Le 11 août, Dalton, facteur entre le fort King et le fort Brooke, fut rencontré à six milles de ce dernier, par un parti d'Indiens qui le tuèrent après l'avoir fait descendre de cheval. Quelques jours après, on retrouva sur la lisière du bois le corps défiguré du facteur.

Une quinzaine d'hommes qui se rendaient à cheval aux plantations de Gabriel Priest, à Wacahouta, eurent à traverser un hommock. A un mille environ avant d'arriver, ils tombèrent dans une embuscade d'Indiens. Deux des quatre blancs, qui formaient avant-garde, furent blessés. M. Touke reçut une balle dans le cou, mais un de ses compagnons le sauva; le fils du capitaine Priest eut le bras cassé, et son cheval fut tué. Néanmoins, s'enfonçant dans le marais, il put se dérober aux poursuites des Peaux-Rouges.

A la même époque, des hommes occupés à couper du bois dans l'île du lac George, furent attaqués par une bande d'Indiens; deux d'entre eux furent blessés, et ils ne durent leur salut qu'à leur canot.

Sur la côte sud-ouest de la Péninsule, des Séminoles attaquèrent la maison de M. Cooley, assassinèrent sa femme, ses enfants et leur précepteur.

Ils enlevèrent douze barils de provisions, trente porcs, trois chevaux, un baril de poudre, plus de deux cents livres de plomb, sept cents dollars en argent et deux nègres. M. Cooley était absent ; quand il revint, il trouva sa femme frappée d'une balle au cœur, tenant encore dans ses bras son enfant à la mamelle, et près d'elle les corps de ses deux autres enfants tués de la même manière, dans la maison en flammes.

A Spring-Garden, sur la rivière Saint-Jean, la grande plantation du colonel Kees fut dévastée et ses bâtiments détruits; des champs de cannes à sucre devant produire plus de quatre-vingt-dix boucaults de sucre, furent ravagés ; on jeta dans la rivière trente boucaults de sucre déjà fait; on emmena cent soixante-deux nègres, tous les mulets et tous les chevaux.

Les mêmes Indiens brûlèrent les bâtiments de M. Desseyster, de complicité avec les nègres, qui leur donnèrent un bateau pour traverser la rivière, et aller ensuite brûler l'établissement du capitaine Dummet. Les plantations du major Hériot furent aussi dévastées, et quatre-vingts de ses nègres s'enfuirent avec les assaillants.

A Saint-Augustin, nous vîmes les grandes plantations du général Hernandez ruinées de fond en comble, ainsi que celles de Bulow, de Dupont, à Buen-Retiro; de Dunham, de M. Rue, à Tomska-Creek ; les propriétés du major-général Herring, de Bartalone Solano, et presque toutes les autres situées au sud de Saint-Augustin, eurent le même sort.

Tous ces faits sont historiques, et je ne les rapporte ici que pour bien expliquer les commencements de la guerre des Séminoles. Ces actes de vengeance, quelque barbares qu'ils pussent paraître, n'étaient en réalité que des représailles; ainsi éclatait une fureur longtemps contenue.

Nulle rencontre générale n'avait encore eu lieu, pourtant on se battait partout. Ceux dont les Indiens avaient à se plaindre furent les premiers à sentir le poids de leur colère, ceux qui demeuraient sur les frontières indiennes furent obligés d'abandonner tout et de se réfugier dans les forts, ou de se réunir dans les villages que l'on fortifia.

Omatta et ceux de son parti durent quitter leurs tribus et se mettre sous notre protection, dans le fort Brooker. La guerre n'était plus imaginaire, et l'on entendait nuit et jour le cri de guerre : Yo-ho-hee.

XLVI

SUR LES TRACES D'UN CAVALIER.

Il n'y avait encore que peu de troupes en Floride, mais on en attendait une quantité considérable de New-Orléans, de Savannah, de Mobile et des autres Etats où les troupes américaines étaient en garnison.

Des régiments de volontaires s'organisaient dans toutes les grandes villes de la Georgie, de la Caroline et de la Floride, chaque village fournissait son contingent. Les habitants de Sawanée, mon pays natal, jugèrent nécessaire d'imiter l'exemple général pour protéger leur ville.

Je fus envoyé sous les ordres de mon ami Gallagher pour faire cette levée.

J'accueillis avec joie cette distraction à la vie monotone que nous menions au Fort. Gallagher se réjouissait aussi de venir passer quelques jours avec moi et de chasser sur mes propriétés. Il aimait la chasse avec d'autant plus de passion qu'ayant passé la plus grande partie de sa vie dans les murs des villes ou dans les forts qui bordent l'océan Atlantique, il avait rarement trouvé l'occasion de poursuivre le cerf et le renard.

Nous prîmes donc joyeusement congé de nos camarades, et, accompagnés de Jacques le Noir, non moins impatient que nous de revoir ses foyers, nous nous dirigeâmes sur la ville de Sawanée.

Les Indiens n'avaient pas encore paru de ce côté de la Floride, et les habitants étaient dans une tranquillité léthargique comparativement aux provinces que nous quittions : ma mère et ma sœur, dans les lettres qu'elles m'écrivaient fréquemment, ne manifestaient aucune crainte. Malgré leurs assurances, je n'étais pas fâché d'aller vérifier par moi-même l'état au pays. Bien montés comme nous l'étions, nous avancions rapidement sans faire de mauvaise rencontre. Partis une heure à peine après la réception de l'ordre, nous n'avions pas à redouter de tomber dans quelque embuscade, dressée par mes ennemis particuliers; une seule chose pouvait nous inquiéter, une rencontre d'Indiens; là était le véritable danger; aussi avancions-nous avec une extrême prudence. Nous trouvions quelquefois des traces récentes de leur passage, mais ce fut seulement après avoir traversé la plantation abandonnée des Powel, que nous aperçûmes un homme à cheval qui, dès notre apparition, rentra dans le bois, non sans nous avoir observés un instant. Il était trop loin pour qu'il fût possible de distinguer ses traits, mais son costume, les plumes d'autruche flottant au-dessus de sa tête, son attitude, tout nous annonçait un Séminole ; il montait un grand cheval noir.

Gallagher, voyant qu'il cherchait à nous éviter, mit les éperons dans le ventre de sa monture et s'élança à sa poursuite ; je ne cherchai pas à l'arrêter, car dans la croyance que c'était Océola que nous venions de voir, j'étais bien aise de dire quelques mots d'amitié au jeune chef, et je pris aussi le galop. Je pensais que c'était lui à cause de la couleur de son cheval, Jacques m'ayant dit qu'il avait un magnifique cheval noir.

Mieux monté que Gallagher, je l'eus bientôt dépassé, et j'entrai dans le bois en appelant Powel, mais les échos seuls me répondirent.

Je suivis la trace des pas pendant quelques instants encore en continuant à appeler ; le cavalier était trop loin pour m'entendre ou ne voulait pas répondre. Dégoûtés de la poursuite, nous revînmes sur nos pas et reprîmes notre voyage par un petit sentier qui devait nous conduire au bord de la rivière, à l'endroit où il nous fallait la traverser. Dans ce chemin nous retrouvâmes les pas du cheval noir, évidemment il avait passé là avant nous, venant de la rivière qu'il avait aussi traversée.

Cette découverte me fit faire mille réflexions : quel pouvait être cet Indien qui s'aventurait ainsi de l'autre côté de la rivière dans le temps de guerre où nous étions ; un motif bien puissant devait l'attirer, car il courait danger de mort.

Si c'était Océola quelle raison pouvait lui faire commettre une telle imprudence ? La pensée me vint qu'il était peut-être là en éclaireur ; malgré toutes ces réflexions, je me sentais en proie à de pénibles pressentiments. Après avoir traversé, nous retrouvâmes les traces du même cavalier, et nous nous mîmes à les suivre.

Je répondais d'une manière évasive aux questions que Gallagher, intrigué de ma persistance, ne cessait de m'adresser, j'étais atterré de ce que je croyais découvrir. La piste que je suivais me conduisit à un petit bosquet de magnolias, là elle s'arrêtait.

Ma stupéfaction fut au comble en constatant qu'auprès de l'empreinte des fers du cheval noir, on voyait ceux d'un cheval plus petit et qui devait être tout jeune. Jacques qui, comme nous, observait le sol, s'écria :

— Ce sont les pieds de White-Fox; mademoiselle Virginie est venue certainement par ici.

XLVII

QUI MONTAIT WHITE-FOX.

Je sentais ma tête tourner, mais il fallait cacher mes impressions.

Gallagher, de son côté, était surpris, non à la vue de ce que nous venions de trouver, mais par l'importance que je paraissais y attacher. Il avait vu l'anxiété avec laquelle j'observais ces traces, et maintenant, pâle et tremblant, j'étais incapable d'articuler un mot.

— Qu'y a-t-il, Georges? mon garçon, croyez-vous que cet Indien a fait quelques ravages dans vos plantations ou soit venu là pour vous espionner?

Sa question m'aida à trouver ma réponse, et, cachant la véritable cause de mon trouble, je lui dis avec vivacité :

— Oui, c'est cela; je suis sûr que c'est un espion qui venait s'entendre avec des esclaves, car les traces que vous voyez là appartiennent à un jeune cheval de chez vous; quelqu'un d'eux l'aura monté pour retrouver cet Indien; dans quel but? c'est ce que je ne saurais vous dire.

— Maître Georges, me dit Jacques, personne à l'habitation n'oserait monter White-Fox, excepté...

— Jacques, interrompis-je, courez en avant annoncer notre arrivée à ma famille !

Mon ordre était trop positif pour ne pas être immédiatement exécuté; aussi Jacques, sans chercher à finir sa phrase, disparut au galop.

Après son départ, je jetai les yeux sur mon compagnon. Je voyais à sa figure combien il était intrigué et surpris de ma contrainte, car il n'admettait le doute en rien, et sa langue n'avait jamais exprimé un autre sentiment que celui qu'il ressentait.

Le sentier où nous nous trouvions étant trop étroit pour permettre à nos chevaux de marcher de front, je pris le devant, servant de guide à Gallagher, et, silencieux, nous avançâmes vers la maison. Mon cheval connaissant le chemin, je lui rendis les rênes et le laissai aller seul. Je retrouvais encore sur le chemin les traces du petit poney, mais j'étais fixé et n'y attachai plus d'attention, je savais où il avait été et d'où il était parti.

Oui, nulle autre que ma sœur Virginie n'avait pu le monter; Jacques avait dit vrai, personne, à l'habitation, n'eût osé prendre cette petite bête, vraie miniature, et présent qu'elle tenait de moi. Elle seule avait pu venir dans le bosquet, cependant ne serait-ce pas Viola qui montait quelquefois White-Fox; mais pourquoi cette entrevue avec le Séminole? Dans un mauvais dessein? Elle n'en était pas capable.

Pendant que je me livrais à diverses conjectures, mes yeux s'arrêtèrent sur un lambeau de soie accroché aux branches d'un petit arbre, et qui devait avoir été arraché d'une robe au passage de la personne qui la portait. A cette vue, mes doutes tombèrent; dans tout le pays, nulle autre que ma sœur n'était de condition à porter une semblable étoffe; je pressai le pas de mon cheval, feignant de n'avoir rien vu, et espérant que mon compagnon n'en ferait pas la remarque. Mais Gallagher avait de bons yeux; étendant le bras en passant, il attira à lui la branche, et saisit le chiffon qu'il examina avec surprise.

Pour empêcher toute question de sa part, je mis mon cheval au galop en lui criant de me suivre, et dix minutes après, nous arrivions sur la pelouse, devant la maison où ma mère et ma sœur se trouvaient pour nous souhaiter la bienvenue.

Ma sœur était vêtue d'une amazone; elle avait un chapeau orné de plumes, posé sur ses cheveux blonds, dont les boucles épaisses retombaient sur ses épaules.

XLVIII

FROIDE POLITESSE.

Après être descendu de cheval, je reçus silencieusement les baisers de ma mère et de ma sœur. Ma mère, étonnée de ma froideur et de la réserve avec laquelle Gallagher les saluait, ne put s'empêcher d'en faire la remarque.

De tous les quatre ma sœur parut la moins embarrassée. Elle témoignait une grande joie de notre arrivée.

— Etes-vous montée à cheval? lui demandai-je sans affectation, en regardant son amazone.

— Oui, me répondit-elle, je suis allée me promener sur mon petit Fox.

— Seule?

— Toute seule.

— Est-ce prudent, ma sœur?

— Je le fais souvent; que voulez-vous que je craigne? Il n'y a plus dans les bois ni loups, ni panthères, et mon petit poney est trop vif pour qu'un ours ou un caïman puisse l'atteindre.

— Vous pourriez rencontrer des créatures humaines plus à craindre que les bêtes sauvages.

— Quelles créatures? fit-elle en imitant mon intonation.

— Des Peaux-Rouges, des Indiens.

— C'est ridicule, mon frère, il n'y a pas d'Indiens dans les environs, du moins des gens que nous ayons sujet de craindre. Ne vous l'ai-je pas écrit, vous arrivez d'une terre où derrière chaque buisson se cache un ennemi, eh bien! sachez qu'à moins que vous n'ayez apporté des Indiens dans vos poches, vous n'en trouverez pas un ici. Ainsi, messieurs, vous pouvez aller dormir sans craindre d'être réveillés par le Yo-ho-hee.

— Etes-vous bien certaine de cela, miss Randolph? demanda Gallagher, se mêlant à la conversation avec son accent irlandais: votre frère et moi nous avons de fortes raisons pour croire qu'il existe un Indien qui a souvent poussé le cri de guerre, et qui n'est pas bien loin de Sawanée.

12

— Miss Randolph! repartit ma sœur en riant aux éclats. où avez-vous pris cette manière si froide de m'interroger? Autrefois, pour vous, je m'appelais Virginie, Virgin ou même Gin, et pour ce Gin je vous aurais volontiers poignardé, oui, je l'aurais fait, monsieur Gallagher, si vous n'aviez cessé de me nommer ainsi. Il n'y a guère que trois mois que nous nous sommes rencontrés; c'est à peine aussi s'il y en a deux que mon frère nous a quittées, et vous voilà devant moi, l'un solennel comme Solon, l'autre sombre comme Socrate. Je crois que si Georges était resté absent un peu plus de temps, il m'appellerait volontiers aussi miss Randolph. Est-ce donc la mode au Fort?

— Mes amis, reprit-elle en frappant du bout de sa cravache la balustrade sur laquelle elle s'accoudait, vous allez me dire la raison de votre changement, car, sur ma parole, vous n'aurez pas à dîner avant de me l'avoir expliqué.

Deux mots sur les relations de Gallagher avec ma famille me paraissent indispensables ici. Ce n'était un étranger ni pour ma mère, ni pour ma sœur, il les avait rencontrées souvent pendant que nous étions dans le Nord. Comme mon meilleur ami, il avait eu de fréquentes occasions de se trouver avec Virginie, et il régnait entre eux assez d'intimité pour qu'il pût se permettre d'appeler ma sœur par son nom de jeune fille et même par les diminutifs qu'il y imaginait; je comprenais donc l'étonnement de ma sœur en s'entendant traiter de miss.

Les paroles que mon ami venait d'adresser à ma sœur, quoique très-polies, n'étaient donc pas ce qu'elles avaient coutume d'être, et je trouvai tout naturel qu'elle en demandât l'explication.

— Vite, dit-elle, en abattant les feuilles de vigne à portée de sa cravache, est-ce une plaisanterie, est-ce sérieux? Expliquez-vous ou je tiens ma parole en allant moi-même arrêter les cuisiniers.

Malgré ses sombres dispositions, Gallagher ne put s'empêcher de sourire de la punition dont ma sœur nous menaçait, et je parvins à balbutier quelque chose qui ressemblait à une explication.

— Vraiment, ma sœur, nous sommes trop fatigués et surtout trop affamés pour jouer. Pensez que nous voyageons depuis longtemps et sous un soleil brûlant, ni l'un ni l'autre n'avons rien pris depuis notre sortie du Fort, et notre déjeuner, avant de partir, n'était guère somptueux : un peu de gâteau de maïs avec du café bien faible et du porc salé; il nous tarde de manger des biscuits de votre façon et de la volaille que tante Cheba, la cuisinière, sait si bien apprêter. Allons, je vous en prie, faites-nous donner à dîner, et vous verrez si la gaieté ne nous revient pas.

Satisfaite par ces raisons, ou du moins paraissant l'être, elle nous quitta en souriant pour ôter son amazone, et nous promit que nous serions bientôt servis.

. . . .

Pendant le dîner je fis mon possible pour sembler gai, et Gallagher m'imita. Ma mère crut à notre satisfaction; mais Virginie, qui nous observait attentivement, ne s'y trompa pas : par les malices qu'elle nous dit, elle nous prouva bien que nous n'avions pas l'air naturel.

XLIX

LE CARACTÈRE DE MA SŒUR.

Les choses restèrent dans le même état pendant la fin de cette journée, et celles qui suivirent; nous fûmes très-réservés les uns vis-à-vis des autres.

Je désirais avoir avec ma sœur une explication qui vînt m'éclairer. J'attendais une occasion qui s'était déjà présentée plusieurs fois, il est vrai, mais le courage m'avait manqué.

Moralement et physiquement, ma sœur ressemblait beaucoup à ma mère. C'était une de ces femmes qui n'ont jamais été soumises à une sévère discipline, et qui n'admettent pas qu'on puisse les forcer à faire quelque chose autrement que par la persuasion. C'est là un caractère malheureusement commun parmi les Américaines.

Virginie n'avait jamais été contrôlée par ses parents pas plus que par ses professeurs. Quand on la mit en pension, ce fut avec la recommandation de lui laisser toute liberté. Une chose ajoutait à son indépendance : elle avait le maniement de sa fortune depuis la mort de notre père.

Aux Etats-Unis, on ne connaît pas le droit d'aînesse. Si le congrès de Washington avait admis le droit d'aînesse, la grande république américaine serait depuis longtemps une oligarchie (1).

Mon père, maître de sa fortune et libre d'en disposer, avait agi selon son cœur en la partageant entre ses deux enfants; ma

---

(1) Cette affirmation de l'auteur est très-contestable.

mère ne fut pas dépouillée pour cela, mais la plupart des propriétés appartenaient à Virginie et à moi.

Les biens de ma sœur étaient donc complètement distincts de ceux de notre mère et des miens; elle n'était retenue auprès de nous que par son amour filial et fraternel.

Si je suis entré dans tous ces détails, c'est afin qu'on comprenne bien dans quelle position délicate j'étais placé vis-à-vis de ma sœur.

Il fallait en finir. J'attendis avec anxiété le moment de trouver seule ma sœur Virginie, et je fus servi par le hasard, car à peine avais-je pris cette détermination que je l'aperçus près du lac, seule et paraissant très-gaie. Hélas! pensais-je en allant à sa rencontre, je vais changer cette joie en pleurs!.

— Sœur? lui dis-je...

Elle ne m'entendit pas ou feignit de ne pas m'entendre.

— Sœur? répétai-je plus distinctement.

— Que me voulez-vous? demanda-t-elle sans me regarder.

— Je vous demande, Virginie, de venir causer un moment avec moi.

— Oh! ce doit être un grand bonheur pour moi, car, depuis votre arrivée, vous m'avez accordé si peu d'attention que je ne puis qu'être flattée de votre demande. Pourquoi n'avez-vous pas amené votre ami, afin que lui aussi puisse parler un peu. Le silence commence à vous peser à tous deux, mais si cela vous plaît, vous pourrez continuer à vous taire, je ne m'en tourmente pas. Et elle se mit à chanter :

« Vous savez bien qu'un vaisseau Yankee
» Et son équipage Yankee
» Ne se rendront jamais tant qu'ils verront
» Un peu du bleu dans le ciel
» Et qu'il restera un matelot
» Soit dans les huniers, soit sur le pont du navire. »

— Viens, Fan, dit-elle à son chien, n'approche pas tant du bord, tu pourrais faire un plongeon.

— Je vous en prie, Virginie, cessez ces plaisanteries, j'ai à vous parler de choses sérieuses.

— Sérieuses, qu'est-ce donc ?

Et elle partit d'un éclat de rire.

— Je vous assure, ma sœur, que je parle sérieusement !

— Eh ! qui vous dit le contraire ? ce n'est pas moi, mon ami !

— Ecoutez, Virginie, j'ai quelque chose d'important, de très-important à discuter avec vous, et cela depuis mon retour.

— Pourquoi ne l'avez-vous pas fait déjà ? Me suis-je cachée de vous ?

— Non, mais pour dire la vérité...

— Allez, frère, je suis prête à vous écouter si, comme je crois le lire dans vos yeux, c'est une demande, présentez-la.

J'étais fatigué de tant de circonvolutions, je voulus en finir.

— J'ai à vous parler d'Océola, lui dis-je.

— Quoi ! le jeune chef des Séminoles de notre ancien camarade Powel, vous n'auriez pu choisir un sujet qui m'intéressât davantage.

— Qu'avez-vous à me dire à propos de lui, Georges ? J'espère que rien de fâcheux ne lui est arrivé.

— Rien, que je sache, mais le malheur est sur des êtres qui me sont plus chers et plus proches.

— Je ne vous comprends pas, frère mystérieux !

— Vous allez me comprendre, et je vous demande de répondre avec franchise, si vous faites quelque cas de mon estime et de mon amitié.

— Parlez, monsieur, je n'ai pas besoin de menaces pour dire la vérité.

— Alors, répondez-moi, Virginie, ne voyez-vous pas souvent Powel, Océola ?

Elle me répondit par un éclat de rire.

— Il n'y a rien de risible dans ce que je vous demande.

— Pardon, c'est très-amusant.

— Pas de persiflage, Virginie, et répondez.

— Jamais à une question aussi ridicule.

— J'ai pourtant de bonnes raisons pour vous l'adresser.

— Voyons ces raisons.

— Vous avez eu avec lui un entretien dans la forêt; j'en ai les preuves. Nous avons rencontré le chef; il nous a vus et nous a évités. Nous avons suivi ses traces et remarqué celles du poney.

— Oh! fit-elle, vous êtes de bons espions, vous et votre ami! Quels gens subtils et précieux en temps de guerre! Ah! voilà votre grand secret, la raison de vos étranges manières et de vos visages de mauvaise humeur. Je dois être bien reconnaissante à des tuteurs si chevaleresques.

— Virginie, vous me rendez fou; répondez-moi, vous êtes-vous rencontrée avec Océola ?

— Eh bien! puisque vous m'avez espionnée, je ne nierai pas, oui, j'ai vu le chef. Deux personnes ne peuvent-elles se croiser dans une promenade, par hasard, sans éveiller la malveillance ? Ne pourrais-je pas avoir quelque affaire avec le chef des Séminoles? Vous ne savez pas tous mes secrets et je n'ai pas l'intention de vous les dire.

— Ce n'était pas une rencontre fortuite.

— Non.

— Ma sœur, je dois insister, je veux tout savoir. Je l'exige. Nous sommes en guerre avec ceux de sa nation, et...

— Ah! vous l'exigez, alors je me tais. Quand vous m'imploriez, j'avais presque envie de tout vous dire. Maintenant, vous ne saurez rien de plus. Tout ce que vous ferez sera inutile; je vais m'enfermer dans ma chambre, et je n'en sortirai que quand vous m'aurez promis de vous conduire en gentleman. Adieu, Georges.

Et elle partit en reprenant sa chanson :

« Vous savez bien qu'un vaisseau Yankee
» Et son équipage Yankee
Ne se rendront jamais tant qu'ils verront
» Un peu du bleu dans le ciel
» Et qu'il restera un matelot
» Soit dans les huniers, soit sur le pont du navire. »

Désappointé, mortifié, je demeurai longtemps à la même place sans savoir quel parti prendre.

L

LES VOLONTAIRES.

Ma sœur tint sa parole et garda la chambre tout le jour et le lendemain jusqu'à midi. Je la vis alors sortir en amazone, monter sur son poney et disparaître.

Je sentis que je n'avais nulle prise sur cet esprit capricieux, et que je perdais mon temps en cherchant à la contrôler, puisqu'elle ne reconnaissait pas mon autorité.

Je jugeai prudent d'attendre que les circonstances me forçassent à parler, et, pendant les quelques jours qui suivirent l'explication, la plus grande froideur régna entre nous. Ma mère en parut étonnée, et il me sembla que son affection pour moi n'était plus aussi vive que jadis. Ses reproches me troublaient, et je fus sur le point de lui dire qu'elle était la cause première de mon ressentiment; mais à quoi bon? elle ne m'aurait pas cru.

Vers ce temps-là j'appris qu'un grand changement avait eu lieu dans la position de Kinggold, son père avait été étouffé par un accès de colère. Une artère s'était brisée tandis qu'il infligeait une correction à l'un de ses esclaves, et il était tombé comme frappé par la main de Dieu.

Areus, le fils unique, était donc possesseur de toute cette fortune mal acquise. Il avait une plantation immense, trois cents esclaves, et on le disait encore plus avare qu'auparavant.

Loin d'interrompre ses relations avec ma famille, il était presque constamment chez nous avant mon arrivée, et le public le regardait comme le fiancé de Virginie.

J'appris avec regret que ma mère le recevait mieux que jamais depuis qu'il se trouvait le seul titulaire d'une grande fortune. Je me sentais mal à l'aise dans ma propre maison, aussi n'y restais-je pas souvent; j'étais presque toujours dehors avec Gallagher, qui fut naturellement notre hôte durant tout mon séjour à Sawanée.

Nous nous occupions de notre mission, et une fois libres nous partions à la chasse. Nos devoirs militaires n'étaient pas trop fatigants, nous avions fini à midi; nous nous bornions à exercer les volontaires déjà enrôlés et à les mettre en état de pouvoir suivre l'armée en cas de besoin.

Une vaste maison située au centre du village servait de

quartier, et c'était là que nous allions faire faire les manœuvres.

Les soldats appartenaient en général à la classe des petits propriétaires demeurant sur le bord des marais, vivant du produit de leur hache et de leur fusil. Le vieux Hickman en faisait partie. J'y retrouvai aussi Spence et William, dont je fis l'objet d'une sévère surveillance, car je connaissais ces scélérats. Les officiers étaient choisis parmi les plus riches et les plus influents des planteurs. Beaucoup de ces messieurs avaient des titres plus élevés que celui de Gallagher et le mien; il se trouvait, parmi des colonels, des majors; néanmoins ils nous devaient tous obéissance. En temps de guerre, un simple lieutenant peut commander aux chefs d'une milice.

La réputation de mon ami comme très-brave soldat ne servit pas peu à lui donner de l'autorité, surtout auprès de quelques vieux qui, dans leur jeunesse, ayant, sous les ordres de Hickory, pris part à la guerre de Creck, se croyaient experts dans l'art militaire.

Enfin, à tout bien considérer, nous n'avions pas trop de désagréments, nous ne manquions ni de vin de Champagne, ni de cigares, que les planteurs voisins, très-hospitaliers, nous fournissaient abondamment, et si Gallagher et moi avions été portés à la dissipation, nous n'eussions pu trouver un meilleur quartier.

Si j'avais été heureux chez moi, je me serais facilement habitué à cette vie. Chez moi! mais je n'avais plus de chez moi, je ne connaissais plus mon intérieur.

LI

INCOMPRÉHENSIBLE CHANGEMENT.

Depuis mon entretien avec ma sœur, les manières de Gallagher avec elle avaient complètement changé. Ils étaient maintenant dans des termes aussi amicaux que jadis, et jouaient, chantaient et riaient ensemble comme autrefois, c'est-à-dire comme frère et sœur.

Il n'existait entre eux qu'une franche amitié. Mon camarade, cependant, me négligeait de jour en jour davantage, il n'aimait plus la chasse, et si le lieutenant n'eût pas été là pour le remplacer, l'instruction des volontaires aurait été bien peu avancée.

LII

MON RAPPORTEUR.

J'étais un jour occupé à lire, assez près de l'étang, lorsque j'entendis mon fidèle noir appeler :

— Maître Georges ?

Je lui répondis sans lever les yeux de mon livre.

— Je vous cherche depuis le matin, me dit-il, car j'ai besoin de causer avec vous.

Dans ces paroles il mit un ton solennel si étrange à son caractère que je quittai mon livre pour le regarder. Sa figure ne démentait pas la gravité de sa voix.

— Qu'as-tu donc, Jacques ?

— Maître Georges, je n'aime pas à me mêler des affaires de la famille; mais, maître Georges, tout va de travers, oui, tout va de travers.

— Que veux-tu dire ?

— C'est la jeune demoiselle, maître, la jeune demoiselle !...

— Eh bien ! quoi ?

— Oh ! maître ! on dit que miss Virginie est fiancée à Kinggold.

— Mais, Jacques, c'est une vieille histoire. Areus a, pendant des années, cherché à obtenir la main de ma sœur, mais sans aucune espérance de succès. Ne t'inquiète pas de cela, mon vieil ami, il n'y a aucun danger que ce mariage se fasse jamais. Je ne permettrai pas cette union; tu peux être tranquille.

Il n'avait pas l'air rassuré et se grattait la tête comme s'il eût eu quelque chose à dire de plus. Quand il vit que j'attendais :

— Pardonnez-moi, maître Georges, en cela vous vous trompez beaucoup. Il fut un temps où mademoiselle Virginie ne paraissait pas accorder grande attention à ce serpent, mais actuellement les choses ont changé. Le père est mort et le fils se trouve à la tête d'un riche héritage. La vieille maîtresse lui permet volontiers l'entrée de la maison.

— Je sais tout cela, Jacques. Mais, quant à présent, le désir de ma mère ne signifie rien; ma sœur est maîtresse d'elle-même et jamais elle ne consentira à épouser Areus.

— Pardonnez-moi, maître Georges, vous vous trompez; elle a déjà presque consenti.

— Qui a pu te donner cette idée, mon garçon ?

— C'est Viola, maître. La quarteronne me dit tout; c'est une bonne fille, franche comme un fusil.

— Que t'a-t-elle dit à propos de ma sœur et de Kinggold ?

— Elle m'a raconté ce qu'elle voit tous les jours.

— Tous les jours ! mais il y a longtemps qu'il n'est venu ici !

— Détrompez-vous, maître. Areus passe à l'habitation presque toutes ses après-midi.

— Tu es dans l'erreur, je ne l'y ai jamais aperçu, ni entendu dire qu'il fût venu.

— Malgré cela, maître, il est venu et je l'ai vu moi-même. Il était hier ici pendant que vous et votre ami vous vous trouviez avec les volontaires, et chaque fois que vous allez à la chasse, il vient.

— Jacques, dis-je à mon domestique en lui cachant ce que je ressentais, chaque fois que je serai absent de la maison, tu n'en bougeras pas et tu surveilleras tout ce qui s'y passera. La première fois que tu verras Areus Kinggold entré, tu prendras un cheval et tu viendras me chercher aussi vite que possible.

— Comptez sur moi, maître, je le ferai.

. . . .

Malgré ma certitude de la répulsion qu'éprouvait ma sœur pour Areus, les paroles du nègre ne laissaient pas que de me préoccuper. Jacques avait trop de perspicacité, aidé par les renseignements de Viola, pour s'être induit en erreur.

LIII

LE VIEIL HICKMAN.

Le lendemain, je me rendis comme de coutume au quartier. Gallagher m'accompagnait, car ce jour-là nous devions recevoir le serment de chaque volontaire et sa présence était indispensable.

Nos hommes étaient assez nombreux, mais représentaient peu, n'ayant pas d'uniformes. Ils étaient tous à cheval, et comme la monture leur appartenait, il en résultait, ainsi que dans les armes, une grande inégalité.

La plupart avaient des carabines rayees, d'autres de vieux mousquets du temps de la révolution. On voyait aussi quelques fusils doubles, qui, chargés de gros plomb, rendent de bons services dans une escarmouche avec les Indiens. Il y avait des pistolets de plusieurs calibres, depuis le plus grand jusqu'au pistolet de poche, mais pas de revolvers, car le fameux Colt n'était pas encore connu.

Chaque volontaire portait un couteau à la ceinture ou une petite hache semblable à celle des Indiens, destinée à se frayer un passage dans les bois et à casser la tête à un ennemi dans une lutte corps à corps.

Les chevaux offraient les échantillons les plus disparates des différentes races : auprès du pesant cheval de labour trottait le petit andalous natif de la contrée; une haridelle à côté d'un cheval arabe, et quelques mulets d'Amérique et d'Espagne caparaçonnés qui, ne pouvant être comparés au cheval de bataille, ne laissent pas que d'avoir leur utilité dans la guerre contre les Indiens, car ils ont le pied sûr et sont préférés par bien des chasseurs.

Quelques officiers portaient des uniformes ou demi-uniformes; quant aux autres hommes, ils offraient l'assortiment le plus hétéroclite; les coiffures étaient aussi fort étranges : bonnets de peau, chapeaux de laine, de feutre, de paille, à larges bords rabattus, à petits bords retroussés, bonnets de police, tous les échantillons s'y trouvaient.

Cependant, tous n'avaient qu'une même idée, c'était de se trouver face à face avec l'ennemi, dévastateur de leurs terres.

Chaque fois que je les passais en revue ils me demandaient quand arriverait le moment de livrer bataille; le vieux Hickman était le plus empressé. Son âge et son expérience lui avaient valu le grade de sergent, et nous causions fréquemment ensemble, il m'était dévoué et, ce jour-là même me voyant soucieux, il me donna la preuve de son attachement à ma famille en me parlant ainsi :

— Lieutenant, j'aimerais mieux qu'un Indien prit mon scalp que de voir votre sœur épouser Areus! Tout le monde les dit fiancés.

— Comment *tout le monde* peut-il savoir cela?

— Dame, c'est le bruit qui court dans le district, mais si je m'appelais Georges Randolph, je ne souffrirais pas que ma sœur devînt la femme de cet homme, malgré tous ses dollars. Je vous dis, Randolph, qu'il la rendra malheureuse toute sa vie.

— Je vous remercie de l'intérêt qui vous fait parler, Hickman, mais je crois que l'événement que vous redoutez n'est pas probable.

— J'ai entendu pourtant dire que c'était une chose arrêtée, et si je n'avais pas été un bon ami de votre père, et le vôtre, je n'aurais pas pris cette liberté. Nous pouvons détester les Indiens, mais pas un seul parmi eux n'est aussi voleur que le père et le fils Kinggold. Le père doit avoir de rudes comptes à rendre pour tous les tours qu'il a joués ici-bas; quand ce ne serait que pour les injustices qu'il a faites aux pauvres sang-mêlés de l'autre côté de la rivière.

— Vous voulez dire les Powel?

— Oui! c'est la plus grande friponnerie que je connaisse.

— Vous savez alors toute cette histoire?

— Oui, certainement, ainsi que tous les tours et détours du jeu. Avant cela, je n'aurais jamais cru un gentleman capable d'une pareille bassesse.

Hickman me détailla l'histoire de cette malheureuse famille. Les Powel avaient été violemment chassés, et ce départ avait été très-pénible à la pauvre veuve. Non-seulement la terre se trouvait une des meilleures du canton, et la plantation une des plus belles, mais le souvenir de son mari l'attachait à ce toit.

Hickman, témoin du déménagement, me le décrivit dans des termes vulgaires, mais pleins de sentiment, me montrant la douleur de la mère, les pleurs de la fille, et les reproches menaçants d'Océola. La pauvre femme avait offert toute sa fortune personnelle, les bijoux même qu'elle tenait de son mari, pour obtenir de garder la maison dans laquelle elle avait été élevée et avait passé ses meilleurs jours, mais ses prières restèrent vaines.

C'était un honnête homme que le vieil Hickman; il détestait l'injustice, et ses paroles simples et convaincues ranimèrent l'indignation que j'avais éprouvée la première fois que j'entendis ce récit, en même temps que je sentais se réveiller pour Powel toute ma sympathie.

LIV

MESSAGE PRESSÉ.

Nous nous étions retirés un peu à l'écart pour causer plus librement ; j'avais une grande foi en l'amitié d'Hickman pour ma famille et dans son dévouement pour moi personnellement, et je fus tenté de lui raconter mes angoisses. Je savais que ce serait un conseiller un peu rude peut-être, mais le plus sage que j'eusse à désirer. Personne n'était doué de plus d'expérience et de plus de connaissance du monde, car Hickman n'avait pas toujours vécu dans les bois. Je pouvais me confier à son jugement.

Il savait la résurrection de Jacques le Jaune, et disait même n'avoir jamais cru à sa mort ; peut-être aussi connaissait-il les trames d'Areus Kinggold contre moi, car lorsque je prononçai ce nom, ainsi que ceux de Spence et William, il me jeta un coup d'œil significatif, comme s'il eût eu quelques observations à me faire au sujet de ce trio.

J'attendais ce qu'il allait me dire, lorsque le galop précipité d'un cheval retentit sur la route. Je regardai, c'était Jacques, sur mon cheval blanc. Je me montrai ; alors, détournant sa monture, il vint s'arrêter à l'endroit où je me trouvais, et me dit à l'oreille qu'Areus Kinggold était à la maison.

— Il est là, maître Georges, murmura-t-il.

Je gardai mon calme, à cette nouvelle, car je ne voulais pas que Hickman éprouvât le moindre soupçon de ce que Jacques venait m'apprendre. Aussi, renvoyant le noir, j'accompagnai

Hickman jusqu'à la maison-caserne, où il se mêla à ses camarades.

Aussitôt je courus à mon cheval, et, sans prévenir personne, même Gallagher, je pris la route de l'habitation, non par le chemin ordinaire, mais à travers un petit bois qui s'étendait derrière l'église.

En agissant ainsi, je voulais détourner l'attention d'Hickman et de ceux qui auraient pu remarquer l'arrivée précipitée de mon domestique, et qui me voyant retourner immédiatement chez moi, se seraient peut-être livrés à des suppositions que je désirais éviter.

Après ce petit détour, je me retrouvai sur la route; et, mettant les éperons aux flancs de ma bête, je partis comme s'il se fût agi d'une question de vie ou de mort.

Je tenais à arriver à la maison, avant que le visiteur clandestin n'eût le temps de faire ses adieux. Je n'avais aucun projet sanguinaire, quoique je fusse outré de ce que je venais d'entendre; mon intention était d'entrer sans être vu, pour trouver les trois personnes réunies; de demander une explication, et de m'éclairer ainsi sur les desseins de ma famille.

Oui, tous trois devraient avouer leurs projets, sinon... sinon, comme je ne pouvais prendre d'alternative avec ma mère et ma sœur, je chasserais Kinggold de la maison dont j'étais désormais le maître, en lui défendant d'y reparaître jamais.

Quant à l'étiquette, je ne m'en occupais pas, et je ne me sentais pas d'humeur à l'observer; mes manières ne seraient jamais trop rudes avec un homme qui voulait m'assassiner.

LV

CADEAU DE FIANÇAILLES.

Ainsi que je l'ai dit, mon intention était de faire mon entrée à l'improviste, par conséquent je devais prendre quelques précautions en arrivant près de la maison. Quittant donc la route principale, je suivis un sentier qui débouchait derrière les bâtiments, et qui, du hommock, me menait dans l'orangerie, d'où je pouvais entrer sans qu'on me vît dans le vestibule. Je n'étais pas en vue. Les esclaves, seuls, pouvaient me remarquer, mais peu m'importait.

Mon messager, suivant mes ordres, m'attendait à l'endroit désigné; je lui fis signe de me suivre jusqu'au hommock. Là, nous descendîmes de cheval; et, laissant les montures à sa garde, je me dirigeai seul vers la maison.

Je me trouvais dans une étrange situation : m'avançant vers le toit de mon père, comme le sauvage qui approche de son ennemi endormi, mes jambes tremblaient à ne poouvoir me porter, mon cœur bondissait dans ma poitrine. Je m'arrêtai un instant indécis, tant la situation où je me trouvais me semblait pénible.

En ce moment, des sons qui venaient de l'orangerie firent renaître ma colère : c'étaient les éclats de rire de ma sœur et de ma mère, mêlés à la voix aigre et perçante du méprisable Areus. Je me mis à écouter; et, avançant doucement, écartant les branches qui pouvaient gêner mon passage, j'arrivai assez près d'eux pour les voir à travers les feuilles, et ne pas perdre un mot de leur conversation.

Je me trouvais à temps pour entendre une demande en mariage, une demande formelle, qui me fit bondir d'indignation. Etait-ce ce qui avait excité le rire de ma sœur?

— Vraiment, monsieur Kinggold, disait-elle, est-ce bien sérieux?

— Oh! miss Randolph, ne vous moquez pas. Vous savez bien que depuis de longues années c'est mon plus cher espoir.

— Vraiment! comment aurais-je pu le savoir?

— Ne vous l'ai-je pas dit cent fois?

— Oh! je ne croyais pas que je dusse prendre cela au sérieux. La langue est une grande menteuse, monsieur Areus.

— Mais mes actions sont une preuve de ma sincérité. Ne vous ai-je pas offert ma fortune et ma main; cela ne suffit-il pas pour vous convaincre?

— Me prenez-vous pour une sotte? vous m'offrez votre fortune : mais si vous m'épousez, elle n'en restera pas moins entre vos mains, et le peu que j'ai viendra même l'augmenter. Puis, ce n'est pas la main qu'on offre devant Dieu, dans le mariage, c'est le cœur.

— Vraiment, vous êtes trop sévère; combien de fois, depuis si longtemps déjà, ai-je voulu prier madame votre mère de m'accorder votre main?

— Pourquoi donc ne l'avez-vous pas fait?

— Je n'étais pas mon maître, j'étais sous le contrôle de mon père. Cet obstacle n'existe plus aujourd'hui, et je viens vous adresser ma demande, avec la permission de madame votre mère.

— Laissez-moi vous dire, monsieur Areus, que vous ne jouissez pas d'une excellente réputation. On dit que vous n'êtes pas généreux. Vous pourriez bien vous opposer à mes petites dépenses, poursuivit ma sœur en riant.

— Mes ennemis me calomnient : je vous jure qu'en cela vous n'aurez jamais à vous plaindre de moi.

— Votre serment ne suffit pas pour me rassurer, monsieur Kinggold; depuis que nous nous connaissons, vous ne m'avez jamais fait un cadeau.

— Si j'avais eu l'espoir qu'il fût accepté, je l'aurais fait, miss Randolph; tout ce que je possède au monde est à vous.

— Alors je vais vous mettre à l'épreuve.

— Qu'ordonnez-vous ?

— Ho! je ne vais pas vous demander une bagatelle, un cheval, un chien, ou quelque bijou; ce n'est rien de tout cela que je veux.

— N'importe quoi; ma fortune est à vos pieds; et ce que vous désirez, dût-il m'en coûter une partie, je n'hésiterais pas. Parlez seulement.

— Ce que vous dites m'enhardit : il s'agit de quelque chose dont j'ai envie, et que j'étais dans l'intention de vous prier de me vendre.

— Mais que voulez-vous dire, miss Randolph?

— Enfin, c'est une plantation.

— Une plantation? fit-il avec surprise.

— Oui, c'est bien cela, une plantation, non la vôtre, mais une de celles dont vous êtes propriétaire.

— Ah!

— Je veux parler de celle qui a appartenu à cette famille de sang-mêlé, sur le Tupelo-Creek; votre père l'avait achetée, je crois, dit-elle, en appuyant avec intention sur le mot *achetée*.

— Oui, oui, en effet, répondit Kinggold avec embarras; mais excusez mon étonnement, miss Randolph; pourquoi vouloir cela, quand vous pouvez devenir maîtresse de tout ce que je possède?

— C'est mon affaire; j'en ai envie pour plusieurs raisons; c'est un endroit qui me plaît, et j'y vais souvent; enfin, oui ou non, voulez-vous me la donner?

— Mais si je fais cela?.....

— Si vous commencez par y mettre des conditions, je n'en veux plus, quand vous me demanderiez à genoux de l'accepter.

— Alors, je me tais, miss Randolph, la plantation est à vous.

— Oh! ce n'est pas tout, monsieur Areus; vous pourriez me la reprendre aussi facilement que vous me l'avez donnée, il me faut les titres de propriété.

— Vous les aurez.

— Quand?

— De suite, si vous le désirez.

— Oui, allez les chercher; et n'oubliez pas, monsieur, que c'est sans aucune condition, n'oubliez pas cela.

— Ah! s'écria l'autre avec joie, pas de conditions : je m'en rapporte à vous. Dans une heure vous aurez ces titres. Adieu.

Et il partit précipitamment.

Je fus tellement abasourdi de la fin de ce tête-à-tête, que je restai comme cloué à ma place; et Kinggold était déjà loin, quand je pus rassembler mes idées, et me demander si je devais le suivre ou non.

Mais Virginie venait de rentrer à la maison avec ma mère; je laissai partir Areus, et me mis à la recherche de ma sœur pour lui parler.

Je la trouvai au salon avec notre mère, et là eut lieu une scène assez orageuse. Sans circonlocutions, sans écouter nul appel, sans admettre aucune explication, je racontai ce que j'avais vu et entendu, caché dans le chêne vert, déclarant que l'homme qui venait de quitter ma maison voulait m'assassiner.

— Maintenant, Virginie, ma sœur, épouserez-vous cet homme?

— Jamais, Georges, jamais ; je n'en ai même jamais eu l'intention, répéta-t-elle avec assurance, en se laissant tomber sur un canapé, la figure cachée dans les mains.

Tandis que je m'efforçais de convaincre ma mère plus incrédule et qui voulait des preuves pour me croire, j'entendis mon nom prononcé à haute voix. Courant sur le balcon je vis un cavalier en uniforme bleu. C'était un dragon, un messager du fort ; il était couvert de poussière et son cheval était blanc d'écume. On voyait qu'il avait voyagé rapidement ; il me remit une dépêche écrite à la hâte, adressée à Gallagher aussi bien qu'à moi, laquelle contenait ces mots :

« Amenez vos troupes aussi vite que possible : nous sommes cernés par un nombre considérable d'ennemis, et nous avons besoin de toutes nos forces. Ne perdez pas un instant. — Clinch. »

LVI

EN ROUTE.

Je devais obéir au moment même; heureusement mon cheval était encore sellé et, moins de cinq minutes après, je galoppais sur la route pour exécuter les ordres que je venais de recevoir.

La nouvelle fut accueillie par des hourras sauvages, et l'enthousiasme aidant, nous nous trouvions prêts à partir une heure après la réception de la dépêche. Rien ne vint nous retarder, les trompettes sonnèrent le départ et une longue et régulière file de soldats marchant deux à deux prit la route du fort.

Je retournai chez moi pour dire adieu en toute hâte et je partis le cœur allégé par la certitude qu'il n'y avait du moins pas de danger que ma sœur épousât Areus, maintenant qu'elle était au fait de la haine de celui-ci contre moi.

Tout en marchant, le militaire qui avait apporté l'ordre nous racontait ce qui s'était passé au fort et bien des événements dont nous n'avions pas eu connaissance.

Plusieurs villages indiens avaient été abandonnés et brûlés par leurs habitants, après qu'ils eurent emmené les femmes, les enfants et le bétail. Cela prouvait la détermination de soutenir une guerre acharnée. Mais il y avait d'autres preuves aussi évidentes.

Où étaient-ils allés? Nos espions eux-mêmes n'en savaient rien, on croyait qu'ils s'étaient retirés plus au sud. D'autres les disaient réfugiés dans les grands marais qui s'étendent à plusieurs lieues autour de la source du fleuve de l'Amazura et qu'on connaît sous le nom de Cove du Ouitlacoochée. Cette dernière idée était la plus probable, quoique leur déménagement eût été effectué avec tant de mystère qu'ils n'avaient laissé aucunes traces de leur marche. Les espions les plus subtiles ne purent parvenir à découvrir leur retraite. On supposait qu'en se dérobant ainsi, ils avaient l'intention de faire des embuscades et de se porter à l'improviste sur les points les moins défendus. Dans ce cas la guerre ne serait pas facile à terminer, si l'on peut donner le nom de guerre à des marches et à des poursuites inutiles, car il était certain que les Indiens ne voudraient pas affronter les chances de la lutte à découvert et il nous serait difficile sinon impossible d'aller les chercher dans leurs retraites. Les opinions différaient sur le nombre de nos ennemis, on les estimait se monter depuis mille jusqu'à cinq mille âmes, y compris les nègres fugitifs ; mais personne n'avait de renseignements certains et tout se bornait à des conjectures. Ma pensée était qu'il y avait plus de mille guerriers patriotes. Hickman partageait cette opinion et il devait être bien renseigné, mais comment tant d'hommes pouvaient-ils trouver leur existence dans les marais, à moins qu'ils n'eussent fait de grandes provisions? Or, chacun savait bien qu'il en était tout autrement, attendu que cette année les Séminoles avaient, comme je l'ai déjà dit, négligé leurs plantations et qu'avant le conseil tenu au fort King, plusieurs d'entre eux s'étaient déjà vus réduits à demander ou à acheter des provisions aux planteurs des frontières. Quelle probabilité qu'ils pussent se procurer les substances nécessaires, pendant une longue guerre, la faim les obligerait à quitter leurs retraites et à venir demander la paix ?

Nous parlions de cela tout en cheminant et c'étaient des questions du plus grand intérêt pour nos jeunes militaires affamés de gloire ; car si l'ennemi suivait cette marche, comment gagner des couronnes ? Une campagne dans ces marais aux miasmes pestilentiels rapporterait plus de cyprès que de lauriers.

Plusieurs espéraient que la faim forcerait les Indiens à en sortir et à accepter le combat en rase campagne, mais les habitants du pays qui connaissaient leurs coutumes, assuraient qu'ils trouveraient facilement de quoi se soutenir.

— Il y a d'abord, disait le vieil Hickman, cette maudite ronce avec de grandes racines qu'ils nomment coouty, et qui pousse dans tous les marais aussi épaisse que des plantations de cannes. C'est excellent à manger et ils en font aussi une boisson.

Ils ont ensuite les glands du chêne vert qui ne sont pas mauvais, rôtis sous la cendre, et ils peuvent en trouver des milliers de boisseaux ; puis le chou palmiste qui donne un bon légume.

En fait de viande ils trouveront des cerfs en grand nombre, les caïmans aussi ne manquent pas, sans compter des tortues, des dindons, des écureuils, des serpents et des rats des sables, car le Peau-Rouge peut manger depuis le potiron jusqu'au putois.

— Les Indiens ne seront pas aussi vite affamés que vous le pensez, mes garçons.

Ce sage raisonnement produisit de l'effet sur l'esprit de ceux qui l'entendirent; après tout, l'ennemi que l'on méprisait tant serait plus à craindre qu'on ne le pensait. Nous étions partis dans un bon ordre, mais il nous devint impossible de le maintenir jusqu'au bout.

Les jeunes gens du pays, peu accoutumés aux marches militaires et à la discipline, s'arrêtaient pour boire à leurs gourdes, d'autres s'enfonçaient sans permission dans les bois à la poursuite d'un cerf ou d'un dindon.

Les remontrances des officiers n'aboutissaient qu'à obtenir des réponses plus ou moins inconvenantes.

— Les imbéciles, s'écriait Hickman, laissez-les continuer, je veux bien être mangé d'un caïman s'ils ne changent pas bientôt, je gagerais ce que l'on voudra qu'il ne se passera pas longtemps avant que l'un d'eux ne soit trépassé.

Les paroles du vieux chasseur devaient être prophétiques. Un jeune planteur se croyant aussi en sûreté que dans son champ de cannes à sucre, avait quitté les rangs pour poursuivre un cerf qu'il voyait dans la plaine. A peine eut-il disparu, que nous entendîmes deux coups de feu tirés en même temps, et quelques minutes après, le cheval, sa selle vide, revenait reprendre sa place.

Nous fîmes halte, et un détachement s'avança vers l'endroit d'où étaient parties les détonations. On ne put découvrir nul ennemi ni même de traces. Le corps du jeune homme était là gisant, percé de deux balles. Quoique forte, la leçon fut bonne pour ses camarades, et jusqu'à notre arrivée au fort, ils ne s'écartèrent plus. L'homme fut enseveli à la place où il avait été frappé. Avant le coucher du soleil, nous arrivions sans autre accident devant le fort King.

LVII

UN COUP SUR LA TÊTE.

Le fort King, à une heure de distance, ne réveillait pas en moi de bons souvenirs. Il y avait eu pendant mon absence plusieurs nouveaux arrivés, mais aucun d'eux n'attirait ma sympathie. Ils remplissaient la caserne et en rendaient le séjour plus incommode encore. Le beau Scott était toujours le premier aide-de-camp; il y avait longtemps que je ne l'avais vu, et il était tout à fait sorti de ma pensée depuis les derniers jours.

Il ne me fut pas permis de me reposer. A peine arrivé, je n'avais pas encore secoué la poussière de la route que je fus mandé dans l'appartement du général en chef.

Voici la mission odieuse dont il me chargea.

Je devais accompagner l'agent en qualité d'interprète, dans une entrevue qu'il avait arrangée avec Omatla, Black Hirt et les autres chefs de son parti. Le but était de poser les conditions de l'adjonction de ces Indiens à l'armée comme auxiliaires.

De plus, on espérait apprendre d'eux sur quel bord du Ouitlacoochée et à quelle distance se trouvaient les patriotes.

Les chefs, ainsi que je l'ai déjà dit, étaient sous notre protection à Fort-Brooke. Ils devaient venir nous retrouver en secret sur les bords du hommock où avait eu lieu le premier rendez-vous, le soir même, à la nuit tombante.

Le soleil se coucha, et, aussitôt après le crépuscule, nous prîmes le chemin du bassin, sans avoir à craindre la clarté de la lune, qui à ce moment ne se levait que tard.

Comme la première fois, nous étions trois, le général, l'agent et l'interprète. En arrivant, nous éprouvâmes un certain étonnement de ne pas trouver les Indiens à leur poste, car l'heure était arrivée, et le Peau-Rouge est d'une exactitude remarquable.

— Quelle peut être la cause de ce retard? demanda le général à l'agent.

Avant que celui-ci eût le temps de répondre, nous entendons le cri déjà si connu de yo-ho-hee et le bruit, un peu lointain d'un combat acharné entre deux partis ennemis. Ce ne devait pas être une ruse pour attirer l'armée hors du fort; non, c'étaient des cris de rage, et l'on pouvait être assuré que le sang coulait non loin de là. Mes compagnons se perdaient en conjectures et paraissaient mal à leur aise, mais je savais que ce n'est pas toujours le chef d'une armée qui en est le plus brave. Dans ma carrière militaire j'ai vu plus d'un général s'abriter derrière un arbre ou un pan de mur pendant que sa brigade se battait sous la conduite d'un sous-lieutenant; mais à quoi bon parler de cela!

— Oh! nos amis sont tombés dans quelque embuscade dressée par ce scélérat de Powel, s'écria enfin Clinch, qui paraissait avoir recouvré son sang-froid. Ce doit être lui, car il n'y a pas de troupes dans cette direction.

— Vous avez raison, dit Thompson, et, dans ce cas, il est

inutile de les attendre, car, pris dans un piége tendu par les leurs, ils n'en réchapperont pas.

— Pourtant, s'ils venaient, dit Clinch en hésitant, sa prudence lui conseillant aussi de rentrer au fort.

Je pris la parole :

— Général, si vous le voulez, je resterai seul; retournez au fort, si je les vois, j'irai vous chercher.

Je ne pouvais faire une proposition plus agréable à ces messieurs; ils l'acceptèrent avec empressement et me laissèrent seul.

Je ne fus pas longtemps sans regretter ma téméraire générosité; à peine mes compagnons avaient-ils eu le temps de regagner le fort, que le bruit du combat cessa, et j'entendis le cri de triomphe des Séminoles. Au même instant, je me trouvai entouré par six Peaux-Rouges qui m'attaquèrent sans bruit dans l'obscurité, et me terrassèrent sans me laisser le temps de jeter un cri, d'un coup violent sur la tête. Je perdis connaissance.

LVIII

UN EXÉCUTEUR INDIEN.

Je revins à moi au bout de quelques minutes; j'étais toujours entouré par les Indiens, mais leur attitude était toute changée, et ils paraissaient me traiter avec bonté.

L'un d'eux tenait ma tête sur ses genoux, tandis qu'un second arrêtait le sang de la blessure que j'avais reçue à la tempe. Les autres me regardaient avec un grand intérêt, comme s'ils eussent désiré de ne pas me voir grièvement blessé.

Je sentis que je n'étais plus entouré d'ennemis, et que ma vie ne courait aucun danger. Un d'eux me dit en séminole, après avoir parlé à l'oreille de ses camarades :

— Nous avons répandu votre sang, mais ce n'est pas dangereux ; c'est moi qui ai frappé, c'est mauvais, mais il fait sombre, et nous ne vous connaissions pas, ami du Soleil-Levant ; nous vous avons pris pour le yaticaclueco (l'agent) ; nous voulons sa vie, et nous espérions le trouver ici. Il n'y est plus, qu'est-il donc devenu ?

Je montrai le fort.

— Mauvais, mauvais, s'écrièrent-ils d'un ton de désappointement en s'écartant un peu pour causer à voix basse.

— Ne craignez rien, revint me dire celui qui avait déjà parlé, nous ne vous ferons plus de mal, ami du Soleil-Levant, mais il faut que vous vous rendiez avec nous près des chefs.

Il était certain que je n'avais rien à craindre, et je les suivis sans hésitation.

Ils formèrent une longue file, me mirent au milieu, et partirent rapidement par un sentier assez large.

J'observai que nous nous dirigions vers l'endroit où devait avoir eu lieu le combat.

Nous avions à peine fait un mille que la lumière de la lune qui se levait me permit de distinguer les traits de mes conducteurs. Je reconnus deux ou trois d'entre eux que j'avais remarqués dans les conseils.

C'étaient des guerriers de la tribu des Micosanes et des amis d'Océola, ce qui me fit supposer que nous allions le retrouver.

Le sentier que nous suivions nous mena à une clairière au

milieu du bois. Là se trouvaient réunis une centaine d'Indiens. Dans un groupe composé de chefs qui se tenaient un peu à l'écart, j'aperçus Océola.

Le sol était jonché de cadavres aux blessures encore saignantes. Quelques-uns, étendus sur le dos, les yeux grands ouverts, semblaient fixer le ciel. A tous on avait enlevé avec le tomawhack ou scalpel une touffe de cheveux avec le cuir qui y adhérait, hideux trophées que les vainqueurs tenaient à la main ou portaient suspendus au bout de leur fusil.

Je n'avais pas besoin de demander ce qui s'était passé. Les corps que je voyais appartenaient à la tribu des traîtres, à des sujets de Lusta Hajo et d'Omatta. Ces chefs avaient quitté Fort-Brooke avec une bande des leurs pour venir au rendez-vous assigné par les généraux. Les patriotes avaient eu connaissance de leur route et s'étaient embusqués sur leur passage.

Il en périt la plus grande partie; le chef Lusta Hajo avait réussi à s'échapper avec quelques-uns des siens, mais Omatta et plusieurs de ces guerriers faits prisonniers étaient là attendant la mort des criminels. Celui que Thompson avait nommé roi des Séminoles allait périr par la main de son peuple.

Quand j'arrivai, on prononçait le jugement qui le déclarait traître à la patrie. Un de ceux qui m'avaient amené s'avança pour parler aux chefs réunis en conseil, et je vis à leurs figures désappointées que ce n'était pas moi qu'ils attendaient. On me laissa libre, et je me mis à observer ce qui allait se passer.

La sentence fut proclamée à haute voix; le traître devait mourir.

Il ne manquait plus qu'un exécuteur, et beaucoup briguaient cet emploi, car c'est un titre d'honneur pour un Indien que de tuer un ennemi; on devait donc voter pour savoir qui obtiendrait la préférence. Tout le monde connaissait le vœu d'Océola, et il fut désigné à l'unanimité pour exécuter Omatta. Il accepta.

Saisissant son couteau, il s'approcha du coupable qui se repliait sur lui-même, tous s'avançaient pour voir le coup fatal; moi-même, je ne pus résister à la curiosité et me glissai le plus près que je pus.

Un silence de mort régnait sur nous.

Océola lève son bras armé; nous croyons déjà voir le sang jaillir, et l'homme tomber comme une masse, mais le couteau, au lieu de donner la mort a tranché les liens qui attachaient Omatta, et il est là, les membres libres.

Un murmure de désapprobation s'éleva. Océola allait-il rendre la liberté à un traître condamné par toute la nation?

Ses intentions se firent bientôt jour.

— Omatta, dit-il, fixant sévèrement le condamné, il fut un temps où tu étais un brave guerrier estimé de la tribu et de toutes les nations séminoles. Les hommes blancs t'ont corrompu; tu es devenu renégat, traître à ta patrie; malgré tout cela, tu ne mourras pas de la mort d'un chien. Mon cœur se révolte à l'idée de tuer un homme sans défense; je veux ta vie, mais je ne t'assassinerai pas. Un combat entre nous va montrer de quel côté est le bon droit. Donnez-lui ses armes et laissez-le se défendre s'il le peut.

Cette proposition d'Océola fut vivement combattue. On était indigné contre Omatta, et l'excitation du combat se faisait encore sentir.

Mais la fermeté d'Océola sut plier la volonté de tous, et il fut laissé libre d'agir comme il le voudrait.

Un des guerriers présenta à Omatta une hache et un couteau; Océola était armé de même, et, par un mouvement machinal, la foule se retira laissant un vaste espace libre autour des combattants.

La lutte ne fut pas longue; du premier coup Océola fit sauter la hache de son adversaire qui tomba frappé à la tête. Dégaînant alors son long couteau, il se baissa sur le corps d'Omatta, et quand il se remit debout, la lame était rouge de sang. Il l'avait, suivant son serment, enfoncée dans le cœur du traître. Omatta était mort.

. . . .

Je me trouvais dans une situation des plus étranges. Jusqu'alors les chefs n'avaient pas paru se douter de ma présence, et, malgré les prévenances de ceux qui m'avaient blessé, je n'étais pas sans inquiétude. Nous étions en guerre et, sous l'impression causée par la mort d'Omatta, ils pouvaient me faire subir le même sort, puisque j'étais livré à leur bon plaisir.

Je fus bientôt soulagé de mes appréhensions. Aussitôt qu'Océola eut fini avec Omatta, il s'approcha de moi et me tendit la main amicalement, en m'exprimant ses regrets de ce que j'avais été blessé et fait prisonnier par ses hommes. Il m'expliqua l'erreur, et appelant un Séminole, lui ordonna de m'accompagner jusqu'au fort. Je n'éprouvais nulle envie de rester plus longtemps sur le terrain de cette scène tragique, et prenant congé du chef, je suivis mon guide.

Arrivé au bassin l'Indien, me laissa, et je rentrai au fort sans autre accident.

LIX

UN BANQUET QUI FINIT MAL.

Ainsi que m'y obligeait ma consigne, je racontai en arrivant la scène dont j'avais été témoin involontaire. Mon récit produisit une grande sensation dans le fort, et l'on ordonna immédiatement une sortie de troupes auxquelles je dus servir de guide.

Si l'on eût réfléchi un peu, on aurait compris l'inutilité de ces recherches; naturellement, en arrivant à la clairière, nous ne trouvâmes plus que les cadavres déjà entamés par les loups; d'Indiens pas de traces, rien même qui pût indiquer de quel côté ils avaient fait retraite.

. . . .

La mort d'Omatta était l'événement le plus sérieux depuis le commencement de la guerre. Par sa punition, les Indiens montraient clairement leur mépris pour les blancs qui l'avaient nommé roi des Séminoles et leur détermination à la résistance.

Cette exécution fit encore plus d'effet parmi les Indiens, les sous-chefs et les guerriers de la tribu d'Ouratta firent leur soumission et rentrèrent dans l'armée des patriotes. Plusieurs autres tribus restées jusqu'alors indécises sur le parti à prendre se réunirent aussi aux Séminoles du parti d'Océola.

Un drame d'une portée politique encore plus grande ne tarda pas à faire oublier cet acte de justice indienne... A mon arrivée, le fort était mal approvisionné. Nous nous trouvions victimes de l'imprévoyance de nos chefs, et les rations distribuées à la troupe étaient si minimes que nous mourions presque de faim ; la perspective que nous avions devant nous n'était pas gaie.

Dans ces circonstances le général Clinch, possesseur de plantations proches du fort, agit patriotiquement. Il avait plus de cent arpens de blé et de maïs prêts à récolter, il en fit don à l'armée.

Les soldats allaient eux-mêmes recueillir les grains. Les quatre cinquième de la garnison s'employèrent à ce travail laissant le fort sous une faible garde et on éleva promptement sur la propriété du général un petit ouvrage, appelé fort Drake, pour protéger les travailleurs.

Les mauvaises langues dirent bien que le général avait ses raisons pour se livrer à cette générosité, que le gouvernement lui payerait ses grains et que les troupes portées sur sa plantation la défendaient contre l'incendie, mais je traite cela de médisances d'oisifs.

Je ne suivis pas cette petite expédition. Outre que je n'étais pas un favori du général, mes devoirs me retenaient au fort King et j'y demeurai avec l'agent.

Des jours, des semaines s'écoulèrent d'une façon très-monotone. De temps en temps nous faisions une visite à fort Drake, mais rarement ; car depuis que le personnel du fort avait été tant diminué, ce qui en restait se trouvait en trop petit nombre pour sortir. Nous n'ignorions pas que les Indiens étaient dans les environs, l'on avait remarqué des traces et il eut été dangereux de s'éloigner soit pour la chasse soit pour une promenade

Le commissaire avait la précaution de sortir le moins possible, et, quand cela lui arrivait, il ne dépassait pas les sentinelles. Lorsqu'il regardait les bois ou les savanes, on le voyait se troubler comme à l'approche d'un danger, il semblait avoir pressentiment du sort qui le menaçait. Noël était arrivé. C'est un jour de réjouissances pour tous les habitants des Etats-Unis, dans quelque position qu'ils se trouvent.

Les postes de frontière ne font pas exception à la règle générale. A l'exception des sentinelles, toute la garnison du fort King eut congé.

Nous nous procurâmes tout ce que nous pûmes pour le festin et, grâce à d'abondantes rations de la boisson de Monongahela, nous nous donnâmes une petite fête.

Le cantinier voulut aussi nous offrir un festin; dans les armées américaines, ces hommes gagnent de fortes sommes et le nôtre invita tous les officiers; l'agent lui-même consentit à honorer de sa présence ce banquet, qui eut lieu dans la maison du cantinier, située au delà de la barricade tout près des bois et à plusieurs centaines de mètres du fort.

Après le dîner, presque tous les officiers ayant regagné les casernes, l'agent était demeuré avec un petit nombre d'entre eux et quelques habitants du voisinage pour prendre un dernier verre avec leur hôte. Moi, j'étais au nombre de ceux revenus au fort.

A peine étions-nous rentrés que nous entendons une décharge de mousqueterie, accompagnée du cri de guerre des Séminoles. Nous crûmes d'abord qu'ils attaquaient les retranchements.

Nous nous élançons dehors, chacun armé de ce qui lui était tombé sous la main.

Mais ce n'est pas sur le fort que l'attaque est dirigée, nous voyons la barrière qui entoure la maison du cantinier, couverte de Peaux-Rouges brandissant leurs armes avec des cris féroces.

Des coups de fusil sans doute dirigés dans l'intérieur pétillent par moments, et les soldats demeurés dehors se pressent avec des cris de terreur devant les portes qu'on va leur ouvrir.

La maison attaquée était à une trop grande distance pour que les balles pussent y porter. Les artilleurs coururent à leurs pièces, mais les écuries faites d'énormes troncs d'arbres se trouvaient entre la maison et le fort, mettant ainsi les Indiens à l'abri de nos boulets.

Soudain les cris cessent et les Indiens disparaissent dans les bois. Celui qui commandait dans le fort hésitait à prendre une détermination, et ce ne fut qu'après la retraite des Séminoles qu'il donna l'ordre à la troupe de sortir.

Nous nous mettons en marche et arrivés chez le cantinier nous avons devant les yeux un spectacle épouvantable.

L'agent étendu sur le dos, la figure couverte de sang, l'uniforme déchiré et ensanglanté, a le corps traversé par seize balles, un coup de couteau lui avait percé le cœur.

Je n'avais pas besoin de demander quel était son meurtrier, mais une négresse, la cuisinière qui, cachée derrière un meuble, s'était trouvée témoin de cette scène sanglante, nous donna tous les détails. C'était Océola, nous dit-elle, qui conduisait les Indiens et qui quitta la maison le dernier après avoir plongé son couteau dans le cœur de Wiley Thompson. C'était son vœu qu'il accomplissait.

On se mit à la poursuite des ennemis, et comme la dernière fois ce fut peine perdue et l'on ne retrouva pas même leurs traces.

LX

MASSACRE DE DADE ET DE SA TROUPE.

Cette triste fin des fêtes de Noël fut assombrie encore par une nouvelle qui parvint au fort King. Une affaire connue sous le nom de : Massacre de Dade.

Un Indien de ceux qui étaient pour nous, vint en faire le récit au fort, mais les faits relatés paraissaient si étonnants qu'il n'y eut qu'un cri d'incrédulité.

D'autres messagers arrivant après lui confirmèrent ses dires à tel point qu'on dût se rendre à l'évidence. Rien n'était exagéré, tous les affreux détails se trouvaient vrais.

On se rappellera peut-être que lorsqu'il fut question de guerre avec les Séminoles, un des officiers du fort se vantait de traverser le territoire indien à la tête d'une poignée d'hommes. Cet officier était le major Dade.

Le destin fournit à Dade l'occasion de procurer ce qu'il avançait, mais le résultat fut un triste démenti, quoique le nombre de ses hommes dépassât celui qu'avait demandé le major.

Pour comprendre la marche de cette entreprise il est nécessaire de dire un mot de la topographie du pays. Sur la côte ouest de la péninsule de Floride, il se trouve une baie nommée Rampa et par les Espagnols Espiritu Santo; au fond de cette baie est situé le fort Brooke, entouré de la même manière que le fort King. Ces deux forts sont à une distance de quatre-vingt-dix milles l'un de l'autre. Fort Brooke, le plus au Sud, n'a pas d'autre importance que celle d'un poste militaire à maintenir les Indiens. C'est un dépôt pour les troupes et les munitions arrivent des ports du golfe du Mexique.

Environ deux cents soldats s'y trouvaient au commencement des hostilités, la plupart artilleurs, sauf un petit détachement d'infanterie.

Après l'assemblée inutile, tenue au fort King, le général Clinch donna l'ordre à tous ceux qui étaient disponibles de se mettre en route pour venir le rejoindre.

En conséquence, une centaine d'hommes avec leurs officiers partirent pour fort King, sous le commandement du major Dade, la veille de Noël 1835.

La petite troupe marchait gaiement, espérant avoir avec les Indiens une rencontre qui leur fournirait l'occasion d'une victoire du premier engagement de cette guerre, le drapeau déployé, les trompettes et les tambours en avant.

Sept jours après le 31 décembre, un homme arrivait au fort Brooke en se traînant sur les mains et les genoux. A son uniforme en lambeaux à peine pouvait-on le reconnaître pour un des soldats du major Dade.

Il était blessé grièvement en cinq endroits différents, à la cuisse droite, à la tempe, au bras gauche, à l'épaule. Sous ses habits déchirés couverts de boue, de poussière et de sang il ressemblait à un squelette.

Il s'annonça d'une voix faible, comme un soldat du nom de Clarke, du 2ᵉ régiment d'artillerie : ses vieux camarades pouvaient à peine le reconnaître.

Bientôt après, deux autres se présentèrent dans le même état, déclarant se nommer Sprague et Thomas. Tous trois racontaient que le détachement commandé par Dade, avait été attaqué et taillé en pièces par les Indiens et qu'ils pensaient être les seuls qui en eussent échappé ; ce n'était que trop vrai. De cent neuf hommes il ne restait que ces trois malheureux. Tous les autres avaient été massacrés sur les bords de l'Amazura.

Les trois hommes qui étaient devant nous avaient été laissés pour morts. Clarke avait fait presque toute la route sur ses mains et ses genoux, parcourant un mille en une heure, il avait fait ainsi plus de 60 milles.

LXI

LE CHAMP DE BATAILLE.

Le massacre de Dade est le seul de ce genre que l'on puisse citer. Dans toute la guerre contre les Indiens jamais carnage pareil n'a eu lieu.

De tous les hommes partis avec lui, un seul survécut, car deux moururent de leurs blessures peu de jours après.

Pourtant les Indiens n'étaient pas en assez grand nombre pour que l'avantage se trouvât absolument de leur côté, on estime qu'il ne devait pas y en avoir plus du double du nombre des soldats, et avec la tactique militaire un de nos hommes peut tenir tête à deux Indiens.

Tout leur succès doit être attribué à leur ruse et à leurs stratagèmes. Ils donnèrent l'attaque dans un bois de pins où les arbres se trouvaient assez rapprochés, laissant une arrière-garde de cavaliers hors de portée de mousquet, les autres vinrent à pied engager le combat, et attaquèrent avec tant de furie que leur réserve ne fut pas même obligée de les secourir.

Leur premier feu sur la troupe tua tant d'hommes que la confusion se mit immédiatement dans les rangs. La retraite était coupée par les Peaux-Rouges à cheval; il fallait donc se défendre sur le terrain même de l'attaque; Dade et la plupart des officiers tombèrent à la première décharge. Le reste essaya bien de faire une sorte de retranchement triangulaire avec des troncs d'arbres, mais les Indiens visaient si bien que les survivants ne purent élever leur barricade qu'à hauteur d'appui et bientôt le dernier des soldats mordit la poussière.

Lorsque nos troupes allèrent visiter le lieu du combat, on retrouva le rempart existant encore et dans son enceinte les corps amoncelés de ceux qui l'avaient défendu.

On a prétendu qu'après la bataille les Indiens avaient mutilé les blessés; cela n'est pas, puisque les trois hommes qui avaient pu regagner le fort n'avaient pas été achevés. Quelques corps, il est vrai, furent lacérés non par les Séminoles, mais par les nègres, et pour des motifs de vengeance personnelle; quant aux chevelures prises, on sait bien que c'est la coutume des Peaux-Rouges de scalper leurs ennemis tombés sur le champ de bataille.

Je fus désigné par le général, pour faire une inspection du théâtre de l'événement; et le rapport officiel est le meilleur témoignage qu'on puisse produire de la conduite des vainqueurs. Lisez ceci :

« Le 28 décembre, au matin, à environ quatre milles de l'en-
» droit où les troupes du major Dade avaient campé pour la
» nuit, la colonne a été attaquée par des Indiens, cachés dans
» les hautes herbes et dans les taillis de jeunes palmiers. On se
» battit à coups de fusils, de couteaux et de baïonnettes. A la
» seconde attaque, les carabines enlevées à nos morts servirent
» aux ennemis, qui, après avoir abattu tous les artilleurs, se

» rendirent maîtres des canons, qu'ils précipitèrent dans l'étang,
» et des fourgons, qu'ils mirent en pièces. Ils s'emparèrent
» également des barils de poudre. Les Séminoles ne prirent au-
» cune chevelure, mais les nègres qui combattaient dans leurs
» rangs se livrèrent à des cruautés infernales, cherchant parmi
» les victimes celles qui respiraient encore, pour leur couper la
» gorge. »

On lit dans une autre rapport.

« En approchant du champ de bataille par derrière, notre
» avant-garde l'avait déjà dépassé, quand l'officier qui comman-
» dait en chef aperçut le spectacle le plus horrible. Des débris
» de fourgons étaient dispersés çà et là. Une charette, à laquelle
» étaient encore attelés deux bœufs percés de coups de cou-
» teaux, et deux ou trois chevaux morts entouraient un enclos,
» formé par des troncs posés en triangle. Dans les côtés nord et
» sud de cet abri nous avons trouvé une trentaine de cadavres,
» réduits presque à l'état de squelettes, quoique leurs uniformes
» fussent conservés. Ils étaient encore dans la position où la
» mort les avait frappés, quelques-uns tout près du rempart, la
» tête tournée du côté de l'ennemi. Les Indiens n'y avaient pas
» touché, si ce n'est pour prendre quelques chevelures, encore
» dit-on que ce furent les nègres. Les officiers étaient bien
» reconnaissables ; quelques-uns avaient encore leurs bagues et
» autres bijoux ; on trouva même de l'argent dans leurs poches.
» Nous avons enseveli les corps de huit officiers et de quatre-
» vingt-dix-neuf hommes. »

Par ce rapport, on peut se convaincre que l'attaque n'eut pas lieu dans un but de vengeance ou de pillage : les Indiens défendaient leur patrie, leurs maisons, leurs familles. Ce ne fut que grâce à une surprise qu'ils obtinrent l'avantage sur les hommes de Dade. Le major, quoique brave, manquait des qualités nécessaires à un officier supérieur. Il n'avait pas le génie nécessaire pour établir une défense prompte, une fois tombé dans une embuscade. C'était un chef plutôt théorique que pratique, et il fut la cause première de la destruction de son détachement.

Mais si, dans cette circonstance, l'homme qui conduisait les blancs manquait de capacité, les Indiens en avaient à leur tête un qui montra beaucoup de tactique et d'habileté, c'était le jeune chef des Bâtons-Rouges, Océola.

Il n'avait pas dû rester longtemps à contempler sa victoire, car le soir du même jour il était à quarante milles de là, devant le Fort-King, et accomplissait son vœu de vengeance sur la personne de l'agent.

LXII

BATAILLE DE OUITHLACOOCHEE.

Il fallait venger le meurtre de l'agent. Plusieurs messagers partirent immédiatement par des routes différentes en porter la nouvelle, à Fort-Drake, au général en chef. Quelques-uns tombèrent entre les mains des Indiens, les autres arrivèrent.

Au matin du jour suivant, une armée de mille hommes se mit en marche pour les bords de l'Amazura. Le but de cette expédition était de faire prisonnières les familles des Séminoles, et de les garder comme otages jusqu'à la soumission de ces guerriers.

Je faisais partie du corps d'armée, et j'entendais les soldats, exaspérés par le massacre de Dade et le meurtre de l'agent, se promettre entre eux de ne pas suivre les ordres de leurs officiers, mais de massacrer sans pitié femmes et enfants ; l'idée d'un tel carnage me fit frémir d'horreur ; je le croyais inévitable, car la situation du camp indien était connue de nos guides ; comment ces malheureux parviendraient-ils à nous échapper ?

Nos renseignements nous avaient appris que la plupart des guerriers étaient partis pour un point éloigné et tout à fait opposé à la route prise par nous ; tout le monde comptait donc sur une victoire facile. Nous devions tomber sur le nid, en l'absence de l'aigle ; l'armée fut conduite en silence et par des chemins détournés.

Sous l'impression du carnage de la veille, nos soldats commençaient à envisager les Indiens avec plus de respect, et ce n'était pas sans quelque appréhension qu'ils avançaient sur les terres de leurs ennemis.

Vers le milieu du jour, nous arrivâmes sur les bords de l'Amazura ; il nous fallait traverser le fleuve pour parvenir au camp ennemi, les marais et les lagunes au milieu desquels il était établi se trouvant sur l'autre rive.

Nos guides nous avaient promis un gué, qui devait nous permettre de passer facilement ; mais ils s'étaient trompés, et nous avions devant nous une eau profonde et rapide que, même avec nos chevaux, nous ne pouvions traverser.

De fausses pistes, laissées par les Indiens, avaient induit nos conducteurs en erreur : nous ne voulions douter de leur bonne foi, nous les savions trop dévoués. Heureuse erreur ! sans laquelle l'armée du général Clinch eût offert, à ses dépens, la répétition du massacre de la troupe de Dade, sur une plus grande échelle.

Arrivés au gué promis, nous serions tombés dans une embuscade dressée par le même homme qui avait réglé celle dans laquelle le major avait péri.

Le rapport du départ des Indiens pour une expédition lointaine n'était qu'une ruse habilement combinée, le prélude d'une série de stratagèmes arrangés par Océola, si expert dans la guerre des forêts.

Nos ennemis entouraient de tous côtés le gué que nous devions franchir. Les Peaux-Rouges, cachés comme des serpents dans toutes les herbes, nous attendaient pour se lancer sur nous. Il fut aussi heureux pour Clinch que pour son armée, que ses guides eussent manqué d'habileté. Le général se décida donc à traverser la rivière au point où nous nous trouvions. Quelques vieux bateaux et quelques pirogues indiennes, découvertes dans les roseaux, devaient servir à passer l'infanterie ; les chevaux iraient à la nage. On fabriqua à la hâte quelques radeaux, et le transport commença.

La manœuvre fut habilement conduite : en moins d'une heure la moitié de l'armée avait pris position sur l'autre bord.

Je me trouvais parmi les premiers passés ; je me sentais attristé, en songeant au sang qu'on allait répandre, en pensant qu'il me faudrait assister à des massacres de femmes et d'enfants sans défense, et ce fut presque avec joie que j'entendis soudain le cri de guerre des Séminoles retentir tout près de nous à travers les bois.

A ce cri succéda une fusillade, dont l'intensité annonçait des ennemis nombreux.

Les bataillons qui avaient traversé étaient rangés en bataille derrière un rideau de grands arbres, près du bord de l'eau ; cette précaution atténua l'effet du premier feu, pourtant quelques hommes tombèrent. Nos troupes ripostèrent, et pendant quelques minutes on ne fit qu'échanger des balles sans trop de résultat, cependant il était évident que les Indiens se trouvaient dans une meilleure situation que nous. Les soldats attendaient que ceux de l'autre côté de l'eau eussent traversé pour marcher à la baïonnette et déloger les ennemis des broussailles où ils avaient pris position, le passage continuait, protégé par eux. Les Indiens firent alors une manœuvre qui devait l'arrêter, à moins qu'on ne voulût exposer les hommes des canots au feu de l'ennemi. Un peu au-dessus de l'endroit que nous défendions existait une petite langue de terre avançant dans l'eau comme une presqu'île en miniature. Au bout se trouvaient quelques arbres entourant un hommock. Il eût été prudent de se rendre maître de ce point aussitôt les premiers détachements passés, et si notre général n'avait pas reconnu l'importance de ce poste, elle n'échappa pas aux Indiens. Une troupe de guerriers s'en empara vivement, commandant ainsi le cours de la rivière et tirant à coup sûr, d'autant plus que le courant poussait nos bateaux vers eux. Le feu que nous dirigions sur le hommock ne produisait pas d'effet, retranchés comme ils l'étaient, tandis qu'eux, choisis parmi les meilleurs tireurs, abattaient à chaque coup une victime. Il n'y avait d'autre moyen que d'enlever l'îlot à la baïonnette, mais c'était difficile, sinon impossible, car il fallait s'exposer à découvert aux coups des ennemis. A ma grande surprise, le général me confia cette mission dangereuse; je dis à ma grande surprise, car je n'avais pas jusque-là montré beaucoup d'ardeur et de courage dans cette campagne; enfin l'ordre était clair et positif, je dus obéir.

Je savais que je marchais à la mort, et je crois que ceux que je conduisais avaient le même pressentiment, mais l'armée avait les yeux fixés sur nous; il fallait vaincre ou mourir.

Nous fûmes bientôt sur l'îlot, avançant au pas de course vers le hommock, espérant faiblement surprendre nos ennemis; ceux-ci étaient sur leurs gardes, à vingt mètres des arbres, une fumée épaisse nous enveloppa, rayée de distance en distance par de rouges éclairs. J'entendais les balles siffler à mes oreilles, et mes compagnons tomber en gémissant à mes côtés; quand le feu cessa, regardant autour de moi, je vis tous mes hommes à terre; au même instant, une voix me cria :

— Retournez, Randolph, retournez; grâce à ce signe que vous avez sur la poitrine, votre vie a été épargnée, mais mes braves sont irrités, leur sang est échauffé par l'odeur de la poudre; ne tentez pas leur colère, partez, partez!

LXIII

UNE VICTOIRE QUI FINIT PAR UNE RETRAITE.

Je ne pouvais distinguer celui qui me parlait, le feuillage m'en empêchait, mais la voix m'était bien connue.

Comment agir? Je sentais le chaos dans ma tête; j'éprouvais une surprise mêlée d'étonnement. Je me souviens que je me mis à regarder mes soldats étendus à mes pieds; tous n'étaient pas morts, et, à ma grande joie, j'en vis quelques-uns se relever et prenant leur course, rejoindre l'armée; d'autres se traînaient sur les mains et les genoux, mais des coups de feu partis du hommock les achevèrent, tandis que je les regardais.

Enfin, parmi les blessés, je reconnus un de mes camarades. Une balle lui avait cassé les deux jambes, et il se tordait sans pouvoir avancer. A son appel, je sortis de ma torpeur, et presque mécaniquement je me baissai et me mis à le tirer à reculons en le tenant par-dessous les bras.

Je rencontrai au sortir de l'îlot un détachement qui venait soutenir ma retraite; je confiai mon blessé aux soins des hommes, et me dirigeant vers le général en chef, j'allai lui rendre compte de la triste fin de ma mission. Mais on avait tout vu, et, sans écouter mon récit, le général me renvoya sur un autre point de l'action.

J'eus du moins la satisfaction d'entendre faire autour de moi l'éloge de ma bravoure, bien que l'on s'étonnât de mon retour miraculeux; je ne jugeai pas à propos d'en donner l'explication.

Pendant plus d'une heure, le combat continua dans nos mêmes positions; nous ne pouvions lâcher pied qu'en retraversant de nouveau la rivière sous le feu de l'ennemi; notre situation n'était plus tenable. Nous avions vainement essayé de chasser les Indiens des broussailles qui leur servaient de retranchements, et une seconde tentative n'aurait pas mieux réussi. De plus, nous commencions à souffrir de la faim, n'ayant emporté que très-peu de provisions consommées depuis longtemps.

Par le fait, nous étions assiégés. Tout autour de nous, formant demi-cercle, s'étendaient les Indiens retranchés chacun derrière un arbre; impossible de chercher à les attaquer sans se mettre à découvert et sans s'exposer à de grandes pertes.

Nous constations aussi une augmentation sensible dans le nombre de nos adversaires. Un cri particulier s'élevait de temps à autre, et nos vieux soldats qui avaient déjà fait la guerre aux Indiens, nous apprirent que cela annonçait l'arrivée des renforts. Le découragement se mettait dans les rangs, toutes les figures s'assombrissaient.

Pendant les attaques que nous avions soutenues, nous avions

été à même de remarquer que beaucoup des Peaux-Rouges étaient armés de fusils de munition ou portaient quelque pièce de l'habillement de nos militaires. Un des chefs excitait la rage impuissante de nos soldats par son costume. Sur ses épaules, posé comme un manteau, flottait un morceau de soie rayé en trois couleurs, rouge, blanc et bleu, et couvert de petites étoiles. Ce vêtement était fait de notre bien-aimé pavillon, et venait ainsi que les mousquets et les uniformes du champ de bataille où Dade avait succombé.

Il est plus que probable que nous aurions trouvé la même fin si on nous eût laissés plus longtemps sur cette maudite place. Le général, pour nous tirer de là, se servit d'un moyen suggéré par un vieux volontaire qui connaissait la tactique indienne.

C'était d'opérer une diversion, en d'autres termes de feindre avec les troupes restées de l'autre côté de vouloir passer la rivière sur un point beaucoup plus haut, de façon à faire craindre aux Séminoles de se trouver pris entre deux feux.

Le moyen était bon et réussit. Les Indiens trompés par cette manœuvre se jetèrent sur les bords de la rivière pour empêcher le passage de nos troupes. Profitant de leur absence, nous nous hâtâmes de regagner l'autre rive, où nos rusés ennemis étaient trop prudents pour nous poursuivre, et ainsi finit la bataille d'Ouithlacoochee.

On fut unanimement d'avis de reprendre aussitôt le chemin du fort King. Sans perdre de temps nous nous mîmes en marche et nous arrivâmes sains et saufs.

LXIV

AUTRE COMBAT DANS LES MARAIS.

Cette défaite modifia complètement les idées de l'armée. Personne n'était plus pressé de courir à la rencontre des Peaux-Rouges; les volontaires sentaient leur ardeur se refroidir en voyant une résistance sur laquelle ils ne comptaient pas.

Nous avions perdu plus de cent hommes dans la bataille d'Ouithlacoochee. On assurait que les pertes des Indiens étaient plus nombreuses, quoiqu'on n'en sût rien, parce que disaient les rapports, ils emportent leurs morts et leurs blessés du champ de bataille. Cette ridicule affirmation a été soutenue par plusieurs généraux. J'ai un peu d'expérience et je peux assurer n'avoir jamais vu un mort ou un blessé emporté du champ de bataille au milieu de l'action. Dans la bataille d'Ouithlacoochee, je ne mets pas en doute que l'ennemi n'ait fait des pertes, et cependant, moi et d'autres camarades, qui étions à même de faire cette observation, ne pouvons pas affirmer que nous ayons vu tomber un seul Indien. Malgré cela les historiens ont compté cet engagement aux Américains comme une grande victoire et l'on peut encore voir les rapports relatifs à cette affaire.

Pour dire la vérité, nous avons été complètement battus et l'exaspération de l'armée et son chagrin en font foi.

Clinch, que sa bonté avait fait appeler l'ami des soldats, cessa de passer pour un grand général. Sa renommée s'était éclipsée, et si Océola avait voulu exercer contre lui une vengeance, il n'aurait pu mieux réussir. Clinch était mort pour la gloire...

Un nouveau général en chef le remplaça et, avec lui, revint l'espérance de la victoire. Ce général s'appelait Gaines; il fut investi de ce commandement par droit d'ancienneté et aussi parce que la Floride était son district militaire.

Sans retard, le nouveau général fit sortir son armée, augmentée de renforts reçus de la Louisiane et des autres Etats de l'Union, et l'on marcha de nouveau sur la Cove de Ouithlacoochee.

Cette fois-ci les Indiens vinrent au devant de nous. Avant d'arriver à la rivière de l'Amazura nous fûmes attaqués, et, après quelques heures d'un combat acharné, il fallut nous retrancher derrière une barricade formée avec des piquets. Enfermés dans cet enclos, nous soutînmes neuf jours de siége et nous serions morts de faim sans nos chevaux que nous sacrifiâmes.

L'arrivée inespérée du général Clinch avec la brigade qu'il commandait encore, nous sauva. Notre ex-général qui venait de fort King à notre secours, eut le bonheur de pouvoir s'approcher des Indiens sans leur donner l'éveil.

Le jour de notre délivrance fut marqué par un singulier incident, un armistice d'un caractère étrange.

Le matin, avant le jour, nous entendons une voix qui crie : Halloa!

Ce cri ne pouvait être poussé que par un ennemi, puisque nous étions entourés. Le cri se répète; nous répondons en reconnaissant la voix de Stentor du nègre Abrams, qui nous avait servi d'interprète au conseil général.

— Que voulez-vous, répondons-nous, d'après l'ordre du général en chef.

— Vous parler.

— A quel sujet?

— Nous voulons lever le siége.

C'était là une proposition aussi agréable qu'inattendue. Que peut signifier une telle décision? Les ennemis sont-ils aussi pris par la famine, ou se dégoûtent-ils de soutenir le siége? Quelle raison peut les décider à mettre si subitement fin à ce combat dans lequel ils n'ont éprouvé, jusqu'à présent, aucun désavantage? Savent-ils que nous attendons du secours? Nous avions reçu un message qui nous annonçait l'arrivée du général Clinch; peut-être en avaient-ils aussi connaissance et désiraient-ils faire leurs conditions avant l'arrivée de renforts, qui allaient nous rendre assez nombreux, non-seulement pour les forcer à lever le siége, mais encore pour nous permettre de reprendre l'offensive.

Ce fut ainsi que le général en chef interpréta la proposition d'entrer en pourparlers. Sa seule crainte maintenant était que l'ennemi ne battît en retraite avant l'arrivée de Clinch. Un armistice retardait nécessairement le départ des Séminoles. En conséquence, le général fit répondre que l'on pouvait approcher. Il fut convenu qu'aussitôt le soleil levé, trois des chefs indiens seraient reçus par trois de nos officiers.

Au moment fixé, nous vîmes sortir du bois trois Séminoles en grand costume, qui s'arrêtèrent hors de portée de fusil au milieu d'une petite savane, s'étendant du bois à nos retranchements. C'étaient Abrams, Coa-Hajo et Océola. Trois d'entre nous reçurent l'ordre d'aller à leur rencontre; j'étais du nombre. Peu d'instants nous suffirent pour nous mettre en face des délégués indiens.

LXV

POURPARLERS

Avant d'échanger une parole nous nous tendîmes les mains affectueusement. Océola serra la mienne avec effusion : « Oh ! Randolph, me dit-il, les amis se rencontrent toujours, même pendant la guerre. »

Je savais à quoi il voulait faire allusion, mais ne voulant pas lui répondre devant témoins, je me contentai de lui exprimer ma reconnaissance du regard.

En ce moment un messager envoyé par le général se dirigea vers nous, mais dès qu'il sortait de notre camp, un Peau-Rouge s'avançait hors du bois du même pas que lui et arriva en même temps à notre groupe, car il avait été convenu que nous serions en nombre égal.

Le messager nous transmit à l'oreille l'ordre qu'il portait et la conférence commença.

Abrams parla en mauvais anglais au nom des Indiens. Ceux-ci se bornaient à donner leur assentiment par un signe de tête affirmatif ou en disant : *Ho.* Leur mot négatif est *cooree.*

— Les blancs veulent-ils la paix? demanda Abrams.

— A quelles conditions?

— Déposez les armes et que les soldats retournent dans leur grande maison. Nous, nous repasserons sur l'autre côté du Ouithlacoochee, et, dès lors, la grande rivière nous servira mutuellement de frontière. Nous promettons de vivre en paix et en bons voisins avec les blancs. C'est tout ce que nous avons à dire.

— Mes frères, répondit notre orateur, je crains que ces conditions ne soient acceptées ni par notre général ni par votre Grand-Père, notre président. Soumettez-vous et prenez possession des terres qui vous sont assignées. Voilà les volontés du général, qu'il m'a chargé de vous transmettre.

— Cooree! Cooree! Jamais, s'écrièrent en même temps Coa-Hajo et Océola d'un ton qui ne laissait pas de doute sur leur détermination.

— Mais pourquoi faut-il nous soumettre? répliqua le noir en roulant les yeux avec étonnement. Nous ne sommes pas battus; nous remportons toutes les victoires; nous avons vaincu votre peuple une, deux, trois fois; nous vous battrons encore et nous tuerons un grand nombre de vos soldats. Pourquoi donc demandez-vous de nous soumettre? Nous sommes venus ici pour imposer nos conditions et non pour recevoir les vôtres.

— Ce qui est arrivé jusqu'ici est de peu d'importance : nous sommes bien plus forts que vous et vous serez vaincus à la fin.

Les deux chefs s'écrièrent : — Cooree! cooree!

— Les blancs se trompent sur notre force, continua le Soleil-Levant, nous sommes beaucoup plus nombreux que vous ne le supposez : Regardez!

En finissant sa phrase, il se tourna subitement du côté du bois en poussant un cri aigu d'un son particulier. A peine les échos avaient-ils cessé de se le renvoyer, que, des broussailles qui semblaient se mouvoir, surgirent une multitude de guerriers indiens qui parurent dans la savane. Ils s'avancèrent de quelques pas, rangés en ordre de bataille.

— Comptez les guerriers rouges, nous dit Océola avec un sourire de triomphe, et n'ignorez plus le nombre de vos ennemis. Regardez-les, ils sont quinze cents, vous semblent-ils affamés et prêts à se soumettre. Non, ils continueront la guerre jusqu'à ce que le sang du dernier d'entre eux ait arrosé le sol de leur patrie. S'il doivent mourir, ce sera ici sur leur terre natale, auprès des tombeaux de leurs pères! Nous avons pris les armes pour nous défendre contre vos injustices : maintenant nous nous trouvons assez vengés. Nous avons tué assez des vôtres. Mais notre résolution n'a pas changé et ne changera jamais. Nous avons fait une demande juste, acceptez-la et la guerre est finie ; si vous la repoussez, le sang coulera à flots. Oui! par l'esprit de Wycomé, des fleuves de sang seront répandus et les piquets de nos tentes seront teints du sang des hommes blancs. C'est la paix ou la guerre; vous pouvez choisir.

En achevant de parler, Océola fit un signe à son armée, qui disparut dans le bois comme une troupe de fantômes. Nous nous préparions à lui répondre, quand un bruit de fusillade se fit entendre du côté où venaient de disparaître les Indiens. On pouvait, malgré la distance, distinguer les cris et le fracas d'une mêlée se confondant avec des décharges répétées à de courts intervalles.

— Trahis! trahis! s'écrièrent les chefs en s'élançant vers le bois ; guerriers blancs vous vous repentirez de votre fausseté.

Pour nous, nous regagnâmes en toute hâte le camp, où l'on avait entendu aussi les détonations. On pensa que c'était la brigade de Clinch qui attaquait les postes avancés des Indiens. Nos troupes étaient déjà rangées en bataille et se préparaient à quitter les retranchements. Sur l'ordre qui en fut donné, elles sortirent et se massèrent le long de l'eau. Les soldats brûlaient de se venger de leur emprisonnement forcé et des tortures que la faim leur avait fait subir; l'occasion était belle : l'ennemi cerné par derrière ne pouvait leur échapper; c'était la conviction du général.

Nous avançons, entendant çà et là une détonation, mais pas un cri de guerre; nous prenons possession des hommocks sans rencontrer un ennemi.

Les Séminoles ont pourtant été enveloppés, impossible qu'ils se soient échappés. Enfin nous les apercevons à l'autre bout de la prairie, nous allons nous venger, chargeons-les ! Mais pourtant ces uniformes... ce sont nos amis, ce sont les soldats de Clinch !...

Il est heureux que la reconnaissance se soit faite assez tôt, avant une décharge générale, car, sans cela, nous nous serions fusillés mutuellement.

LXVI

DISPARITION MYSTERIEUSE D'UNE ARMÉE.

Une fois la jonction opérée, les deux généraux prirent des mesures pour faire battre les bois et rechercher l'ennemi. On perdit inutilement plusieurs heures sans rencontrer un Indien.

Océola avait usé d'un stratagème inconnu dans les annales de la guerre, il avait fait passer quinze cents hommes entre deux armées de nombre égal qui les enveloppaient, et cela sans abandonner en arrière un seul traînard, sans même laisser un indice qui pût faire présumer le lieu de sa retraite. Les généraux, tout confus, ordonnèrent la rentrée au fort King.

. . . .

La retraite des Indiens fut rapportée comme une autre victoire, mais c'était là un succès qui tuait la renommée du pauvre vieux Guines, et il fut bien aise de se démettre du commandement qu'il avait été si désireux d'obtenir.

Un troisième général, Scott, vint se mettre à la tête de l'armée : c'était un officier plus célèbre que ses prédécesseurs.

Blessé dans les guerres avec les Anglais, il avait le droit d'ancienneté.

Il avait une espèce de politique bouffonne, et racontait sans cesse sur la tactique française des choses qu'il passait pour avoir inventées; il avait fini par s'acquérir par tout cela une grande réputation. On s'attendait donc à des choses étonnantes de la part du fameux général! Il devait à coup sûr mettre fin à la guerre!

Dans cette espérance, on se réjouissait beaucoup. Le gouvernement lui confia de grandes forces.

L'effectif de l'armée fut doublé, presque triplé.

Il arriva enfin au fort, et l'on partit.

Cette campagne n'a pas eu assez d'importance et n'offre pas assez d'intérêt pour que je veuille en narrer tous les incidents. Ç'a été tout simplement une série de marches fatigantes. L'armée, conduite avec toute la pompe d'une parade, était divisée en trois corps, que le général appelait emphatiquement : l'aile droite, l'aile gauche et le centre. Ainsi rangée, la division devait approcher de Ouithlacoochee de trois côtés différents : par Fort-King, Fort-Brooke et Saint-John's. En arrivant en vue des marais, chaque corps devait tirer un coup de feu comme signal, et marcher droit sur le camp indien qui se trouverait ainsi cerné.

Cette absurde manœuvre obtint un insuccès complet. Pendant toutes ces marches, on ne rencontra pas un seul Indien; les rusés guerriers, entendant les signaux, n'avaient pas eu de peine à en trouver la signification, et à s'échapper entre les trois parties de l'armée. Cette campagne de Scott faillit me coûter la vie, et si je ne la raconte pas en détail, je dois du moins la mentionner comme une preuve de l'incurie du général. Pendant qu'il s'avançait à la tête de ce qu'il nommait le centre, il vint à ce grand homme une idée assez singulière, ce fut de laisser au bord de l'Amazura ce qu'il appelait un poste d'observation, composé de quarante hommes choisis parmi les volontaires de la Floride, avec leurs officiers; j'étais au nombre de ces derniers. Nous reçûmes l'ordre de nous retrancher et de rester là jusqu'à ce que l'on vînt nous relever; après avoir mis à exécution cette belle idée, le général continua sa marche en nous abandonnant à notre sort.

Notre petite troupe se rendait parfaitement compte du péril où nous nous trouvions, et nous ne perdions pas de temps pour faire une maison de troncs d'arbres au milieu de laquelle nous creusâmes un puits, et qui fut entourée d'une barricade. Heureusement il s'écoula près d'une semaine avant que nous fussions découverts par les Indiens, et nous eûmes le temps de nous fortifier, sans quoi nous aurions été infailliblement massacrés.

Le sixième jour seulement, entourés et sommés de nous rendre, nous refusâmes; pendant cinquante jours, il nous fut possible de nous maintenir dans notre position. Plusieurs de nos hommes furent tués ou blessés, entre autres, Holloman, notre brave chef, qui périt atteint par une balle envoyée à travers les troncs qui formaient la barricade. On ne nous avait laissé des provisions que pour deux semaines; nous les fîmes durer pendant sept. Les trente derniers jours, il fallut se contenter de grains crus et d'eau avec quelques glands cueillis sur les arbres voisins.

Tout le temps que dura ce triste siége, nous restâmes sans nouvelles des nôtres, sans ordres du général; nous n'aperçûmes pas une figure blanche. Nous nous croyions oubliés, abandonnés, et il en était réellement ainsi, car le général Scott, dans son empressement à quitter la Floride, avait oublié son poste d'observation, et les autres, nous croyant morts depuis longtemps, ne pensaient plus à nous.

La famine était à son comble, lorsque le vieux et brave Hickman parvint à se frayer un passage jusqu'au fort sans être vu de nos ennemis, il avertit les nôtres de la position désespérée où nous nous trouvions.

Son rapport produisit un grand effet; on se hâta d'envoyer à notre secours; les Séminoles ayant été dispersés, il nous fut enfin permis de sortir de ces retranchements qui avaient failli devenir notre tombeau.

Ainsi se termina la campagne de Scott et son commandement en Floride. Tout dans cette affaire fut burlesque, et une circonstance heureuse pour le général vint le sauver du ridicule, et lui permettre de quitter son poste avant d'en être privé par l'Etat. Un autre commandement indien, le Creck, devint vacant; il y fut appelé, et se trouva trop heureux d'avoir cette bonne excuse pour quitter la terre des fleurs?

La Floride était destinée à ne fournir aux généraux américains que de tristes souvenirs. Sept d'entre eux échouèrent successivement contre les Séminoles, mais je n'ai pas l'intention de raconter leurs malheurs et leurs défaites. Dès le départ du général Scott, je ne fis plus partie de l'armée; je fis la petite guerre, la guerre de partisans, et c'est par là que je vais continuer mon histoire. Adieu donc à la grande guerre.

LXVII

ÉTAT PITEUX DE JACQUES LE NOIR.

Nous étions enfin parvenus à sortir de notre maison de bois, et descendant la rivière dans de petits canots, nous avions gagné Saint-Marc par mer. De là les volontaires rentrèrent dans leurs foyers, car la durée de leur engagement venait d'expirer.

Je me joignis à un groupe composé de Hickman et d'un de ses amis. Mon fidèle Jacques m'accompagnait. Hélas! il ne ressemblait guère au Jacques d'autrefois. Un triste changement s'était opéré en lui. Il était devenu si maigre que les os de sa mâchoire faisaient saillie sur sa figure, qui semblait concave. Ses yeux, enfoncés au fond des orbites, ses cheveux laineux emmêlés comme des broussailles, lui donnaient l'aspect le plus misérable. Sa peau avait perdu son noir luisant, et on y voyait de grandes taches blanchâtres.

Le pauvre garçon avait beaucoup souffert pendant notre captivité; mais si son physique était devenu méconnaissable, il n'avait rien perdu de son intarissable gaieté, et il avait souvent relevé mon moral abattu. Je ne pouvais m'empêcher de sourire quand je l'entendais, les derniers jours, tout en mâchant ses grains crus, arrosés d'eau claire, nous parler des festins de porc frais et de haricots qu'il comptait faire de retour chez maîtresse Randolph.

Maintenant qu'il se voyait sur le chemin de la maison, il ne se possédait pas de joie, sa langue ne s'arrêtait pas et il était aisé de préjuger qu'il ne tarderait pas à reprendre son ancien embonpoint.

Il fut le boute-en-train de notre petite société pendant cette pénible route, et chacun si soucieux qu'il se sentît, était forcé de se dérider devant ses interminables lazzis, même moi, qui revenais le cœur plein de tristesse. Je sortais d'une longue réclusion pour rentrer dans le sein de ma famille et revoir ceux que j'aimais, et pourtant, malgré moi, j'étais assombri par des pensées mélancoliques auxquelles je ne pouvais raisonnablement assigner aucun motif.

S'il était vrai que depuis deux ans je me trouvais sans nouvelles des miens, je pouvais me dire qu'ayant trouvé à Saint-Marc des feuilles publiques, j'y avais pu voir qu'aucun événement ne s'était passé dans mon district. S'il fût arrivé quelque malheur dans la plantation, on en aurait parlé. La tristesse à laquelle j'étais en proie venait-elle donc d'une sorte de pressentiment, une suite aux réflexions que je faisais en pensant à ma disparition subite, à l'annonce probable de ma mort, aux projets de Kinggold et à l'état dans lequel j'avais laissé les choses.

Ma sœur avait-elle tenu la promesse si solennellement faite au moment de nous quitter ?

Mes compagnons qui avaient remarqué l'état dans lequel j'étais plongé, s'efforçaient de me distraire, mais rien ne parvint à me retirer le poids que je me sentais sur le cœur.

Hélas ! mes craintes furent justifiées ; il était arrivé pis encore. En route, je reçus l'épouvantable nouvelle de la mort de ma mère et de l'enlèvement de ma sœur ; un messager qui me rencontra à peu de distance de la plantation me fit cet affreux récit.

Les Indiens avaient attaqué notre plantation et massacré ma pauvre mère et mon oncle. Quant à ma sœur, ils l'avaient emmenée avec eux.

Au récit de ces horreurs, enfonçant mes éperons dans les flancs de mon cheval, je partis comme un fou.

LXVIII

TRISTE SPECTACLE.

J'arrivai bientôt sur mes propriétés, et galopant toujours comme un furieux, je pris le chemin qui me conduisait droit à la maison. C'était un sentier non frayé, à travers bois, et coupé çà et là de barrières que mon cheval, comme s'il eût été dans les mêmes sentiments que moi, franchissait sans s'arrêter. En route, je rencontrai un homme, un blanc, qui venait de la maison, et me fit des signaux comme pour m'arrêter, mais je passai outre, j'étais pressé d'arriver, je voulais voir.

Parvenu à une place d'où je pouvais voir la maison, je fis halte et regardai. Dieu de miséricorde! il n'y avait plus de maison! Je secouai la tête comme un fou. Ce que je vois est-il la réalité? Oui, voilà bien les arbres qui entouraient l'habitation, les savanes, les champs, le hommoch, tout, mais pas de maison. Les bâtiments ont disparu, plus de maisonnettes pour les nègres, les magasins, les enclos, tout a disparu; au lieu de tout cela des décombres fumants, et une colonne de flammes qui s'en élève encore et rougit l'horizon. La vue de cette scène d'horreur me tuait; reprenant ma course furibonde, j'allais parcourir ce lieu de désolation, quand j'aperçus une troupe d'hommes allant et venant au milieu de la fumée; quelques autres à cheval couraient après les bestiaux qui avaient pu échapper, et qui, pris de terreur, galoppaient dans les champs, en poussant des beuglements sauvages.

A voir l'attitude insouciante de ces hommes au milieu d'un tel désastre, on aurait pu croire que c'étaient eux qui l'avaient causé. D'après le rapport du messager, je savais que l'attaque avait eu lieu le matin même; or, il y avait à peine une heure que le soleil était levé, car nous voyagions de nuit pour éviter la chaleur. Etaient-ce des Indiens que je voyais devant moi, fouillant les décombres pour y trouver quelques clous, et poursuivant les bestiaux. Cependant, on m'avait dit que les meurtriers étaient partis; étaient-ils donc revenus pour achever leur œuvre de vengeance et de pillage? Tout en faisant ces réflexions, j'avais cessé de pousser mon cheval, et je le laissais aller, serrant ma carabine dans mes doigts crispés.

Je pensais, si c'étaient les Indiens, à lancer mon cheval au milieu d'eux, et à périr sous leurs coups, après en avoir tué le plus que je pourrais.

Mais les autres volontaires m'avaient rejoint. Me voyant partir, ils s'élancèrent avec moi, et nous arrivâmes comme un ouragan au milieu des prétendus pillards; c'étaient nos voisins qui, accourus à la nouvelle du malheur, me reçurent avec une sympathie silencieuse, dont je fus vivement touché. Je mis pied à terre, et tous m'entourèrent sans rien me dire, car les mots étaient inutiles en face du tableau que j'avais devant moi. Je fus le premier à prononcer un mot, et c'est à peine si je pus articuler d'une voix rauque cette seule syllabe : Où? Ma question fut comprise, et l'un de ces messieurs, me saisissant la main sans parler, me conduisit jusqu'au hommock. Auprès du bassin nous trouvâmes un second rassemblement. Les assistants, rangés en cercle, regardaient à terre. Je devinai que c'était là. La foule s'ouvrit devant moi; et, toujours conduit par la main, je me trouvai à quelques pas du cadavre de ma mère. A côté d'elle était le corps de mon oncle et plusieurs des fidèles esclaves qui avaient tenté de défendre leurs maîtres.

Ma pauvre mère était littéralement criblée de balles et de coups de couteau, on l'avait scalpée, défigurée; la vue du crime, commis avec de tels raffinements de barbarie, me foudroya, et je fondis en larmes en me jetant sur le corps de ma mère, et en couvrant de baisers ses lèvres glacées.

LXIX

SUR LA PISTE.

Dans ma douleur, je ne devais pourtant pas oublier ma sœur. Où était-elle? Je fis cette question à tous ceux qui m'entouraient. Pour toute réponse on me montra la forêt. Je compris, les Peaux-Rouges l'avaient emportée.

Jusqu'à ce moment je n'avais ressenti pour les hommes rouges que de l'amitié. Je savais quelles injustices les avaient accablés, tous les torts dont ma nation s'était rendue coupable envers eux, et que malgré cela ils devaient finir par se soumettre; pour ces raisons ils avaient ma sympathie. Mais un changement subit venait de s'opérer en moi, le sang de ma mère criait vengeance, et je jurai de faire expier chèrement sa mort aux Indiens, qui dorénavant n'étaient plus pour moi que des ennemis.

Mon serment fut répété par le vieil Hickman et cinquante autres qui promirent de se joindre à moi.

Jacques le Noir ne fut pas le dernier à me donner sa parole. Du reste, pas un esclave n'était resté, et bien certainement il y en avait dans le nombre quelques-uns partis volontairement. Il n'y avait pas de temps à perdre; les gens qui devaient me suivre furent bientôt armés. Je changeai de cheval, ainsi que ceux qui avaient fait la route avec moi, et nous nous mîmes en route à la recherche des sauvages.

La piste était facile à suivre, tous les meurtriers avaient des chevaux. Ils avaient remonté la rivière pour la traverser, puis hommes et chevaux avaient passé sur l'autre bord. Nous fîmes de même.

Trois mois auparavant j'avais traversé la rivière dans ce même endroit, sur les traces d'Océola, et nous prîmes le même sentier que celui qu'avait suivi le jeune chef. Cette coïncidence me frappa, et me fit éprouver un serrement de cœur. Je m'informai si on avait vu la bande, et pus distinguer à quelle tribu elle appartenait et qui la conduisait. On me répondit affirmativement. Deux hommes, cachés dans les environs, avaient vu passer les Peaux-Rouges, emmenant ma sœur, Viola, et toutes les femmes de l'habitation. Chacune était sur le devant de la selle d'un guerrier; les noirs suivaient à pied, les mains libres; ils paraissaient aller de leur propre volonté. Les Indiens de la tribu des Bâtons-Rouges avaient à leur tête Océola; telle, du moins, était la croyance de mes compagnons, croyance fondée sur le récit des deux hommes qui prétendaient avoir tout vu.

Il me serait difficile d'analyser les impressions que je ressentis, mais j'en éprouvai beaucoup, et je me décidai à ne pas faire fond sur ce rapport jusqu'à plus amples informations.

16

Océola, ô Ciel, ce ne peut être lui ; les hommes se seront trompés, ils n'auront pu distinguer dans l'obscurité. Bien certainement, ce n'était pas Océola. Je demandai le nom des deux hommes qui disaient l'avoir reconnu ; on me montra Spence et Williams, à mon grand étonnement. Je fus non moins surpris de les voir dans le nombre de ceux qui s'étaient dévoués pour aider à ma poursuite. Chose étrange, Areus Kinggold ne se trouvait pas là ; après avoir crié le plus haut qu'il fallait une vengeance terrible, il était retourné chez lui.

Spence et Williams, appelés par moi, maintinrent leur dire, tout en convenant qu'il faisait encore obscur quand ils avaient vu les Indiens repasser. Ils ne pouvaient pas affirmer que ce fussent des guerriers des Bâtons-Rouges, mais ils soutenaient, comme chose certaine, qu'Océola était à leur tête.

Dans les premiers moments, je m'étais senti convaincu que nous avions été les victimes des représailles générales des Indiens contre les blancs. Mais après cela je dus me demander comment il se pouvait que nous eussions été les seuls attaqués, la seule propriété détruite, la seule famille massacrée en partie, tandis que, sur d'autres plantations aussi sans défense, d'autres familles, connues pour être très-hostiles aux Indiens, n'avaient rien souffert ; enfin, le plus extraordinaire à mes yeux, c'est que la propriété des Kinggold n'avait pas été touchée, et la piste des Indiens nous prouvait qu'ils avaient dû contourner la maison des Kinggold ; et Areus et son père étaient parfaitement connus des Indiens pour ceux qui leur avaient fait le plus de mal. Pourquoi Kinggold avait-il été épargné et nous saccagés ? il était donc évident que nous étions victimes d'une vengeance particulière.

Qui donc pouvait avoir intérêt à nous faire du mal ?

Powel, mon ami, celui qui, en toutes circonstances s'était montré dévoué à moi? Non, je le savais incapable d'une action si infâme, et malgré l'assertion de ces deux misérables, dont je connaissais les crimes, je ne pouvais croire qu'ils eussent reconnu Powel. Quel motif l'aurait fait ainsi changer de sentiments avec moi? Se serait-il rappelé le mépris que ma mère affichait pour lui, malgré la reconnaissance qu'elle lui devait; était-ce probable? non. Lui! Powel, si grand à mes yeux, l'idéal de l'héroïsme ne se serait pas oublié, n'aurait pas même consenti à prêter les mains à une vengeance aussi lâche. Powel, lui, n'eût pas laissé, pour venir à notre maison, celle d'Areus Kinggold, de ce Kinggold qu'il haïssait, l'un des quatre sur lesquels il avait juré de se venger. Comment aurait-il laissé échapper une pareille occasion, si c'était Océola qui conduisait les Peaux-Rouges, au lieu de venir piller ses amis.

On prétendait, pour expliquer cette invraisemblance, qu'à la première alerte un régiment de soldats-citoyens de Sawana, s'étant élancé à la poursuite des Indiens, ceux-ci n'ayant pas le temps de détruire les autres propriétés plus rapprochées du village, s'étaient rabattus sur la mienne; cette raison pouvait, seule, me faire comprendre comment Océola avait épargné Kinggold. Alors mes soupçons me revenaient, je pouvais, après tout, m'être trompé sur le caractère du Soleil-Levant.

— Les Indiens, les Indiens, s'écrièrent subitement les guides de notre petite troupe.

LXX

FAUSSE ALERTE.

A ce cri, je crus les sauvages près de nous ; et, donnant de l'éperon à mon cheval, je pris les devants. Tous s'arrêtèrent, ceux qui avaient quitté les rangs y revinrent au plus vite, et les hommes de notre avant-garde se replièrent, en criant toujours : les Indiens, les Indiens.

— Des Indiens, leur dit Hickman, où pouvez-vous les avoir vus?

— Là-bas, répondit l'un d'eux, dans ce taillis de chênes verts. Ils sont là.

— Il n'y a pas là d'Indiens, s'écria le vieux chasseur, en les regardant avec mépris, ce sont des buissons que vous avez vus. Les Indiens ne se montrent pas, surtout dans un bois comme celui-ci. Vous les entendrez avant de les voir.

— Mais nous les avons entendus s'appeler l'un l'autre...

— Bah! vous les entendrez d'une autre manière ; ce sera par les décharges de leurs fusils. Il n'y a pas ici d'ennemis, c'est sans doute le cri du hibou que vous aurez pris pour celui des Indiens. Je savais bien que vous fuiriez au premier bruit qui arriverait à vos oreilles ; restez ici, maintenant, dit-il avec fermeté, restez ici.

Et descendant de son cheval, Hickman l'emmena près d'un arbre pour l'y attacher.

— Viens, Jim Weatherford, reprit-il en s'adressant à son vieux camarade, nous allons constater si ce sont des Peaux-

Rouges ou des chênes verts qui ont fait si grand'peur à ces garçons-là.

Weatherford, conduisant sa monture auprès de celle d'Hickman, s'éloigna avec lui, et ils disparurent sous les arbres.

Les autres, rassemblés en groupe, demeurèrent en selle, attendant le résultat, qui se fit bientôt connaître par les bruyants éclats de rire des deux chasseurs.

Tranquillisés par cette gaieté, nous avançâmes pour en découvrir la cause. Ils n'étaient qu'à quelques pas de nous. Weatherford examinait des traces sur le sol, et Hickman nous désignait de la main un coin du bois, où nous aperçûmes des animaux qui, effrayés par le bruit de nos pas, s'enfuyaient à travers bois.

— Tenez, criait le vieux chasseur, voilà vos Indiens, ne sont-ils pas farouches?

Tous, excepté ceux qui nous avaient alarmés à tort, répondirent aux rires de Hickman, qui continua ainsi : — Je savais bien que les Indiens ne s'annoncent pas de cette manière. Ecoutez-moi, trembleurs que vous êtes, laissez quelqu'un qui s'y connaisse aller en avant, vous qui ne savez pas distinguer des hommes d'avec des vaches, et tenez-vous bien massés ensemble, sans cela je parie que plusieurs d'entre vous dormiront cette nuit sans leurs cheveux sur la tête.

Tout le monde se rendit à ce sage conseil, et laissant les deux vieux forestiers marcher en éclaireurs, nous les suivîmes groupés aussi près que possible les uns des autres. Les maraudeurs ne devaient pas avoir beaucoup d'avance sur nous. Quand j'arrivai à ma propriété, ils venaient d'en sortir, et une heure n'était pas écoulée avant que nous fussions à leur poursuite. Ils n'avaient pas pu avancer aussi vite que nous, ralentis qu'ils étaient dans leur marche par les nègres, qui étaient à pied, et nous avions sûrement gagné sur eux.

D'après la piste, nous pouvions juger qu'ils se trouvaient à peu près en même nombre que nous; d'ailleurs mes compagnons étaient trop furieux et trop altérés de vengeance pour se préoccuper de cela, c'étaient les plus braves du district, et tous déclarèrent qu'ils poursuivraient l'ennemi jusqu'au milieu de son territoire.

Le dévouement de ces braves gens me consola en me rendant quelque espérance.

LXXI

LA PISTE EMBROUILLÉE.

Poursuivant toujours notre route, nous ne rencontrâmes pas l'ennemi aussi vite que nous le pensions. Nous avions cru d'abord n'avoir pas cinq milles à faire avant d'être sur leurs talons, et nous en avions parcouru plus de dix, toujours sur leur piste; ils devaient se savoir poursuivis et précipiter leur marche, car maintenant ils allaient aussi vite que nous. Ils n'ont pas une demi-heure d'avance sur nous, nous dit Hickman en examinant les traces de leur passage. En effet, malgré la chaleur du soleil, les brisures des plantes étaient encore fraîches, les herbes encore couchées. Je n'ai jamais vu de Peaux-Rouges voyager si vite, continua-t-il, ils vont comme des cerfs effrayés et doivent être fatigués à l'heure qu'il est; je suis sûr que malgré le soleil leurs vêtements sont trempés. — Un éclat de rire répondit à cette réflexion.

— Pas si fort, mes garçons, pas si fort, reprit-il en interrompant l'accès de gaieté qu'il avait excité : ils pourraient vous entendre, et si cela arrivait, tout serait manqué. Soyez muets, pas un mot ou nous sommes découverts; ils ne doivent pas se trouver à plus d'un mille de nous, fit-il en se baissant pour examiner les traces; non, pas à plus d'un mille. Silence, mes garçons, soyez muets comme des sarigues, et je vous promets qu'avant une heure nous les aurons rencontrés. Silence.

Obéissant à cette injonction, nous avancions en silence, choisissant les places où nos chevaux devaient faire le moins de bruit; nous parlant à l'oreille et espérant à tout instant découvrir ce que nous cherchions; après avoir avancé encore d'un demi-mille, nous arrivâmes à une clairière. Nous nous réjouîmes à cette vue, car jusqu'à présent nous avions voyagé dans l'épaisseur des bois, et notre marche n'étant plus retardée par les lianes et les troncs d'arbres abattus, nous espérions atteindre plus vite nos ennemis.

Notre joie ne se trouva pas partagée par les gens expérimentés; Hickman nous expliqua tout l'ennui qu'il éprouvait de cet incident :

— Cette clairière va tout gâter, dit-il.

— Comment? lui demandai-je.

— S'ils sont déjà passés, ils laisseront quelqu'un pour surveiller de l'autre bord, c'est certain, qu'ils se sachent poursuivis ou non. Nous ne pouvons plus avoir l'espérance de traverser sans être vus, et une fois découverts par eux, il nous sera impossible de les retrouver. Le soleil ne va pas tarder à se coucher, et nous voici près des grands marais. S'ils nous voient, ils s'y enfonceront, et je sais bien ce qu'ils feront.

— Quoi? que feront-ils?

— Ils se disperseront, et après, nous pourrons bien les chercher : nous trouverions plus vite un nid d'oiseaux par un temps de neige que nous ne mettrions la main sur eux.

— Que faire, alors?

— Restez tous ici; Jean Weatherford et moi allons nous glisser jusque sur la lisière du bois, et nous assurer s'ils ont traversé. Si cela est, il faudra que nous côtoyions la savane; il n'y a pas d'autre moyen.

Tous reconnurent la sagesse de ce conseil, et laissèrent le vieux chasseur à son gré. Nous confiant son cheval, il s'enfonça dans la savane, et nous fûmes longtemps avant de le voir revenir. Quelques-uns parmi nous disaient que nous perdions un temps précieux et voulaient continuer. Si je n'avais écouté que mon impatience, j'aurais été de cet avis. Les guides revinrent enfin. L'ennemi avait traversé; ils avaient même aperçu le dernier de la file; mais les suivre était maintenant chose difficile, car ils avaient pris autant de routes différentes qu'ils avaient de chevaux. Ils avaient pu découvrir cette ruse en se couchant dans les grandes herbes pour chercher les pistes. L'une d'entre elles n'indiquait que le passage d'un seul homme, mais nos guides étaient trop bons traqueurs pour ne pas constater que la même empreinte avait servi à plusieurs personnes. Les noirs qui étaient à pied s'étaient mis à la file l'un de l'autre, posant toujours les pieds sur la même trace. L'ennemi avait dû se sentir poursuivi et cherchait à nous dépister. Cette difficulté nous arrêtait, en effet, et bon nombre d'entre eux étaient déjà d'avis de cesser une poursuite désormais inutile, et j'eus besoin d'employer tous les moyens de persuasion pour relever leur courage.

Le vieux Hickman les ranimait de son côté par de nouvelles espérances :

— Nous ne pouvons plus les atteindre ce soir, mes garçons ; il est impossible de traverser la savane de jour et trop long de la côtoyer ; elle a plus de quarante milles de circuit ; mais, patience, attendons ici l'obscurité, et nous traverserons ; ensuite je vous promets que Jim Weatherford et moi nous retrouverons la piste où nous n'avons jamais vu un caïman. Ils ont dû se rassembler, une fois arrivés de l'autre côté, ne nous voyant pas après eux, et doivent se croire aussi en sûreté qu'un ours dans un arbre où il y a des abeilles.

Les conseils de Hickman furent adoptés de tout le monde, et, débridant nos chevaux déjà fatigués, nous attendîmes le coucher du soleil.

LXXII

A TRAVERS LA SAVANE.

Tant que j'avais été activement occupé à suivre les traces des ravisseurs, l'excitation, le mouvement, ne m'avaient pas laissé trop de temps pour songer à ma douleur. La pause que nous faisions me fit revenir à moi-même, et je repassais dans ma mémoire les horribles scènes dont j'avais été témoin ; je voyais le corps de ma mère, les bras étendus, demandant vengeance ; ma sœur éplorée m'appelant à son secours. Aussi attendis-je impatiemment que le soleil quittât l'horizon ; cette attente me rendait fou. Les rayons, au couchant, s'effaçaient peu à peu, laissant les nuages sombres s'avancer sur le ciel en feu, et le crépuscule, tout court qu'il est, sous ces latitudes, me parut durer un siècle. Enfin, nous nous remîmes en marche, et le mouvement me remit un peu de calme.

Nous traversions la savane en ligne droite, guidés par les deux chasseurs. Ceux-ci ne s'occupaient pas des pistes, car Hickman pensait que les maraudeurs, après avoir passé de l'autre côté, devaient être rejoints dans un endroit convenu. La trace d'un seul, dans ce cas, devait nous suffire pour retrouver le camp. Comme une troupe de spectres, nous traversions la savane dans le plus profond silence, recherchant les places où les herbes plus hautes étouffaient les pas de nos chevaux.

Nous arrivâmes enfin sous les arbres de l'autre côté. Nous avions la certitude de n'avoir été ni vus ni entendus, et nous fîmes halte pour nous concerter sur la marche à suivre. Nous aurions pu attendre le jour pour reprendre notre course, mais nos chevaux mouraient de soif et nous aussi. Depuis midi nous n'avions pas rencontré une goutte d'eau, et notre soif était intolérable. La faim commençait aussi à se faire sentir, mais l'eau était surtout notre besoin le plus pressant. D'un commun accord nous résolûmes de continuer à avancer jusqu'à ce que nous en eussions trouvé. Dans cette situation, l'expérience de nos guides nous fut d'un grand secours, car en temps de paix ils avaient déjà chassé dans les alentours de cette savane, et se souvinrent d'un étang auprès duquel ils avaient fait halte, et qu'ils ne pensaient pas être très-éloigné. Il serait peut-être difficile à trouver dans l'obscurité, mais nous préférâmes en courir la chance, et nous formant en file indienne, nous nous enfonçâmes dans le bois comme un serpent, dont notre longue troupe imitait des ondulations en suivant les sinuosités du sentier.

LXXIII

A TATONS DANS LES BOIS.

Par instants, les guides s'arrêtaient, et toute la ligne forcément aussi. Plusieurs fois Hickman et son compagnon ne reconnurent pas la route à suivre; ils avaient perdu leurs points de repaire et semblaient indécis.

En plein jour ils se seraient guidés par l'écorce des arbres, indice certain pour les chasseurs, mais la nuit rendait toute observation impossible. Cependant Hickman prétendait que toucher simplement l'écorce lui suffisait pour reconnaître le nord du sud, et, en passant, il portait la main sur tous les arbres, quand soudain, s'arrêtant avec une exclamation de surprise, il se retourna vers son camarade :

— Que les chiens prennent mes chats si ces bois ne sont pas changés depuis la dernière fois que nous y sommes venus ensemble. Jim! je n'y comprends rien, tous ces arbres sont secs et pelés!

— Il me semblait bien voir quelque chose d'étrange, dit un autre, mais je prenais cela pour l'effet de la nuit.

— Non, les arbres sont réellement changés; laissez-moi en prendre une branche pour voir ce qu'ils ont.

Il saisit une longue branche et froissant les feuilles entre ses mains, il reprit :

— Ah! je vois ce que c'est, les vers les ont détruits, ils sont tous morts, tous, fit-il après en avoir examiné plusieurs. Mes pauvres garçons, il faut maintenant aller au hasard, le vieux

Hickman n'est pas plus instruit que vous actuellement, et je suis aussi incapable de vous conduire à l'étang que le plus ignorant de la bande. Cette nouvelle était loin de produire sur nous un effet agréable; nous étions tourmentés par une soif ardente. Confiants en notre brave guide, nous avions conservé l'espérance de nous soulager bientôt; maintenant que notre espoir s'en allait, nous ressentions doublement la souffrance. Après quelques minutes de silence, le brave homme reprit : Allons, attendez un peu, tout ce qui est en danger n'est pas perdu. Si je ne puis plus vous diriger, ma bête en sera peut-être capable. Le peux-tu, mon vieux compagnon, dit-il en s'adressant à son cheval, un vieil animal nerveux qu'il possédait depuis longtemps, le peux-tu, vieille rosse? fais-le-nous voir, et laissant aller les guides, il allongea un coup de pied dans les flancs de la pauvre bête qui prit sa course à travers les arbres, et nous la suivîmes. Il ne s'écoula pas longtemps avant qu'Hickman nous assurât que sa monture sentait l'eau.

En effet, le vieux cheval donnait des signes certains qu'il suivait une piste, il allongeait le cou en aspirant l'air et se dirigeait avec assurance vers un point auquel il semblait impatient d'arriver.

Ranimés par l'espoir de nous désaltérer bientôt, nous suivions gaiement l'intelligente bête, quand soudain son maître l'arrêta.

— Pourquoi cela, Hickman? lui demandai-je à voix basse.

— Restez tous en place, me répondit-il pareillement à voix basse.

— Pourquoi faire halte? s'écrièrent les autres, impatients d'arriver.

— Il faut être prudent, chuchota Hickman, j'ai dans l'idée que les Indiens campent auprès du bassin. Oui, probablement

OCÉOLA.

Le bassin était entouré d'hommes et de chevaux attachés à des piquets. (P. 253.)

ils sont là, car il n'y a pas d'autre eau dans les environs, et s'ils nous entendaient, ils se retireraient dans les buissons où nous les perdrions encore. Il nous faut approcher sans qu'ils s'en doutent, n'est-ce pas, mes garçons ?

Tous approuvèrent...

— Alors, ne bougez pas. Jim Weatherford et moi nous allons faire une reconnaissance. Ne vous inquiétez pas de l'eau, je sais où elle est maintenant, et vous en aurez tout à l'heure.

Les deux chasseurs mirent pied à terre et consentirent à me prendre avec eux ; laissant donc nos chevaux à la garde de nos compagnons, nous partîmes.

Nous foulions sans bruit les longues feuilles des pins qui amortissaient nos pas, nous avancions assez vite, car il y avait peu de broussailles et en dix minutes nous étions loin de nos hommes.

Nous commencions à craindre de nous être égarés de nouveau, quand enfin nous aperçûmes à travers les arbres la lueur flamboyante d'un feu.

Hickman affirma que c'était celui du camp indien, et tout d'abord nous pensâmes à retourner chercher nos amis, mais nous nous décidâmes à avancer encore un peu pour reconnaître les forces de l'ennemi.

Nous rampions sur les mains et sur les genoux, évitant avec soin de nous trouver sous le rayon de la lumière. Le feu brûlait dans une clairière où les chasseurs savaient que se trouvait le bassin. Nous étions aussi près que le permettait la prudence, et nous pouvions enfin embrasser du regard toute l'étendue de la place.

Le bassin était entouré d'hommes endormis et de chevaux attachés à des piquets. Auprès du feu, un personnage assis sur une selle semblait veiller, quoique sa tête fût penchée sur sa poitrine. La flamme éclairait sa figure et faisait resplendir l'épaisse couche de vermillon qui recouvrait ses traits. J'éprouvai un serrement de cœur en voyant trois plumes d'autruche flotter sur le sommet de son crâne, c'était la coiffure habituelle d'Océola.

Plus loin, différents groupes occupaient le reste de la clairière, l'un d'eux attira toute mon attention, il était formé par trois ou quatre individus étendus dans l'herbe. L'ombre les couvrait en partie, mais à leurs robes blanches on reconnaissait facilement des femmes. Deux d'entre elles se tenaient un peu éloignées des autres, l'une avait la tête appuyée sur les genoux de l'autre qui semblait la soutenir. L'émotion que j'éprouvais en regardant ces deux femmes, ne me laissa pas de doute que ce ne fussent ma sœur et Viola.

LXXIV

DEUX COUPS DE FUSIL.

Quel moment terrible! je ne puis le décrire; ma plume est inhabile devant une pareille tâche...

Derrière moi, mon oncle et ma mère assassinés sans défense, le toit de mes aïeux réduit en cendres et sous mes yeux ma sœur prisonnière d'une bande de démons! Oh! quelle colère me suffoquait! je me sentais prêt à perdre toute prudence; mes tempes battaient avec violence; ma tête était en feu. J'oubliais notre position, je ne voyais que celui qui reposait devant moi, l'assassin de ma famille. Il se trouvait à portée de mon fusil, je le mis en joue, visant celui qui avait eu mon admiration et mon amitié, pour lequel j'aurais donné ma vie ; j'allais faire feu, la main d'Hickman se posa sur le bout de mon fusil pendant que Weatherford me saisissait le bras et me désarmait.

Le premier moment de rage passé, je compris qu'ils avaient eu raison. Le vieux chasseur, les lèvres contre mon oreille, me murmura : Pas encore, Georges, ne faites plus un geste. Sa mort n'avancerait pas à grand'chose, les autres ennemis prendraient la fuite entraînant les femmes avec eux. Nous ne sommes pas assez de trois pour les arrêter, nous nous ferions scalper et voilà tout. Retournons chercher nos forces et en entourant ces assassins, nous en viendrons à bout. Weatherford n'osant parler fit un geste d'assentiment.

— Allons, reprit l'autre, il ne faut pas perdre une minute, courons les prévenir; et, se mettant à plat-ventre, il disparut comme un caïman derrière les arbres. Weatherford et moi suivîmes son exemple, et nous arrivâmes bientôt hors de la portée de la lumière. Sautant sur nos pieds, nous écoutâmes un instant si nous n'étions pas découverts, mais on n'entendait que les ronflements de quelques dormeurs et les chevaux qui frappaient du pied le sol.

Satisfaits de nos observations, nous nous mîmes en devoir de rejoindre nos compagnons le plus promptement possible. Nos guides avançaient sans hésitation, aussi familiarisés avec le chemin qu'ils avaient suivi une fois déjà que si c'eût été une grande route. Malgré l'obscurité, nous courions assez rapidement quand la détonation d'une arme à feu nous cloua immobiles de stupéfaction à notre place. Nous nous regardions avec étonnement, le bruit n'était pas venu de la clairière, mais bien du côté où nous attendaient nos amis.

Ce ne pouvait pourtant pas être l'un d'eux qui eût tiré, la distance était encore trop considérable pour que la détonation nous fût arrivée d'une manière si distincte, à moins que, fatigués d'attendre, ils n'eussent marché en avant. Dans ce cas, ce coup de fusil était une imprudence ; il allait mettre le camp sur le qui-vive. Sur quoi avait-on pu tirer? Etait-ce un accident? Chacun de nous fit à part soi ces rapides réflexions, et nous avions à peine eu le temps d'ouvrir la bouche qu'une seconde détonation retentit dans la même direction ; il était impossible que le fusil eût été aussi vite rechargé ; les coups partaient donc de deux armes différentes.

Mes compagnons, pas plus que moi, ne pouvaient s'expliquer ces décharges ; à moins que ce ne fussent des Indiens qui, égarés dans les bois, faisaient des signaux de détresse.

Nous entendions le camp derrière nous tout en rumeur ; les coups de feu avaient produit leur effet, et la voix des hommes se mêlait au hennissement des chevaux.

Reprenant notre course le plus vite possible à la rencontre de nos amis, nous nous croisâmes en route avec deux hommes à cheval que nous ne pûmes reconnaître dans l'obscurité, et qui paraissaient vouloir éviter notre rencontre. Etait-ce des Indiens ou des blancs? Les coups de fusil avaient-ils été tirés par eux? Ils ne répondirent pas à l'appel d'Hickman, et pressèrent au contraire l'allure de leurs chevaux, s'éloignant dans une direction également opposée à celle du camp et à la nôtre.

Cette conduite nous parut étrange. Hickman, lui, croyait les avoir reconnus, et grommelait avec indignation :

— Ce sont bien eux qui ont tiré ! J'ai bien entendu le son des fusils. Qu'en pensez-vous? Jim.

— Je crois, en effet, avoir déjà entendu le son de ces carabines, mais je ne saurais dire à qui elles appartiennent. Attendez, pourtant il me semble que le premier coup a produit le même son que le fusil de Spence.

— Cela m'en a tout l'air, et l'autre est celui de Bill Williams. Que conclure? nous les avons laissés avec les nôtres, et les voilà ici. Ils ont voulu mettre les Indiens sur leurs gardes; quel jeu d'enfer jouent-ils donc? Ils me le payeront cher si je les rencontre. Allons vite, mes garçons, cherchons nos amis ou nous arriverons trop tard, et les Indiens seront décampés. Ces coups de fusil ont gâté toute l'affaire. Vite, par ici.

Et nous emboîtâmes le pas sur les traces du vieux chasseur.

LXXV

UN CAMP VIDE.

A peu de distance de là, nous retrouvâmes nos amis qui, entendant les détonations, avaient pensé que nous étions engagés avec les Peaux-Rouges, et accouraient à notre secours.

— Où sont Ned Spence et Bill Williams? demanda Hickman en s'approchant, se trouvent-ils parmi vous, mes garçons? j'ai besoin de leur parler.

Personne ne répondit à cet appel. Les deux hommes n'étaient pas dans les rangs; on ne savait où ils avaient passé.

— Ils ne sont pas ici, s'écria Hickman, c'est évident. Ces deux gaillards jouent un vilain rôle. Mais, venez, mes amis, les Indiens ne nous attendront pas. Il est inutile de chercher à éviter le bruit. Ainsi pressons-nous. Faites attention à vos fusils, et tâchez de bien viser. Avançons!

Nous suivions pêle-mêle sans nous inquiéter du désordre de notre marche : il fallait à tout prix arriver avant que les assassins se fussent échappés ; il avait été décidé à la hâte qu'on ferait une décharge générale en arrivant, et qu'on tomberait sur les survivants avec les sabres et les pistolets.

Nous étions guidés dans notre course par le bruit confus qui venait du camp, mais à trois cents mètres à peu près de la clairière. Le silence régnait, et le feu, toujours allumé, nous servit seul de phare pour nous diriger à coup sûr.

Ce silence profond nous rappela à la prudence.

Nous redoutions quelque embuscade, surtout de la part du chef des Bâtons-Rouges, qui connaissait si bien la tactique de la guerre des buissons.

Quand nous ne nous trouvâmes plus qu'à cent mètres du camp, plusieurs d'entre nous mirent pied à terre et s'avancèrent en éclaireurs jusqu'aux derniers arbres.

Ils revinrent bientôt nous dire que le camp était vide. Indiens, chevaux, captifs, tout avait disparu.

Le feu flambait au milieu du camp désert.

Nous parcourûmes la clairière en tous sens, sans découvrir les ennemis, et nous ne pouvions songer à les poursuivre dans l'obscurité. Nous prîmes possession de leur camp abandonné pour y passer le reste de la nuit avec l'intention de recommencer notre poursuite à la pointe du jour.

Après nous être amplement désaltérés nous et nos chevaux, nous éteignîmes le feu, et des sentinelles prirent position parmi les arbres, tout autour de la clairière.

Les chevaux furent attachés à des piquets ; nous nous préparâmes au repos jusqu'au lever du soleil.

LXXVI

UNE FORÊT MORTE.

Mes camarades, fatigués de leur longue route, furent bientôt endormis; seules les sentinelles veillaient. Pour moi, j'avais le cœur trop souvent rempli de chagrin pour pouvoir dormir; je passai le reste de la nuit à marcher autour du bassin qui occupait le centre de la clairière.

Je regrettais que mes camarades ne m'eussent pas laissé tirer sur le chef des Séminoles, je regrettais de ne l'avoir pas tué, car ma sœur était peut-être trop loin maintenant pour que je pusse la sauver.

Les deux hommes qui avaient donné l'éveil au camp ennemi revinrent dans les rangs, où on les reçut avec des injures et des menaces. Ils nous donnèrent une explication avec de tels semblants de vérité qu'elle fut admise de la plupart d'entre mes compagnons. Ils disaient qu'étant restés en arrière à la dernière halte, ils ne savaient rien de la recherche des guides et du voisinage de l'ennemi; qu'égarés dans les bois, ils avaient tiré des coups de fusil dans l'espérance que nous leurs répondrions. Ils avaient bien vu trois hommes à pied, mais ils s'en étaient éloignés, les prenant pour des Séminoles, et quand enfin ils avaient reconnu notre bande, ils s'étaient empressés de la rejoindre.

Quel intérêt, objectèrent plusieurs, auraient-ils eu à donner l'alarme aux Peaux-Rouges. Evidemment ils disaient la vérité: Hickman ne partagea pas cette opinion, et je le vis parler bas à l'oreille de Weatherford en lui désignant les déserteurs. Comme pourtant il n'existait pas de preuves contre eux, on les laissa reprendre tranquillement leur place, et, en ce moment, ils dormaient, étendus au bord de l'étang. Chaque fois que ma promenade circulaire me ramenait près des deux scélérats, je les examinais avec attention, car je partageais les soupçons d'Hickman et de Weatherford.

A minuit, la lune brilla soudain sur un ciel sans nuages, éclairant tous les objets d'une lumière aussi pure que celle du jour; ceux qui dormaient se levèrent, se croyant au lever du soleil et prêts à continuer nos recherches. J'aurais été de cet avis, mais Hickman s'y opposa, disant que la lueur de la lune ne suffirait pas pour nous guider dans les bois. Nous ne pouvions nous servir de torches, c'eût été nous exposer sans nécessité, maintenant que les Indiens se savaient poursuivis, car, dans une marche de nuit, ceux que l'on cherche ont toujours l'avantage sur leurs chasseurs, fussent-ils inférieurs en nombre, l'obscurité leur donnant toute facilité, soit pour l'attaque, soit pour la fuite. On se décida en conséquence à attendre le jour.

L'heure était venue de relever les sentinelles, et de leur laisser prendre à leur tour un peu de repos; William et Spence se trouvèrent donc postés de faction et à quelques pas l'un de l'autre. Malgré leur attitude tranquille, les deux chasseurs continuèrent à ne pas les perdre des yeux, tout en ayant de fréquents colloques à voix basse.

Moi, je me remis à ma promenade solitaire qui semblait me soulager; j'allais mécaniquement, sans presque me rendre compte que je marchais, et il me paraissait par moment que la fatigue du corps adoucissait les peines de l'âme, et que je ressentais moins ma douleur en observant ce qui se passait autour de moi.

Nous étions campés dans ce que les coureurs des bois nomment une percée; c'est une place dans la forêt, entièrement dégagée d'arbres ou de buissons. Celle dans laquelle nous nous trouvions avait une cinquantaine de mètres de largeur avec l'étang au milieu. On aurait pu croire ce bassin creusé par la main des hommes, tant il était symétriquement arrondi, mais c'était simplement un produit de la nature, tel qu'on en rencontre fréquemment dans la Péninsule. L'eau très-profonde, froide et limpide, arrivait jusqu'à trois pieds à peine du bord. De petites fleurs odoriférantes couvraient la clairière et, foulées par les hommes et par les chevaux, exhalaient leur parfum avec une force plus grande. Mais, dans ce moment, je m'occupais plus du cadre que du tableau. Des arbres de haute futaie, plantés régulièrement entouraient la clairière, leurs troncs de grosseur régulière n'avaient guère plus de deux pieds de diamètre, mais s'élevaient à plusieurs mètres de hauteur, lisses et droits, sans branches, ni lianes, ce qui permettait à la vue de s'étendre assez loin. On eût pu les prendre pour des palmiers sans la différence qu'offrait leur cime, c'étaient des pins genêts, arbre que je connaissais depuis longtemps. Ceux que j'avais devant moi me paraissaient présenter quelque chose d'étrange dans leur aspect. Leur feuillage qui est d'un beau vert sombre offrait des teintes jaune brun. Etait-ce la lueur de la lune qui les changeait ainsi, ou la couleur s'en trouvait-elle réellement jaune. En approchant d'eux, je me convainquis que leurs feuilles étaient mortes, quoique tenant encore à la tige. Je me rappelai l'observation d'Hickman et vraiment tous les arbres de cette forêt étaient desséchés, ainsi qu'il arrive souvent dans nos climats où des bois entiers sont détruits par un petit insecte que nous désignons sous le nom de sphinx, en latin *Sophyna coniferarum*.

LXXVII

COMBAT CIRCULAIRE.

Le jour revint, les dormeurs se réveillèrent et, malgré le manque de provisions, il fallut penser au départ. Les sentinelles furent rappelées à l'exception de quatre d'entre elles, que l'on laissa pour explorer les quatre coins de l'horizon. Les chevaux furent détachés et bridés, les armes apprêtées, et mes compagnons qui, pour la plupart, étaient d'anciens volontaires, prirent toutes les précautions exigées dans la circonstance pour arriver à un bon résultat. Nous espérions rencontrer les sauvages avant midi, sinon les poursuivre jusque dans leurs repaires. Personne ne reculait devant l'idée d'un combat inévitable. Il se passa un certain temps avant que nous eussions réglé l'ordre de notre marche, enfin il fut convenu que quelques-uns des plus habitués aux courses dans les bois iraient à pied, en avant-garde, afin de pouvoir prévenir un cas de surprise ou d'embuscade. Hickman et Weatherford restaient toujours nos guides et marchaient les premiers.

Tout bien convenu, nous étions en selle et les éclaireurs prêts à entrer dans la forêt, quand nous entendîmes quatre coups de feu et les cris d'alarme de nos sentinelles. D'autres détonations y répondirent, et le cri de guerre des Indiens éclata à nos oreilles, ils étaient sur nous ou plutôt autour de nous. Les quatre vedettes avaient fait feu, l'ennemi s'était donc montré de tous les côtés à la fois.

Leur première décharge ne nous fit pas beaucoup de mal, quoiqu'elle atteignît quelques hommes et plusieurs chevaux : ils étaient encore trop éloignés.

Nous étions entourés : il fallait nous mettre sur la défensive. Pendant un instant, la confusion la plus grande régna dans notre petite troupe; enfin la voix d'Hickman domina toutes les autres : « Quittez vos chevaux, mes garçons, criait-il, et vite, chacun à un arbre. »

Les hommes s'empressèrent d'obéir et chacun courut se placer derrière le tronc le plus rapproché de lui. En peu d'instants, nous étions tous abrités derrière les pins, formant ainsi un cercle parfait, la face tournée vers l'ennemi; nos chevaux abandonnés à eux-mêmes galopaient dans la clairière la bride sur le cou, et s'enfuyaient dans les bois où les Peaux-Rouges en en rattrapèrent le plus grand nombre.

Nous ne nous intéressions guère à leur sort; en quittant nos arbres nous nous exposions, car les balles sifflaient de tous côtés. Placés comme nous l'étions, nos ennemis ne pouvaient avoir grand avantage sur nous; et, comme nous avions entouré la clairière, ils ne pouvaient nous surprendre d'aucun côté.

— Visez bien, nous criait Hickman de sa voix claire et sonore, ne perdez pas inutilement un seul grain de poudre, vous en aurez besoin avant d'être débarrassés de ces sauvages. Ne tirez jamais, à moins que vous ne voyiez l'œil d'un Indien.

Cette recommandation était nécessaire pour les plus inexpérimentés qui tiraient aussitôt qu'ils avaient rechargé leur arme, et ne touchaient que les arbres. Les paroles d'Hickman produisirent un bon effet, et si la fusillade se ralentit un peu, les cris de triomphe qui annonçaient la chute d'un ennemi n'en devinrent pas moins fréquents.

On n'entendait plus les Peaux-Rouges, et le silence n'était interrompu que par les détonations. Chacun était trop occupé à bien viser pour trouver le temps de parler. L'ennemi et nous formions deux cercles éloignés l'un de l'autre d'une quarantaine de pas, et nous occupions la circonférence intérieure.

LXXVIII

JACQUES LE NOIR FAIT UNE VICTIME.

Pendant deux heures nous continuâmes ce singulier combat sans que notre position changeât beaucoup. De temps en temps seulement un homme passait d'un arbre à un autre avec la vitesse d'un écureuil, cherchant un meilleur abri.

Le soleil se levait quand l'attaque avait commencé, et il était déjà assez haut. Malgré la clarté qui régnait, les Indiens avaient l'avantage sur nous. Une jambe s'oubliait quelquefois en dehors de l'abri, un bras s'allongeait un peu plus qu'il ne l'aurait fallu, une joue se laissait voir, c'en était assez pour servir de point de mire.

Nous comptions plusieurs blessés et un mort; ce dernier, très-aimé de mes compagnons, ce qui porta à son comble leur désir de vengeance. Les pertes des Indiens devaient être plus grandes, car nous avions remarqué plusieurs morts. Nous comptions dans notre troupe les meilleurs tireurs de la Floride, et Hickman disait qu'il avait visé trois hommes; or, lorsqu'il visait, il était sûr de tuer.

Weatherford avait aussi abattu un Peau-Rouge qui était resté sur place, ses camarades n'osant pas venir le chercher.

Au bout de quelques heures, les Indiens changèrent de tactique, au lieu d'un seul combattant à chaque arbre, ils se mirent deux, de manière qu'aussitôt que l'un avait tiré l'autre pouvait le remplacer et faire feu à son tour pendant que son camarade rechargeait. Avant qu'on découvrit la ruse, plusieurs de nos hommes en devinrent victimes. L'un fut tué, et d'autres eurent d'assez graves blessures. Notre nombre restreint ne nous permettait pas de faire de même, à moins de laisser un point sans défense; nous demeurâmes donc comme nous étions, tâchant de ne pas nous exposer.

Jacques s'était placé près de moi, et depuis le matin nous avions pour adversaires trois sauvages qui ne cessaient de tirer sur nous : une de leurs balles avait traversé la manche de mon habit et une autre avait tracé un sillon dans les cheveux laineux du nègre, mais c'était tout.

Jacques en voulait particulièrement au plus grand et au plus fort de nos vis-à-vis, un Indien coiffé de plumes de roi des vautours, et dont le costume annonçait un chef. La peinture, d'un rouge vif, étendue sur sa figure, reluisant à travers les arbres comme un soleil.

Mais rien de tout cela n'avait causé la fureur du brave noir; la véritable raison était que le sauvage avait plaisanté sur la couleur de Jacques, en séminole, il est vrai, mais Jacques avait compris. Il était exaspéré, et jura de tuer le chef écarlate. Je lui en procurai l'occasion en avançant un peu en dehors de l'arbre mon chapeau placé au bout de ma carabine. L'Indien s'y trompa, et montrant sa figure rouge au-dessus des petits palmiers, m'envoya une balle qui enleva ma coiffure, mais au même instant j'entendis Jacques tirer, et je vis l'homme tomber face contre terre, accompagné dans sa chute par le cri de triomphe de mon domestique.

Les Indiens, pendant tout le temps que dura cet engagement, n'osèrent pas s'avancer sur nous, quoiqu'ils fussent certainement plus nombreux, car la bande que nous poursuivions s'était réunie à une autre pour nous attaquer. De notre côté, nous devions aussi nous borner à garder la défensive vu l'exiguité de nos forces.

Nos assaillants avaient fini par ne plus tirer que de distance en distance; bientôt ils cessèrent complètement leur feu sans pour cela paraître songer à la retraite; ayant allumé de vastes bûchers, ils se disposèrent à préparer leur nourriture.

LXXIX

UN FRUGAL REPAS.

Nous aurions volontiers suivi cet exemple, mais nous étions forcés de garder notre poste. Malgré notre soif, nous ne pouvions pas même aller nous désaltérer à l'étang qui scintillait derrière nous.

Les Indiens mangeaient sans quitter leurs arbres, servis par les femmes qui allaient et venaient à portée de nos fusils. Nous étions tous affamés; nous n'avions rien mangé depuis plus de vingt-quatre heures, et la vue de nos ennemis prenant leur repas sous nos yeux nous rendait furieux, d'autant plus que les drôles se moquaient de notre triste position. Hickman était le plus enragé, disant qu'il se sentait la force de manger un Indien tout entier s'il pouvait seulement en attraper un.

Il aurait fallu néanmoins que la place où nous nous trouvions fût bien pauvre pour que des hommes comme Hickman et Weatherford ne découvrissent pas quelque moyen de sortir d'embarras; je les vis fouiller parmi les feuilles mortes qui couvraient la terre, et se baisser avec une exclamation de joie. L'instant d'après ils se relevaient tenant à la main un fruit brun, de la forme d'un ananas, le fruit du pin-genêt.

— Maintenant, mes hommes, que chacun cherche à ses côtés, et dans ces coques vous trouverez des amandes bonnes à manger, quoique ne valant pas le porc frais aux haricots; enfin, essayez.

On suivit le conseil, et chacun se mit à fouiller dans les feuilles; les fruits étaient bons et assez nutritifs, mais malheureusement en trop petit nombre pour le dîner de cinquante hommes.

Notre position devenait critique; évidemment l'ennemi comptait maintenir le siége. Nous n'avions que des arbres pour remparts, pas même un abri pour nos blessés, et nous ne nourrissions pas la moindre espérance de pouvoir nous échapper. Tous nos chevaux, à l'exception d'un seul, avaient quitté la clairière. Hickman venait d'envoyer une balle à ce fidèle serviteur sans que je comprisse trop pourquoi. Enfin notre situation était aggravée par le besoin de nourriture. Notre seul espoir était de nous frayer, à la faveur de l'obscurité, un passage à travers les ennemis, mais encore fallait-il tenir jusque-là. Quelques-uns au moins pourraient s'échapper, tandis que si nous restions là, pas un ne survivrait.

LXXX

UNE BALLE QUI VIENT PAR DERRIÈRE.

Nous trouvâmes le temps long jusqu'au coucher du soleil : ce n'était pourtant pas faute d'occupation.

Les Indiens avaient repris l'attaque, et nous tuèrent encore un homme. Ils cherchaient à se rapprocher de nous en passant d'un arbre à l'autre; non pas qu'ils eussent l'intention de combattre corps à corps, mais afin de pouvoir atteindre ceux qui leur tournaient le dos à l'autre extrémité de la clairière. Heureusement ils ne purent y réussir, car chaque fois que l'un d'eux changeait de place, trois ou quatre des nôtres tirant à la fois, le couchaient par terre.

Ils durent donc s'en tenir là, et nous vîmes enfin les ombres arriver, et le soleil descendre, ce qui allait nous permettre de nous désaltérer, car nous étions brûlés par la soif. Un seul d'entre nous, oubliant toute prudence, avait, pendant la journée, couru à l'étang, mais en cherchant à regagner son poste il avait été tué sur place.

L'obscurité était enfin venue, et nos hommes se glissaient dans l'herbe jusqu'au bassin, par deux ou trois à la fois seulement, pour ne pas affaiblir la défense, d'autant que les Indiens, se doutant de ce que nous faisions, envoyaient une pluie de balles qui sifflaient au-dessus de nos têtes comme des frelons. Je n'avais pas bougé de ma place, ainsi que mon nègre, qui restait là comme une fidèle sentinelle. Quand le feu recommença, je tenais mon fusil en joue, attendant un point de mire, lorsque je ressentis une forte secousse au bras, et mon fusil m'échappa des mains. Je supposai naturellement que m'étant trop découvert, j'avais été touché au bras. Je portai la main à la blessure pour en constater la gravité; la balle m'avait traversé le bras droit et avait passé contre ma poitrine en emportant un morceau de mon uniforme, un flot de sang jaillissait.

Je m'empressai de déboutonner mon uniforme, et Jacques, quittant sa chemise, se mit à la déchirer en bandes. Mais à l'inspection de ma blessure, il poussa une exclamation :

— Grand Dieu, maître Georges, ce coup de fusil nous a été tiré par derrière.

— Vraiment, m'écriai-je.

En effet, il m'avait semblé que la secousse venait par derrière.

— Mais, Jacques, si c'est ainsi, les Indiens ont avancé, nous sommes perdus.

Et au même moment, comme nous nous retournions pour regarder, un second projectile vint s'enfoncer dans le tronc de l'arbre au pied duquel nous étions agenouillés. Il partait de l'autre côté de la clairière, et nous vîmes la flamme du fusil. Qu'étaient devenus nos camarades, auraient-ils abandonné leurs places? Nous ne pouvions rien distinguer, et nous nous mîmes à appeler. S'il y eut une réponse, elle ne nous parvint pas, car les sauvages poussèrent au même moment des cris assourdissants. Le spectacle qui se présenta à nos yeux nous glaça d'effroi.

Des bouffées de flammes montaient jusqu'à la cime des arbres; les Indiens avaient incendié la forêt. Le feu gagnait d'arbre en arbre avec une vitesse effrayante, et nous entourait complètement. Les pins morts brûlaient comme de l'amadou.

La fumée s'épaississait autour de nous, l'atmosphère était brûlante; à peine pouvions-nous respirer.

Notre perte paraissait inévitable; les voix de nos hommes s'appelant l'un l'autre, se perdaient dans les craquements des arbres enflammés.

J'avais perdu trop de sang pour pouvoir les suivre. Ils se retiraient vers le milieu de la clairière; j'essayai d'en faire autant, mais mes forces m'abandonnèrent, et je tombai sans connaissance.

LXXXI

UN JURY AU MILIEU DES FLAMMES.

En m'évanouissant, ma dernière pensée fut que j'allais périr dans les flammes. Heureusement j'avais près de moi un ami. Quand je repris mes sens, j'étais plongé jusqu'au cou dans l'étang, la tête reposant sur le bord, un homme, ruisselant d'eau, était agenouillé auprès de moi et me tâtait le pouls en me regardant avec sollicitude : c'était mon fidèle Jacques. Il poussa une exclamation de joie en me voyant ouvrir les yeux. Je soulevai la tête, un spectacle terrible s'étendait devant moi. La forêt brûlait avec un fracas de tonnerre; les arbres, dans leur chute, faisaient le bruit d'un millier de canons, et les branches, en prenant feu, sifflaient comme une averse de balles. On eût dit que la nature se livrait un combat. L'incendie diminuait autour de nous, les flammes n'étaient plus si hautes, mais la terre ressemblait à un brasier ardent au-dessus duquel de grands troncs se consumaient lentement comme d'énormes

OCÉOLA.

Je vis le reste des survivants plongés dans l'eau jusqu'au cou pour éviter la chaleur.
(P. 275.)

torches. On aurait dit l'enfer. L'air qu'on respirait semblait du feu.

Instinctivement je cherchai mes camarades; je n'en voyais que quelques-uns autour de l'étang.

— Les autres sont là, me dit Jacques en me désignant le bassin, ils sont en sûreté.

Et, en effet, je vis le reste des survivants plongés dans l'eau jusqu'au cou pour éviter la chaleur. Pourquoi les autres n'étaient-ils pas avec eux; la fumée diminuait, et je pouvais voir, à travers ses derniers tourbillons, ces formes humaines qui gesticulaient, semblables à autant de géants; leurs fusils surtout affectaient des proportions colossales. Je reconnus les chefs de notre bande; Hickman et Weatherford étaient là aussi, et paraissaient sous l'empire d'une grande excitation, les paroles qui me parvenaient témoignaient une indignation très-forte. Un peu plus loin quatre hommes groupés en gardaient deux autres qui semblaient être leurs prisonniers.

Etait-ce des Indiens capturés par nous? Ce fut ma première idée, mais un jet de flammes qui les éclaira un instant me permit de distinguer quels étaient ceux que l'on surveillait ainsi. Dans ces deux misérables, tremblants et couverts d'une pâleur mortelle, je reconnus Ned Spence et Bill Williams.

LXXXII

PROMPTE EXÉCUTION.

Je regardai Jacques comme pour lui demander l'explication de ce que je voyais, mais il n'eut pas le temps de répondre; d'ailleurs, j'avais compris à peu près, en me rappelant ma blessure reçue par derrière et la balle qui avait frappé l'arbre au-dessus de ma tête. Je m'expliquais maintenant d'où le coup était parti; je me souvenais de toutes les circonstances dans lesquelles ces deux hommes avaient agi contre mon existence.

— Maître Georges, me dit Jacques, on juge en ce moment les deux scélérats. Ce sont eux qui ont tiré sur vous et non les Indiens; je l'ai dit à maître Hickman et à maître Weatherford, mais ils les avaient déjà vus quand ils vous ont visé.

Mes yeux allaient d'un groupe à l'autre avec le plus grand intérêt, le feu était tout à fait tombé, et j'écoutais attentivement les discussions de mes amis; le jury improvisé n'était pas d'accord sur le verdict.

Les uns demandaient une punition immédiate, les autres un délai qui permît de rechercher les causes de leur crime. Quelques-uns, enfin, n'admettaient pas leur culpabilité, tant l'acte leur semblait monstrueux, commis au moment même où leur propre vie se trouvait en danger.

— En danger, s'écria Hickman, pas le moins du monde, mes garçons, aucun coup de fusil n'a été tiré de leur côté, je vous dis que ces scélérats s'entendent avec les Indiens. Ce sont des espions, et leur ouvrage de la nuit dernière le prouve. Je crois qu'ils sont venus ici une fois de trop. Vous demandez quels sont les motifs qui ont pu les pousser; je conviens que tout, dans cette affaire, n'est pas clair, mais j'ai des soupçons, et je ne dis ni sur qui, ni sur quoi. Pendant les cinq dernières années qui viennent de s'écouler, j'ai vu et entendu des choses bien étranges, et j'ai de bonnes raisons pour croire qu'il y a derrière eux quelqu'un de plus puissant qui les fait marcher.

— Etes-vous certains de les avoir vus tirer dans cette direction? demanda l'un des assistants, homme d'une haute stature, déjà âgé et d'un aspect sévère, que je connaissais pour un de nos bons voisins, et qui, très-lié avec mon oncle, s'était joint à nous par un mouvement d'amitié.

— Sûrs! répéta le vieux chasseur en appuyant sur le mot d'un air indigné, Jim Weatherford et moi nous les avons vus de nos propres yeux, et j'ose dire que nos yeux sont assez bons pour surveiller de tels misérables. Nous les avons épiés toute la journée, car nous savions qu'ils avaient de mauvais desseins. Nous les avons vus tirer tous deux à travers la clairière en visant le jeune Randolph; de plus, le noir a affirmé que les deux coups venaient du même côté. Quelles preuves voulez-vous de plus?

Jacques, toujours près de moi, cria aux juges :

— Maître Hickman, s'ils ont besoin de plus de preuves, le nègre peut en fournir. Une des balles a passé au-dessus de la tête du jeune maître et s'est arrêtée dans l'arbre. Voici celui au bas duquel nous nous trouvions; peut-être pourrez-vous retrouver la balle, et savoir à quel fusil elle appartient.

Plusieurs hommes coururent à l'arbre désigné. Effectivement le feu l'avait épargné et n'avait fait que le noircir. L'écorce fut ouverte; on retrouva le projectile encore rond, quoique un peu déformé ; c'était une balle de grand calibre, qui s'adaptait exactement à la seule carabine de Spence. La culpabilité était évidente ; en vota la mort à l'unanimité.

— Qu'ils meurent comme des chiens qu'ils sont, gronda Hickman en mettant son fusil en joue, Préparez-vous, Weatherford. Laissez-les aller, mes garçons ; ôtez-vous de leur chemin. Ils peuvent essayer de se sauver dans le feu.

Les hommes qui tenaient les prisonniers s'empressèrent de les laisser libres, et se retirèrent à l'écart.

Les deux misérables restaient paralysés par la terreur, nous regardant d'un air égaré. Au milieu d'un profond silence, on entendit la voix de Hickman :

— Jim, prenez Spence, et laissez-moi l'autre.

En prononçant rapidement ces mots, il fit feu. Les deux détonations se confondirent, et quant la fumée se fut dissipée, les deux traîtres indignes n'étaient plus que deux cadavres.

LXXXIII

UN ENNEMI INATTENDU.

Nous venions d'avoir une tragédie, la comédie allait suivre.

Le feu continuait à s'étendre, et avait déjà reculé à plus de mille mètres de nous, chassant devant lui nos agresseurs. Nous pensions que ceux-ci étaient retournés à Sawanee, nous estimant perdus. L'étang avait été notre salut, et, d'après l'avis de tous, si nous n'avions pas eu la ressource de nous y plonger, l'asphyxie était inévitable.

Aussitôt la sentence prononcée et exécutée, les membres de

cet étrange jury se rejetèrent à l'eau, car la chaleur était encore intolérable. Deux hommes seulement restaient sur le bord du bassin, insensibles à l'élévation de la température : c'étaient les deux chasseurs qui, le couteau à la main, écorchaient le cheval que la prévoyance de Hickman nous avait réservé, et en détachaient de longues pièces qu'ils posaient auprès d'eux. Weatherford s'occupait de réunir des tisons ardents sur lesquels ils faisaient rôtir les grillades enfilées sur des brochettes de bois, opérant d'un air aussi tranquille que s'ils eussent été au coin de leur cheminée. Nos hommes suivirent leur exemple et les aidèrent à préparer le souper. J'étais resté dans l'eau avec ceux que les préparatifs du souper n'occupaient pas. Nous entourions le bassin, la tête seule hors de l'eau.

Tout à coup nous entendons derrière nous un grand bruit et une grosse masse se précipite dans l'étang, nous envoyant des torrents d'eau. Nous nous retournons, c'était un énorme caïman, l'un des plus grands de son espèce. Son mugissement fit frissonner les plus courageux, et tout le monde s'empressa de sauter hors de l'eau. Le monstre resta seul dans l'étang, faisant des bonds et agitant sa queue, comme heureux de nous avoir mis en fuite.

Mais nous ne le laissâmes pas jouir longtemps de son triomphe et une douzaine de balles en eurent bien vite raison.

LXXXIV

COMBAT DANS L'OBSCURITÉ.

La forêt continua à brûler toute la nuit, et le jour et la nuit suivants. De notre côté le feu était presque éteint et quelques troncs noircis demeuraient seuls debout, semblables à des spectres.

Sans la prévoyance de Hickman, beaucoup d'entre nous auraient pu mourir de faim. Pendant quatre jours, nous n'eûmes pour toute nourriture que des amandes de fruit, les restes du cheval et le caïman. Nous espérions pouvoir traverser la forêt le jour suivant et passer sur le corps des Peaux-Rouges, fussent-ils dix fois plus nombreux que nous; le plus lâche de nous était devenu féroce.

Un triste voisinage pour nous, c'étaient les cadavres des deux traîtres que la chaleur avait fait gonfler dans des proportions énormes et qui, putréfiés, exhalaient des miasmes fétides.

Aussitôt la nuit arrivée, nous nous occupâmes de déterminer la direction à suivre pour nous échapper. Le ciel nous vint en aide, le ciel s'obscurcit et une pluie abondante survint. Plusieurs impatients voulaient partir immédiatement, mais les plus sages conseillèrent d'attendre encore quelques heures.

La pluie continuait à tomber et rendait l'obscurité encore plus profonde; à peine voyait-on çà et là une étincelle dans la forêt.

Nous nous élançâmes silencieusement dans la forêt incendiée; je portais mon bras blessé en écharpe, de l'autre main je tenais mon fusil. La pluie n'avait pas cessé et nous avions soin de garantir nos armes. Nous avions fait à peu près un mille, sans savoir où nous allions, ayant soin seulement de suivre une ligne droite pour sortir de la forêt et nous commencions à espérer d'arriver sans encombre, mais nous comptions sans la ruse des hommes rouges; ils nous avaient constamment surveillés et nous les croyions loin que nous en étions encore entourés.

L'éclair de cent fusils, le sifflement d'un ouragan de balles, nous apprit de quelles fausses illusions nous nous étions bercés. Poussant des cris assourdissants, les sauvages tombèrent sur nous sans nous laisser le temps de riposter. La lutte fut courte et sanglante, la plupart des nôtres périrent mais non sans vengeance. Cependant nous étions complètement vaincus, les Indiens étaient au moins cinq contre un, et la fatigue et la faim nous affaiblissaient. N'ayant l'usage que de ma main gauche, je pouvais à peine me défendre et un coup de tomawak me renversa sans connaissance.

Quand je repris sentiment, le massacre était fini et je me trouvais étendu au milieu des morts et des blessés. Les Indiens, penchés sur les cadavres, scalpaient mes braves compagnons. Près de moi était arrêté un groupe, dans lequel je reconnus le chef aux trois plumes d'autruche. Deux sauvages agenouillés à mes côtés semblaient épier mon retour à la vie, et, sans leur présence, je me serais jeté à tous risques sur mon ennemi abhorré; Jacques, vivant aussi, était gardé pareillement. Pourquoi nous avait-on épargnés? Un homme s'approcha de moi, évidemment envoyé par le chef, il tenait un pistolet à la main, je crus ma dernière heure arrivée.

Le Peau-Rouge s'approcha de moi, et se penchant, mit son

pistolet devant ma figure et tira de côté. Je pensai que, m'ayant manqué, il allait recommencer, mais ce n'était pas cela, il voulait seulement, à la lueur de la poudre, s'assurer si je vivais encore. Il me quitta rapidement pour faire la même expérience sur Jacques, puis se levant, il cria :

— Ce sont eux; tous deux vivants.

Le chef répondit quelques mots que je ne compris pas et s'éloigna, pourtant j'avais pu en entendre assez pour me convaincre que ce n'était pas la voix d'Océola.

Quelques instants après, on fit avancer deux chevaux sur lesquels on nous lia et un Indien saisissant la bride de chaque monture, nous partîmes ainsi.

LXXXV

LES TROIS PLUMES NOIRES.

Nous voyageâmes toute la nuit. Au bout de la savane, nous pénétrâmes dans un bois de chênes gigantesques, de palmiers et de magnolias. L'odeur des fleurs nous parut bien suave après les miasmes infects que nous avions respirés pendant si longtemps.

Quand le jour commença à poindre, nous étions arrivés dans une clairière où l'on fit une halte. La percée était ronde, et entourée d'arbres dont les branches courbées jusqu'à terre ne laissaient voir aucun passage. Trois tentes se dressaient au milieu, entourées de chevaux attachés à des piquets. Un grand feu brûlait dans un coin, et une foule compacte d'hommes et de femmes se pressaient alentour.

Aussitôt arrivés, on nous détacha de nos selles et nous fûmes brutalement jetés sur le gazon. On nous lia aussi étroitement que possible les pieds et les mains, et l'on nous attacha à des piquets.

Dans cette attitude, nous ne pouvions voir que le ciel au-dessus de nos têtes, et rien de ce qui se passait autour de nous; mon bras me faisait souffrir le martyre. Notre arrivée avait excité la curiosité, et hommes et femmes se pressaient à l'envi autour de nous.

Quelques-unes des femmes étaient Indiennes, mais la plupart portaient les marques distinctives de la race africaine; l'on y voyait des mulâtresses, des capresses, des négresses.

Elles nous entouraient en se moquant de nous, nous arrachaient les cheveux par poignées, ou nous enfonçaient des épines dans le corps en nous crachant à la figure, en poussant des cris de joie dans un patois moitié espagnol, moitié yamassé.

La couleur de mon compagnon ne le mettait pas à l'abri des cruautés de ces misérables femmes. Je compris à leur conversation qu'on nous réservait pour la torture, comme si ce qu'on nous faisait éprouver déjà n'eût pas été assez.

Dans quelles mains étions-nous tombés? se pouvait-il que nous fussions chez les Séminoles, eux qui jusqu'alors n'avaient pas torturé leurs prisonniers.

Un cri s'éleva soudain :

— Mulatto Mico! Viva Mulatto Mico. Le galop précipité de plusieurs chevaux annonçait l'arrivée d'une troupe de cavaliers. C'était le reste de la bande qui avait massacré mes compagnons, et qui étaient demeurés sur le champ de bataille pour achever de les dépouiller. Je ne pouvais les voir, quoique je les entendisse tout près de moi, mais on ne cessait de répéter : Mulatto

Mico! Viva Mulatto Mico. Je compris enfin ce que cela voulait dire et le sort qui m'était réservé ; je me serais trouvé en face de Satan lui-même que je n'aurais pas eu à redouter pis ; mon compagnon partageait mes craintes. Une voix rude s'éleva, en l'entendant, les femmes s'éloignèrent, et les hommes firent cercle. Jacques le Jaune se dressait devant moi. Malgré la peinture qui lui couvrait la face, malgré son costume, ses mocassins et ses trois plumes noires, je le reconnus aisément.

LXXXVI

ENSEVELI ET BRULÉ.

Nous l'avions reconnu tous deux et dans le premier moment, je fus presque joyeux de pouvoir chasser de mon esprit les doutes affreux qui y avaient pénétré au sujet d'Océola ; le sauveur de ma vie, le héros que j'admirais était toujours digne de mon amitié !

Je fus vite rappelé à moi-même par la voix du mulâtre :

— Nous les tenons! cria-t-il d'un ton de haine et de triomphe, voilà enfin ma vengeance ; je les ai en mon pouvoir tous deux, le maître et l'esclave, mon tyran et mon rival!

Il se détourna pour ordonner les préparatifs de l'exécution. Nous ignorions encore quel supplice nous était réservé. Plusieurs hommes s'approchèrent armés de pioches et de pelles. C'étaient des nègres habitués à se servir de ces instruments. Ils s'arrêtèrent à quelques pas de nous et se mirent à creuser.

— Grand Dieu, pensai-je, vont-ils nous enterrer vivants!

Le monstre avait combiné une mort encore plus terrible. Il

dirigeait les travailleurs et semblait se complaire dans les apprêts de notre supplice. Sa tribu l'entourait, applaudissant à ses saillies par des rires éclatants.

Parmi les hommes se trouvaient quelques Yamassés, mais très-peu de Séminoles. La plus grande partie étaient nègres ou capres. Il y avait aussi quelques Espagnols et des déserteurs américains.

L'ouvrage était terminé, nous fûmes détachés de nos piquets et poussés à coups de crosses vers la fosse. Je cherchai des yeux ma sœur et Viola, mais elles ne se trouvaient pas là, et je fus presque reconnaissant à nos bourreaux de leur avoir épargné cet horrible spectacle. Deux trous d'une forme étrange étaient à nos pieds, et la profondeur en avait été calculée de façon à ce que notre tête dépassât le niveau du sol.

LXXXVII

ANGES OU DÉMONS.

Suis-je déjà en enfer? sont-ce les démons qui grimacent autour de moi.

Non, quelqu'un approche ; une femme? si c'est une femme, assurément elle aura pitié de moi. Espérance vaine, je suis dans un lieu où la pitié est inconnue, mon cerveau est embrasé, ma tête se fend! horreur! horreur! Mais que parlé-je de démons, ce sont des anges, des messagers de miséricorde, l'un d'eux disperse avec son pied et d'un air courroucé le feu qui me dévore jusque dans les entrailles; si j'étais encore vivant, je croirais que c'est Ewa : ici ce doit être son esprit!...

En voici une autre, une autre plus jeune, c'est l'âme de Maümée, comment se trouve-t-elle là ! Où suis-je ? Est-ce que je rêve ? qui est auprès de moi, n'êtes-vous pas Ewa, la reine folle ? Quelle est cette main qui rafraîchit mes tempes embrasées ? Baissez-vous un peu que j'aperçoive votre figure. C'est Maümée, Maümée ?...

Je n'étais pas mort, je vivais, j'étais sauvé ! C'était Ewa qui jetait de l'eau sur moi. C'est Maümée elle-même qui me regarde avec compassion.

— Arrière, oh ! femmes ! hurla un homme à la voix rauque de colère, arrière ! refaites le feu. Arrière, vous dis-je, reine folle, retournez dans votre tribu. Ceux-là sont mes captifs et votre chef n'a aucun droit sur eux. Ne vous mêlez pas de mes affaires ! Vous autres, rallumez le feu.

— Yamassés, crie Hadj-Ewa en s'avançant vers les Indiens, ne lui obéissez pas ou craignez la colère terrible du Wykomé. Le Grand-Esprit vous poursuivra de sa vengeance. En quelque lieu que vous alliez, Chitta Mico sera dans vos sentiers et ses sonnettes tinteront à vos oreilles.

Et elle présentait, aux Peaux-Rouges terrifiés, le serpent qui sifflait en gonflant sa tête venimeuse.

Les Yamassés tremblaient devant leur grande sorcière.

— Et vous, noirs fugitifs et renégats, qui ne craignez pas Wikomé, touchez un seul tison et vous prendrez la place de vos captifs. Un chef plus puissant que ce monstre sera bientôt ici. Il vient, le voilà, le Soleil-Levant.

En même temps cent voix répétèrent :

— Océola ! Océola !

Ce cri fut doux à mes oreilles, je me sentais à moitié sauvé. L'apparition soudaine d'Océola me rassura sur la faiblesse de mes deux défenseurs dont le mulâtre n'aurait pas longtemps tenu compte. Une voix me disait qu'il arrivait pour me délivrer. Il s'arrêta au milieu du camp et sauta à bas de son beau cheval noir, magnifiquement caparaçonné, en jetant la bride à un Indien qui se tenait auprès de lui. Il s'avança vers nous et nous contempla d'un air de profonde douleur. Ses yeux allaient de Jacques à moi comme s'il eût voulu se rendre compte de ce qu'il voyait, car il n'était pas aisé de distinguer quel était le nègre de nous deux; la fumée, le charbon, m'avaient rendu méconnaissable.

Maümée courut lui dire quelques mots et, revenant vers moi, me frotta les tempes de ses mains; à l'exception du chef, personne n'avait entendu ses paroles, mais elles produisirent sur lui un effet magique. La tristesse dont sa figure portait l'empreinte se changea en une colère terrible.

— Scélérat! s'écria-t-il en relevant sa tête ombragée des trois plumes noires et fixant sur le mulâtre des yeux pleins d'éclairs, qui semblaient vouloir le foudroyer; celui-ci s'inclinait dompté par ce regard puissant.

« Misérable! est-ce ainsi que tu as obéi à mes ordres; sont-ce là les captifs que tu devais m'amener? Vil esclave fugitif, qui t'a autorisé à torturer ainsi? Ce ne sont pas les Séminoles dont tu as pris et déshonoré le nom?

« Par l'Esprit de Wikomé, si je n'avais juré de ne jamais supplicier un ennemi, je te réduirais en cendres! Hors de ma vue, pars! ou plutôt, ajouta-t-il en réfléchissant, reste-là, peut-être aurai-je besoin de toi. »

Le mulâtre ne répondit rien, mais ses yeux brillèrent de fureur contenue; un instant il regarda ses gens comme pour demander leur assistance, mais ceux-ci ne bougèrent pas, sachant bien que le Soleil-Levant n'était pas seul. Les guerriers Bâtons-Rouges devaient être dans les environs et un seul cri de leur chef les aurait fait apparaître. Le roi mulâtre se contenta de froncer le sourcil et garda le silence.

— Dégagez-les, reprit Océola, en s'adressant aux piocheurs.

— Randolph, me dit-il en se penchant vers moi, j'étais loin d'ici quand j'ai appris ce qui se passait, je me suis hâté d'arriver, quoique un peu tard. Vous êtes blessé, est-ce grave?

J'essayai de lui répondre, mais ma voix expira sur mes lèvres. Grâce aux soins dont je fus l'objet, je repris un peu de force et nous pûmes causer librement.

On nous déterra bien vite et nous nous retrouvâmes libres. Mon premier mouvement fut de m'élancer à la recherche de ma sœur; à ma grande surprise le chef me retint.

— Patience, fit-il, Maümée va aller la rassurer et lui donner de vos nouvelles. Elle sait que le danger est passé. Allez, ma sœur, dites-lui qu'elle doit rester cachée encore quelques instants, son frère sera bientôt près d'elle.

Il ajouta, en me parlant à l'oreille :

— Là où elle est, on l'y a mise avec intention. Suivez-moi et vous verrez un spectacle qui vous étonnera. Il n'y a pas une minute à perdre, j'entends le signal de mes espions, venez vite.

Je suivis le chef qui se dirigeait rapidement vers le bois en face de lui. Il n'y pénétra qu'assez pour se mettre à couvert et se retourner du côté de la place que nous venions de quitter. Je suivis son exemple.

LXXXVIII

FIN D'AREUS KINGGOLD.

Je n'avais pas la moindre idée du spectacle que le chef m'avait annoncé, et je lui adressai quelques questions. Il n'y répondit que par ces mots :

— Patience, Randolph, vous allez voir. Oh ! c'est une idée ingénieuse, une ruse habile, et ce serait amusant sans la tragédie qui en sera le résultat. Vous devez ma présence ici, reprit-il, votre vie et celle de votre sœur à Hadj-Ewa. Mais, silence, ils arrivent, j'entends le galop des chevaux, oui, les voilà.

Je regardai dans la direction qu'il m'indiquait. Un petit nombre de cavaliers, une demi-douzaine à peu près, débouchaient dans la clairière en exécutant une sorte de fantasia, tirant des coups de fusil en l'air, et poussant des hourras.

C'étaient des blancs que je reconnus pour être de notre village, et qui passaient pour être des plus mauvais sujets du district; Areus Kinggold les conduisait. Intrigué à cette vue, je m'apprêtais à questionner de nouveau Powel, mais celui-ci paraissait très-occupé à préparer son fusil, et il ne me répondit pas.

Kinggold s'était arrêté à l'autre extrémité de la clairière, auprès de ma sœur, à laquelle il me semblait adresser des paroles de condoléance, tandis que sa troupe continuait à parcourir le terrain en manifestant une joie désordonnée.

— Son heure est venue, murmura Océola en le voyant s'apprêter à descendre de cheval; il a bien mérité la mort, j'ai assez attendu.

Il s'avança, et soulevant lentement sa carabine, il fit feu en poussant son cri de guerre, et le cheval d'Areus s'élança la selle vide, tandis que ses compagnons, effrayés, s'enfuyaient dans le bois.

— Je l'ai mal visé, dit le Soleil-Levant avec calme; il vit encore. Si lui et les siens ne m'avaient fait tant de mal, j'épargnerais volontiers sa misérable vie, mais je dois accomplir mon vœu; il faut qu'il meure.

Et il se mit à la poursuite de Kinggold, qui, étant parvenu à se relever, cherchait à gagner la lisière de la forêt. Le malheureux jeta un grand cri en voyant paraître le vengeur; Océola l'atteignit bientôt, et brandissant son couteau, le lui plongea dans le cœur.

Kinggold fléchit sur ses genoux et resta plié en deux, mais ce n'était plus qu'un corps inanimé.

— Le quatrième et le dernier de mes ennemis, disait Océola en revenant vers moi, le dernier de ceux que voulait ma juste vengeance, le dernier de ceux contre lesquels j'avais fait un vœu.

— Et Scott? lui demandai-je.

— Il a été le troisième; il a péri hier de ma main. Jusqu'à présent je me suis voué tout à ma vengeance. J'ai eu pleine satisfaction, et désormais...

Il fit une longue pause.

— Et désormais? répétai-je machinalement.

— La mort peut m'atteindre; je suis prêt.

Et Océola, s'asseyant sur un tronc d'arbre, cacha sa figure dans ses mains comme s'il avait oublié que je fusse là. Sa contenance révélait une grande douleur, une de ces douleurs que l'on ne peut chercher à consoler. Pensant qu'il désirait être seul, je le laissai et courus vers ma sœur, qui se jeta dans mes bras pendant que Jacques consolait Viola.

Le chef jaune avait disparu. Son absence éveilla les soupçons d'Océola, et, à son appel, tous ses guerriers accoururent. Plusieurs furent dépêchés à la recherche du mulâtre; il demeurait introuvable. Un seul rapporta qu'il avait retrouvé la piste de son cheval mêlée à celle des compagnons de Kinggold. Cette nouvelle produisit une grande impression sur le chef des Séminoles, qui expédia immédiatement une bande avec ordre de ramener le mulâtre mort ou vif.

Ces mesures sévères prouvaient qu'Océola avait au moins des doutes sur la fidélité du fugitif, et ceux qui l'accompagnaient partageaient ses craintes. Le parti patriote venait d'éprouver beaucoup de déceptions. Plusieurs des plus petites tribus, fatiguées de la guerre et souffrant de la famine, s'étaient rendues à l'ennemi. Le désir de vengeance qui les avait poussées au combat était assouvi, et l'amour de la patrie se trouvait balancé par la crainte d'une destruction complète. Une proposition de paix, faite en ce moment, aurait été acceptée avec joie, et Océola lui-même ne pouvait s'empêcher de le reconnaître. Etait-ce le sombre avenir ouvert devant lui qui lui donnait cette tristesse ?

J'éprouvai une grande émotion quand Océola s'approcha de nous : ses manières furent aimables et respectueuses, celles de ma sœur remplies de gratitude.

— Je dois vous demander pardon, miss Randolph, de la scène dont je vous ai rendue témoin, mais je ne pouvais permettre à cet homme de m'échapper. Il était votre plus grand ennemi et le mien.

« Avec le concours du mulâtre, il avait combiné toutes ces

manœuvres, afin de vous obliger à devenir sa femme; si vous n'y aviez pas consenti, il aurait jeté le masque, et c'est fort heureux que je ne sois pas arrivé trop tard.

— Noble Océola! une fois déjà vous avez sauvé la vie de mon frère et la mienne, comment vous remercier? Je ne peux que vous offrir ce faible signe de notre reconnaissance, et elle offrit un parchemin à Océola.

Le chef reconnut à première vue les papiers : c'étaient les titres de possession de sa propriété.

— Merci! merci! répondit-il avec un triste sourire, c'est vraiment un beau trait d'amitié désintéressée, mais il vient trop tard, hélas! celle qui désirait tant rentrer dans cette maison, n'est plus : ma mère est morte hier soir, son âme s'est envolée vers Dieu!

A cette douloureuse nouvelle, Maümée, suffoquée par les sanglots, se jeta dans les bras de ma sœur, qui mêla ses larmes aux siennes. Le silence n'était interrompu que par leurs pleurs. Océola ne pouvait articuler un mot; enfin, il parvint à secouer sa douleur.

— Randolph, me dit-il, ne nous endormons pas sur le passé quoique l'avenir soit bien sombre. Il faut retourner sur vos terres et bâtir une autre habitation. Vos nègres vous seront rendus, j'ai donné des ordres; ils doivent être déjà en route pour retourner chez vous. Ce n'est pas ici la place de votre sœur; n'attendez pas plus longtemps; des chevaux sont préparés, je vais vous conduire jusqu'aux limites, et quand vous les aurez passées, vous n'aurez plus rien à craindre.

En disant ces mots, il regardait le corps d'Areus; je compris ce que cela voulait dire.

— Et elle! lui demandai-je tout bas en désignant Maümée,

la forêt n'est qu'un triste séjour, surtout par ces temps de guerre, ne pourrait-elle pas venir avec nous?

Le chef saisit ma main et la pressa affectueusement, son regard était rempli de reconnaissance :

— Merci, s'écria-t-il, merci de cette offre amicale. Vous avez raison, les arbres ne doivent plus être son seul abri. Randolph, je vous confie sa vie et son honneur, emmenez-la avec vous.

LXXXIX

AVERTISSEMENT DE MORT.

Le soleil se couchait quand nous nous mîmes en route. Nous avions à voyager tout un jour avant d'atteindre Sawanée, et nous n'espérions pas y arriver avant un autre coucher du soleil. Nous comptions voyager de nuit pour ne pas perdre de temps, car avec le guide que nous avions, nous ne pouvions pas craindre de nous égarer.

Les sentiers d'abord assez larges pour nous permettre de marcher tous de front, se rétrécirent bientôt au point de nous obliger à nous mettre à la file l'un de l'autre. J'étais en avant avec Océola; nos sœurs suivaient derrière nous, puis Jacques et Viola, et enfin six Indiens qui formaient la garde du chef. Je lui témoignai ma surprise d'une si faible escorte.

— Aucun danger ne nous menace, répondit-il, les troupes ne sortent pas de nuit, et ne viennent jamais dans la partie du pays où nous nous trouverons au matin. Depuis le commencement de la guerre, j'y suis souvent venu seul, et je vous garantis qu'il n'y a rien à craindre.

Pour moi, je n'étais pas tranquille, je commençais à me reconnaître, et je voyais que nous passions à peu de distance du fort King. Je songeais à la fuite des gens de Kinggold, et je craignais que les autorités, en apprenant sa mort, ne voulussent se rendre au camp que nous venions de quitter. Nous risquions de rencontrer les soldats. D'ailleurs la disparition du mulâtre me remplissait d'inquiétude, et j'en parlais à Powel.

— Oh! j'ai des gens sur ses traces et nous aurons de ses nouvelles avant peu. Mais s'il leur échappe, alors j'ai agi imprudemment, Randolph. Je m'inquiète peu des gens de Kinggold, mais pour le mulâtre, c'est différent, il connaît tous les sentiers, et il se pourrait qu'il nous trahît. Maintenant que nous sommes en route, il faut continuer. Vous n'avez rien à craindre pour vous, et quant à moi, le Soleil-Levant n'a jamais tourné le dos au danger, et il ne commencera pas aujourd'hui. D'ailleurs, croyez-moi, Randolph, je pressens que je n'ai pas longtemps à vivre.

— Mais Powel, c'est ridicule!

— Mon ami, c'est la vérité, je suis prévenu que je vais bientôt mourir...

— Je vous croyais au-dessus de pareilles superstitions.

— Oh! ne pensez pas que je croie à des signes surnaturels, aux cris des hibous et autres oiseaux de nuit, non, non! je suis au-dessus de cela, je n'en ai pas besoin pour sentir que ma fin est prochaine. Je m'exprimais mal en disant que l'idée de ma mort était un pressentiment, c'est un fait physique qui m'annonce son approche; c'est ici, poursuivit-il en touchant sa poitrine, ici! J'aurais préféré tomber sur un champ de bataille, au lieu de me voir m'éteindre lentement. Dix fois j'ai défié la mort, mais elle a fui à mon approche.

En prononçant ces mots, il eut un sourire qui n'appartenait pas à la terre. Il parut avoir oublié sa tristesse, et la gaieté revint sur sa figure.

J'avais déjà remarqué en Océola tous les signes extérieurs de la phthisie; teint pâle, pommettes rouges, yeux caves, doigts amaigris. C'était la certitude de ce triste sort qui rongeait le cœur de ce pauvre Powel.

L'avenir de sa sœur était ce qui le préoccupait le plus. Je ne répéterai pas les promesses que je lui fis, mais je dirai seulement que je parvins à le rassurer complètement à ce sujet.

XC

LA DESTINÉE D'OCÉOLA. — CONCLUSION.

Nous nous reposions au bord d'une petite clairière où nous avions campé et, réunis tous les quatre ensemble, nous causions doucement du temps passé; malgré ces chers souvenirs, je me sentais un poids sur le cœur en regardant mon pauvre ami, nous retrouverions-nous jamais réunis?

Nous avions dépassé Fort-King sans faire de mauvaise rencontre. Jacques s'occupait avec les hommes de Powel de préparer notre soupe. Le jeune chef témoignait tant de sécurité qu'il n'avait pas même consenti à poser une sentinelle. Il paraissait indifférent au danger. La nuit était venue, et nous nous préparions à nous retirer sous nos tentes, quand nous fûmes frappés d'un bruit singulier qui s'élevait du bois. Il me semblait entendre une grande pluie dans le lointain. Océola interpréta cela différemment, et me dit que c'était une troupe d'hommes ou d'animaux qui traversait la forêt. Nous nous mîmes à écouter, le bruit se rapprochait déjà, et l'on pouvait distinguer le craquement des branches et le cliquetis des armes. Il était trop tard pour songer à la fuite, la clairière se trouvait entourée. Je regardai Océola, je m'attendais à le voir sauter sur ses armes, mais il ne bougea pas.

Les quelques Séminoles qui l'accompagnaient se serrèrent autour de lui, déterminés à mourir en le défendant, Océola leur fit un signe; les fusils déjà armés retombèrent à terre.

— C'est trop tard, dit-il d'une voix calme, nous sommes tout à fait cernés. On n'en veut qu'à ma vie, ils peuvent la prendre. Adieu, ma sœur! Adieu, Randolph! Adieu, miss Virginie.....

Les cris de Maümée et de Virginie couvrirent ses dernières paroles; entourant le chef, nous ne faisions plus attention qu'à lui, jusqu'à ce que levant les yeux, nous nous trouvâmes au milieu d'un cercle de soldats en uniforme bleu qui croisaient la baïonnette sur nous.

On ne fit nulle résistance, et Océola et sa petite escorte furent placés au milieu du régiment.

Un homme s'avança alors vers les officiers, coiffé d'un turban avec trois plumes d'autruches noires, c'était le mulâtre. La vue du traître rendit à Océola toute son énergie, et renversant quelques soldats il voulut s'élancer sur lui, mais on le maîtrisa promptement. Le chef poussa un rugissement en voyant le coupable échapper à sa vengeance, mais la mort allait se charger de le punir.

Pendant qu'il restait à contempler le chef d'un air insultant, une femme se glissa derrière lui. Elle s'approcha du mulâtre, et au même instant le cou de celui-ci sembla entouré d'un collier

OCÉOLA.

Le mulâtre chancelait déjà, ses yeux sortaient de leur orbite. (P. 299.)

étincelant, c'est une arme vivante, c'est le terrible serpent d'Ewa.

Le mulâtre pousse un cri de terreur en entendant les sonnettes de l'animal, il sent ses crochets venimeux pénétrer dans sa chair; et ses genoux ployèrent sous lui. La femme retira son serpent et l'éleva au-dessus de sa tête :

— Ne te désole pas, Océola, dit-elle, tu es vengé et bien vengé, le Chitta Mico a agi pour toi, et elle disparaît avant qu'on songe à l'arrêter.

Le mulâtre chancelait déjà, ses yeux sortaient de leur orbite. On se rassembla autour de lui pour essayer de quelques remèdes; la poudre à canon, le tabac, tout fut inutile. La blessure était mortelle et une heure après le misérable n'était plus.

. . . .

La capture d'Océola ne finit pas la guerre. Elle continua même après sa mort qui arriva au bout de quelques semaines. Le Soleil-Levant ne passa pas devant un conseil de guerre : la captivité aggrava sans doute la maladie qui l'avait depuis longtemps condamné. Il fut entouré à son lit de mort d'amis et d'ennemis, admirateurs de son noble caractère, et plus d'un rude soldat étouffa un sanglot dans sa gorge en entendant le son funèbre des tambours drapés sur le tombeau d'Océola.

. . . .

Un an après, ma sœur épousait le capitaine Gallagher; et, peu après on célébra mon mariage avec Maümée.

Sur l'ancien emplacement de notre demeure de famille, je fis bâtir une grande maison où nos deux ménages furent à l'aise.

J'avais besoin d'un homme et d'une femme sans enfants pour gérer ma plantation du Tupélo Creck. J'y installai Jacques et Viola. Une autre cabane entourée de quelques pièces de terre était occupée par un homme que je n'aurais pas renvoyé pour tout au monde quoique je n'eusse jamais voulu en recevoir de loyer. C'était le vieux chasseur Hickman. Son ami Weatherford habite non loin de lui et tous deux sont toujours ensemble, tantôt chez l'un, tantôt chez l'autre.

Tous deux ont souffert beaucoup en chassant les caïmans et en guerroyant contre les Indiens; ils aiment, quand ils ont des témoins, à raconter leurs aventures et se plaisent à dire que la plus dangereuse qu'ils aient courue, c'est quand, prisonniers au milieu d'une forêt incendiée et gardée par dix mille Indiens, ils ont pu néanmoins s'échapper, pour répéter, encore pendant de longues années, ce fait extraordinaire orné de mille exagérations fantastiques.

FIN.

TABLE

I	— La terre des fleurs.	7
II	— La plantation d'indigo.	9
III	— Les deux Jacques.	14
IV	— Le hammock.	16
V	— Le mulâtre et sa suite.	19
VI	— Le caïman.	21
VII	— La marche de la tortue.	26
VIII	— Le roi des vautours.	29
IX	— Le caïman.	32
X	— Le Sang-mêlé.	35
XI	— La chasse.	39
XII	— La sévère sentence.	42
XIII	— La chasse au mulâtre.	46
XIV	— La vengeance de Kinggold.	49
XV	— Visite à Powel.	54
XVI	— L'île.	58
XVII	— West-Point.	62
XVIII	— Les Séminoles.	63

XIX	— Le héros indien.	68
XX	— La justice des frontières.	71
XXI	— Les esclaves des Indiens.	74
XXII	— Découverte d'une négociation.	77
XXIII	— Mes réflexions en route.	81
XXIV	— Etrange apparition.	84
XXV	— Qui a tiré.	87
XXVI	— Un fort de frontière.	90
XXVII	— Le conseil.	95
XXVIII	— Le Soleil-Levant.	102
XXIX	— L'ultimatum.	105
XXX	— Conversation à table.	110
XXXI	— Trahison des chefs.	115
XXXII	— Ombres dans l'eau.	120
XXXIII	— Hadj-Ewa, la reine folle des Micosanes.	122
XXXIV	— Un joli plan.	126
XXXV	— La lumière après l'obscurité.	130
XXXVI	— Le besoin d'un ami.	132
XXXVII	— L'assemblée décisive.	135
XXXVIII	— Les chefs patriotes.	137
XXXIX	— La signature d'Oceola.	142
XL	— Gallagher.	148
XLI	— Cherchant Kinggold.	150
XLII	— La rencontre.	152
XLIII	— La promesse à Maümée.	159
XLIV	— Cri de guerre.	163
XLV	— Guerre à mort.	167
XLVI	— Sur les traces d'un cavalier.	171
XLVII	— Qui montait White-Fox.	174
XLVIII	— Froide politesse.	176

XLIX	— Le caractère de ma sœur.	180
L	— Les volontaires.	184
LI	— Incompréhensible changement.	187
LII	— Mon rapporteur.	*ibid.*
LIII	— Le vieil Hickman.	190
LIV	— Message pressé.	193
LV	— Cadeau de fiançailles.	195
LVI	— En route.	199
LVII	— Un coup sur la tête.	203
LVIII	— Un exécuteur indien.	205
LIX	— Un banquet qui finit mal.	210
LX	— Massacre de Dade et de sa troupe.	214
LXI	— Le champ de bataille.	216
LXII	— Bataille de Ouithlacoochee.	219
LXIII	— Une victoire qui finit par une retraite.	223
LXIV	— Autre combat dans les marais.	226
LXV	— Pourparlers.	229
LXVI	— Disparition mystérieuse d'une armée	232
LXVII	— Etat piteux de Jacques le Noir.	236
LXVIII	— Triste spectacle.	238
LXIX	— Sur la piste.	240
LXX	— Fausse alerte.	244
LXXI	— La piste embrouillée.	246
LXXII	— A travers la savane.	249
LXXIII	— A tâtons dans les bois.	251
LXXIV	— Deux coups de fusil.	256
LXXV	— Un camp vide.	259
LXXVI	— Une forêt morte.	261
LXXVII	— Combat circulaire.	264
LXXVIII	— Jacques le Noir fait une victime.	266

LXXIX —	Un frugal repas.	268
LXXX —	Une balle qui vient par derrière.	270
LXXXI —	Un jury au milieu des flammes.	272
LXXXII —	Prompte exécution.	276
LXXXIII —	Un ennemi inattendu.	278
LXXXIV —	Combat dans l'obscurité.	280
LXXXV —	Les trois plumes noires.	282
LXXXVI —	Enseveli et brûlé.	284
LXXXVII —	Anges ou démons.	285
LXXXVIII. —	Fin d'Areus Kinggold.	289
LXXXIX —	Avertissement de mort.	293
XC —	La destinée d'Océola. — Conclusion.	295

FIN DE LA TABLE.

Limoges. — Imp. Eugène ARDANT et Cⁱᵉ

www.ingramcontent.com/pod-product-compliance
Lightning Source LLC
Chambersburg PA
CBHW071528160426
43196CB00010B/1695